刘 诚 — 著

数字经济

规范发展
与市场治理

DIGITAL ECONOMY

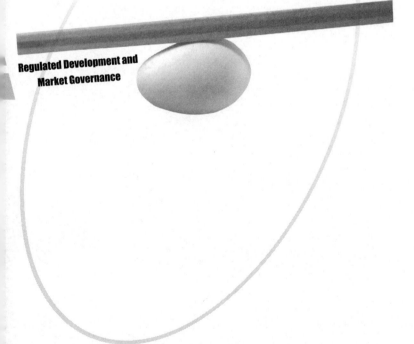

Regulated Development and
Market Governance

社会科学文献出版社
SOCIAL SCIENCES ACADEMIC PRESS (CHINA)

本书以现代契约理论为基础，分析了营商环境调整、反垄断、数据治理和收入分配等数字经济领域热点问题背后的经济学逻辑；不仅包括经济学理论的探讨，也包括实证案例的分析，相信会对读者判断数字经济的未来发展有启发和帮助。

—— **彭文生**　中金公司首席经济学家、研究部负责人、中金研究院院长

本书系统地阐述了平台组织形态、市场竞争以及资源配置效率等理论问题，抓取数据要素、数据机制、线上声誉、数字信用等有趣又重要的概念，辨析经济理论的传承与变革；构思宏大、研究框架清晰、系统全面深入，是一本值得阅读的好书。

—— **黄益平**　北京大学国家发展研究院副院长、数字金融研究中心主任

全球数字经济监管普遍面临规范与发展的权衡问题。刘诚教授的这本专著结合各国实践，对中国数字经济的规范与发展作出了翔实的理论分析和微观实证检验，为数字经济监管提供了宝贵的学术见解，值得政策制定者和学者学生们阅读参考。

—— **傅晓岚**　牛津大学教授、英国社会科学院院士

"在发展中规范，在规范中发展"，是我国数字经济治理的基本原则。此书基于制度经济学分析范式，结合数字经济本身的特征与实践，在学理上探究了规范与发展的关系，是此类著作中的佼佼者。

—— **夏杰长**　中国社会科学院财经战略研究院副院长

数字经济全面变革产业发展模式和路径，成为高水平科技竞争和创新应用的主战场，带来了系列挑战，也为行业方法论的蝶变提供了契机。本书系统研究了数字经济这一宏大变革中的诸多难题，提出的观点有分量、有见地，是一本很值得学习借鉴的著作。

—— **王志峰**　腾讯金融研究院副院长、首席研究员

目　录

导　论

数字经济的产业规模与传统经济相当，且其增长快、韧性强、产业链延伸度广，成为中国经济稳健增长的主要动力源泉。根据中国信息通信研究院《中国数字经济发展研究报告（2023 年）》，2022 年中国数字经济规模达到 50.2 万亿元，占 GDP 比重为 41.5%。其中，数字产业化规模为 9.2 万亿元，占数字经济比重为 18.3%，占 GDP 比重为 7.6%；产业数字化规模达到 41 万亿元，占数字经济比重为 81.7%，占 GDP 比重为 33.9%。

与此同时，数字技术产业化和各行各业数字化转型过程中出现了垄断、资本无序扩张、收入分配不均、数据隐私被侵害等诸多问题。纵观中国近几年的监管历程可以发现，监管从宽松到反垄断再到规范发展，呈现一个先大力紧急纠偏、再回归到健康有序发展的过程，反垄断是为了纠偏，优化营商环境等是为了更好地协调规范发展。2020 年底和 2021 年初，面对资本无序扩张等重大问题，中国采取了以反垄断为代表的较为强硬的监管举措，这主要是一种回应式监管。但随着问题的遏制以及经济下滑压力的增长，包容审慎监管更加突出，越来越强调规范与发展的辩证统一性。综观欧美各国数字经济发展和监管经验，规范和发展亦存在明显的辩证统一关系，各国既在加快制定一些基础性制度法规，又在不遗余力地推动数字经济发展。例如，2022 年 8 月，美国总统拜登正式签署《芯片和科学法案》，计划为美国半导体产业提供高达 527 亿美元的政府补贴。

本书试图从一般制度分析、营商环境、反垄断、数据治理和收入分配角度全面深入探究数字经济如何"在发展中规范，在规范中发展"的问题。尽管本书强调监管方式，但同时认为应始终坚持市场化原则，相关分析也基于如何更好发挥线上市场资源配置作用来展开。尤其是，本书第四章和第五章两章使用携程网酒店数据对线上市场资源配置和竞争格局进行了细致的实证分析。酒店行业是数字化进程较早、较成熟且数据可得性较好的领域，其对数字经济的代表性较强，亦是国内外相关研究重点选择使用的样本。总之，本书以"数字经济规范发展与市场治理"为主题，以规范与发展的辩证统一为主线，以市场治理为暗线，较全面地论述数字经济发展过程中的一些现实和理论问题。具体而言，本书各章节结构安排如下。

第一章是数字经济规范发展的制度突破与建构。数字经济发展较快的一个原因是特殊的产业和企业组织形式，也就是常说的新业态新模式，这正在改写微观企业的经济制度。为确保数字经济长期健康发展，需要深刻理解数字经济的制度突破与建构及其带来的问题。本章基于契约理论建立了一般分析框架，研究发现：（1）数字经济的制度突破与建构表现为形成新契约关系；（2）这种新契约关系主要集中在数字产业化、产业数字化、数据要素化和劳动关系四个领域；（3）从监管实践来看，欧美政府参与数字经济制度建构的经验做法是加强契约的竞争性、公平性、完备性和开放性。这对于认识数字经济在当下发生的制度性变化及其未来演进方向具有一定的理论意义，也有助于政府改进监管政策，更合理有效地参与数字经济的制度建构，进而引导数字经济长期规范发展。

第二章是线上市场重构营商环境。为适应数字经济发展，营商环境建设应从线下转到线上。本章基于公平竞争的研究视角，把线上线下市场及其竞争关系统一纳入营商环境一般分析框架，重点关注线上市场的规范发展、线上市场与线下市场的公平竞争、线上市场对整体市场营商环境的影响三个方面，有三点研究发现。第一，线上市场形成新的营商生态。平台改变了政府、市场、企业三者的关系，获取了平台准入权和线上规则制定权，实施垄断和反竞争行为，其税务营商环境也与传统经济有很大不同。第二，线上市场冲击线下市场的营商环境。数字企业跨业经营的成功在很大程度上归因于较低的合规性要求，其中存在不公平性。线上产品和服务的产权界定模糊，在一定程度上侵犯了线下市场的知识产权。线上评分和线上声誉的兴起，打破了口碑、连锁、老字号等线下声誉机制。第三，数字经济本身已成为整体市场营商环境的一部分。这主要包括通用和关键基础设施、交易成本、安全等方面。相关结论对构建和优化数字经济时代的公平竞争营商环境具有一定的政策启示。

第三章是平台企业强化反垄断监管。数字经济对技术创新和经济增长具有突出贡献，其发展需要较为宽松的制度环境。然而，随着数字企业实力的增强及其对传统行业渗透的加深，数字经济领域出现了"杀手并购""二选一"等反竞争行为。尽管数字经济存在产品迭代较快、网络经济效应等特殊性，但本章通过辨析社会上对数字经济垄断的几个认知误区以及观察比较欧美监管实践发现，政府监管应坚持市场化取向，并降低对企业数量、资本规模和市场集中度等结构性指标的关注，将监管重点转向对数字企业反竞争行为本身的认定上。具体的，政府应在保持宽松、包容、审慎监管基调的同时，加强在行业内反垄断、跨行业无序扩张、数据使用公开开放、监管过程市场化等方面的监管规范，打造公平有序的市场竞争环境。

第四章是平台接入改变市场竞争格局。随着数字化进程的推进，企业普遍选择平台接入，并积累形成线上声誉，影响市场竞争格局。本章基于酒店行业进行理论与实证分析，研究平台接入如何通过线上声誉影响入住率及市场竞争格局。理论模型表明，较高平台接入程度可优化酒店线上声誉，弱化信息不对称，提高入住率；非连锁酒店相比连锁酒店可获得更大收益，行业竞争格局因此改变。实证方面，通过使用约 1700 万个样本点的酒店日度面板数据进行检验发现：（1）平台接入程度较高的特牌酒店比其他酒店的入住率高 4.5 个百分点；（2）其中，非连锁酒店入住率的提高程度比连锁酒店高 2.3 个百分点，其行业市场份额也显著提升；（3）线上声誉机制作用显著。本章的研究结论对于各行各业以平台接入方式有效推进数字化转型，建立合理有序的线上评分系统以及公平竞争的线上营商环境具有一定现实意义和政策启示。

第五章是数字化进程提升市场配置效率。数字化进程助推中国进入数字经济时代，资源配置场所逐渐从线下转到线上。与传统的线下市场相比，线上市场的运行模式有较大差异，主要表现在数据流动和线上匹配两个方面，这影响了市场配置效率。本章使用 2020 年 1 月 1 日至 5 月 10 日携程网上 30 万家酒店约 3500 万个样本的面板数据，并用酒店入住率衡量线上市场的配置效率，实证发现：（1）数字化进程每增加 1 个百分点，可提升酒店入住率 0.03 个百分点；（2）使用不含酒店自身的城市平均数字化进程、城市的邮局数量以及 Bartik 工具变量三个 IV，排除新冠疫情冲击和酒店质量的影响，对高档和低档酒店进行分样本检验，都得到了稳健的实证结果；（3）机制分析表明，数字化进程可通过数据流动效应和线上匹配效应提高线上市场配置效率。相关结论对各行业推进数字化进程具有一定的现实意义和政策启示。

第六章是数据要素亟待建构基础制度体系。数据是线上市场不同于线下市场的主要作用机制。本章从学理上辨析了数据机制与传统价格竞争机制的差异，并着重探究了更好发挥数据机制作用的基础制度体系。具体地，从数据确权、流通、交易、分配、安全5个方面依次阐述了它们发挥数据机制的理论作用、存在的现实问题以及亟须突破的制度瓶颈等内容。其中，确权是数据要素化的前提，流通是数据广泛使用的表征，交易或共享是数据交互使用的主要方式，分配是数据机制产生的社会结果，安全则是促使数据机制健康有序发挥作用的基本保障。进而论述了欧美强化数据使用规则、谋求数据确权与开放平衡、注重数据交易反垄断、提高数据流通监管专业性、在安全前提下推进数据跨境流动等经验做法。相关结论对我国建构数据基础制度体系和促进数字经济规范发展具有一定的政策启示。

第七章是数字经济时代信用体系的重构。通过事实研判和理论辨析发现，我国数字经济时代信用体系建设面临一些新境遇，主要表现在数据范围的扩大可以开辟新"跑道"、抵押担保体系需要变革、线上数据可信性亟待提升三个方面。重构信用体系的理论内涵和实践外延、推动数据开放共享、促进数字经济与信用监管融合以及数实融合、强化算法透明度，既可扩大征信范围、提高征信效率，又可帮助解决线上市场信任塌陷、秩序缺失问题，从而有效提升全社会信用水平。

第八章是数字时代迈向共同富裕。我国推动共同富裕正好与迈入数字经济时代在时间上相吻合，在均衡共享等内涵上相契合，故其实现路径必然依托于数字经济形态。本章从收入分配的角度辨析数字经济发展如何推动共同富裕。首先，从市场原则、要素分配制度、新分配关系三个方面梳理数字经济的收入分配一般分析框架，认为数字经济要坚持市场化运行规则，并处理好数据要素收益的分配问题以及不同利益主体之间形成的新分配关系，这是不同于传统经济的主要内容；其次，从初次、二次、三次分配详细分析了数字经济活动中的分配问题，发现数字经济总体上改善收入分配关系，使不同人群、地区和城乡的分配更加均衡；再次，从长期发展视角提出了数字经济对共同富裕的几个潜在挑战，比如数字红利被少数平台垄断、公平分配机制尚未形成、创新越来越形式化等；最后，提出了几点政策建议。

第一章　数字经济规范发展的制度突破与建构

从制度上看，数字经济相比传统经济有哪些新的生产关系、组织方式和分配结构？即我们常说的新业态新模式到底"新"在何处？本章试图基于契约理论构建一个一般分析框架，进而利用这个分析框架对数字经济的主要领域进行详细分析。

一　数字经济规范与发展辨析

发展数字经济是把握新一轮科技革命和产业变革新机遇的战略选择。当前，我国数字经济增加值、企业数量、就业数量、线上市场配置资源数量等都已经与传统经济并驾齐驱。并且，相比传统经济，数字经济是未来发展的主要"变"量，发展速度快、重塑力强。因此，对数字经济规范发展的制度体制建构的研究，具有现实紧迫性和长期战略意义。

数字经济发展较快的一个原因是其特殊的制度性安排，也就是我们常说的新业态新模式。从微观企业来看，数字经济改写企业组织形式，使组织架构日益扁平化、网络化、虚拟化，使企业与市场、生产与流通、收入与分配等各方面发生较大变化。从宏观经济来看，正是这些制度、体制和机制上的新奇之处，推动数字经济高效快速发展。所有这些制度性的变化，都可以从学理上归结为制度的突破与建构。

全面理解数字经济的制度突破与建构，成为数字经济规范发展的首要问题。这是因为制度突破既有有利的一面，也存在负面冲击，正确区分利弊才能对症下药提出改进措施；而且，制度建构既是数字经济自身打破现有市场规则确立新规则的过程，也是政府有关部门及时介入以维系公平竞争秩序的过程，对其进行客观分析有利于更好发挥政府监管作用。有研究发现，平台企业最大限度地利用了法律的灰色地带，最大限度地扩展了现有的监管规则边界，并在现存政策之外开辟了新的市场空间（Rahman and Thelen，2019）。这就需要我们对这些现象背后的制度突破与建构问题进行深层次剖析，既不能放任数字企业的行为不管，也不能强令遏止数字经济发展，而应突出规范与发展的辩证统一性。

从实践情况看，数字经济的制度突破总体上是好的，提高了生产效率和供需匹配效率。但也出现了一些问题，例如劳动关系不稳定，很多人由正式工变成了打零工，短期可能提高了工作收入但长期收入不稳定且社保和养老压力大，这都需要规范监管，建构更加合理的数字经济运行微观制度体系。面对这些问题，国家采取了一系列政策措施，试图营造数字经济规范发展的大环境，在发展中规范，在规范中发展。近年来，国家有关部门从反垄断、数字营商、数字素养、数据保护等方面出台了若干规范性政策，监管的范围逐渐从平台垄断问题延伸到全部线上经济活动，再到人们的工作和生活，并紧紧抓住数据这个核心要素进行规范监管。不仅监管政策越来越细致，而且结合数字经济发展规律洞察具体的问题，进而做出专门细致监管，而不仅仅是针对市场集中度高和价格歧视这种的普遍性监管。例如，网盘网速慢、会员收费后仍有广告、流量劫持、境外上市公司的数据存储缺乏安全性、网络主播偷税漏税等问题，都是新业态新模式带来的新问题。

然而，相关的理论研究仍然缺乏，没有形成对数字经济规范发展的制度建构问题的系统性认识。数字经济对已有经济理论提出了一些新问题，例如市场平台边界、数据确权和交易、新型劳动关系等，相关理论需要随着数字经济发展而创新发展。有研究分析了平台生态的权力（Krasnokutskaya et al.，2020；Orbach，2021）、平台垄断（刘诚，2020；孙晋，2021）、数据要素（Kenney and Zysman，2016）、收入分配（夏杰长和刘诚，2021）等。但这些研究都是从一个方面切入来分析具体问题，缺少对数字经济制度这一条主线的全面系统性认识。

实际上，契约是一个很好的研究视角。契约理论是一个较为成熟的理论，对数字经济有很强的解释力。一方面，科技和互联网可以改变微观主体的制度环境。例如有研究发现，铁丝网的发明大大降低了栅栏制造成本，促进了美国农业产权的界定和农村经济的快速发展（Hornbeck，2010）。Hubbard（2003）使用美国卡车数据实证发现，车载电脑的使用降低了车主和司机之间的委托代理成本。Dana 和 Orlov（2014）使用美国航班数据研究发现，消费者对互联网的使用减少了市场摩擦，提高了航空公司的上座率。另一方面，技术和产业发展需要新的生产关系和制度设计来与之适应。对于经济数字化所造成的不稳定和不公平等一系列现实问题，必须调整造成这种权力和影响力不平衡的制度结构（Rahman and Thelen，2019），并在某些方面针对性做出新的制度建构。契约理论可以从微观视角上刻画企业面临的制度结构，例如市场准入、纵向一体化、雇佣关系等，从而有助于观察数字经济之后出现的各种新契约关系，以及如何规范这些关系。

所以，本章试图运用契约理论，辨析数字产业化、产业数字化等各方面出现的制度突破与建构问题。

与已有文献相比，本章可能的边际贡献体现在以下三点。第一，从经济理论和政策实践角度分析了数字经济制度的突破与建构。数字经济制度的突破主要由平台所推动，平台的出现改变了原有的企业与市场关系。这个制度突破的过程，在很大程度上也是新制度建构的过程，而制度建构还涉及另一个主体——政府。为此，本章在对平台、市场与企业如何突破和建构数字经济制度进行理论分析的基础上，进一步探究了欧美政府监管实践，观察政府如何有效地参与数字经济制度建构。第二，全面系统洞察数字经济的制度和体制机制问题，构建了包括数字产业化、产业数字化、数据要素化、劳动关系这四个数字经济主要领域的较全面的一般分析框架，对数字经济涉及的新型生产关系和组织关系进行理论分析。第三，打开数字经济运行的"黑箱"，丰富了契约理论的适用范围。数字经济形成的新契约关系为契约理论发展提供了机会，例如企业边界、上下游企业纵向一体化这些契约理论的经典问题可以延伸为平台边界、平台与企业纵向一体化问题，对于我们认识这个变化的世界以及变化的经济和人际关系具有一定的启示。

二 基于契约理论的数字经济规范发展
一般分析框架

一般而言，新事物的"新"无非表现在突破传统和建构不同两个方面，数字经济也不例外。数字经济突破了一些传统的契约关系，并自发建构了新的契约关系。同时，数字经济制度的建构，还涉及政府监管，即政府与平台、市场、企业一同建构新的契约规则。具体来说，突破和建构体现在数字产业化、产业数字化、数据要素化和劳动关系四个领域。

（一）制度突破与建构的表现：形成了新契约关系

现实世界的契约是不完全的（Williamson，1979；Hart，1995；杨其静，2003；杨瑞龙和聂辉华，2006），不能在事前对个人、企业、市场、政府及其他组织之间的责权利关系做出完备的、充分明晰的规定，缔约方在事后发生争议时也很难就契约的具体细节向第三方证实。

数字经济的契约不完全程度较高。数字经济改变了传统经济的生产组织方式，更具流动性和不确定性。有研究表明，商业活动从实体场所向虚拟场所迁移，导致资本投资、雇佣关系、生产消费等方面的市场安排的流动性激增（Orbach，2021）。相比传统业态，数字经济往往伴随巨大不确定性，有调查表明，2021年分别有近40%、50%、70%的企业将提高客户忠诚度、增强环境适应能力、抓住未来发展机会作为数字化转型的主要目标。[①] 在基于双边或多边市场的平台经济中，排他性定价、捆绑销售、合谋等传统反竞争行为的价格与社会福利效应也是不确定的（Jullien and Sand-Zantman，2021）。而且，经济活动依托数字载体，带来了价值归属在地域、人员、产品和服务上的模糊性，"谁在创造价值"这个根本问题越来越难以界定（马洪范等，2021）。现实中，一些数字企业和平台不讲究契约精神，进一步加剧了市场混乱。例如，有的数字平台通过强大的流量引导和数据工具把用户"吸引"到平台上，没有将主要精力用在以高质量产品来

---

① 北京大学光华管理学院：《2021中国数字企业白皮书——四年（2018—2021）对标篇》，2021年12月。

服务用户上，却进行着"大数据杀熟"等反竞争行为。申言之，传统经济的契约是不完全的，数字经济的契约更加不完全。

在新业态、新模式、新就业的生产组织分配关系中，形成了新的契约关系。在数字经济时代，各市场主体之间原有的契约关系发生变化：劳资关系不再是紧密的雇佣关系；原本没有关系或关系不强的市场主体可能有了关系，例如平台成了很多企业经营的"基础设施"；更重要的是，数据的出现增加了很多契约关系，涉及数据的归属、使用和受益权的配置，并且数据使各类契约关系变得更具流动性和不稳定性。

契约理论依然适用于数字经济，但需要进行一定的理论创新。一方面，契约理论对数字经济中各种契约不确定性和新契约关系仍然可以做出合理的解释。虽然数字技术在飞速发展，但是经济学的基本原理是稳健的，经济学家可以沿用原来的经济理论，但需要在数字经济环境下重新理解。另一方面，数字经济改变生产组织方式，需要对这些改变做出契约理论上的解读和适应。契约理论不能解释数字经济的全部现象，契约环境和各主体之间的契约关系发生了变化，需要做出分析和理解。

（二）新契约关系的主要领域

数字经济是以信息通信技术为基础，依靠互联网、电脑软件、通信设备和服务衍生而来的经济形态的统称（Bukht and Heeks, 2018），主要包括数字产业化、产业数字化、数据要素化三个层面，并且它们都涉及劳动关系问题。所以，本章把数字产业化、产业数字化、数据要素化、劳动关系作为数字经济的主要领域，分析其中具体的新契约关系。

数字产业化，确切地说是数字技术的产业化，包括 5G 云计算等底层技术研发和软件开发、电信等数据流动和通信服务、数字设备制造和设施建设等方面。归结起来，内在表现为技术创新，如技术研发、交易、软件设计及其设备制造；外在表现为形成供企业和消费者使用的端口，如电信、电商平台和工业互联网平台等。与之相对应，契约问题主要是两个方面。一是平台与市场关系。平台处于数字生态系统的中心位置，行使部分市场权力，协调和管理生态系统其他参与者，替代市场成为资源配置的主要场所。二是资产专用性和通用性的权衡。如果进行不保护平台的专用性投资就难以有新的专用性投资和持续的技术创新，但严格保护它们将赋予平台过大的权力，故需要从契约设计上考虑二者的平衡。

产业数字化，主要是指传统企业在数字产业化基础上加强数字化应用。产业数字化也存在干中学、机器学习、人工智能等数字技术创新，但对于绝大多数传统企业而言数字化仍然是应用的过程。对于部分大企业从事工业互联网平台构建等活动，其既是产业数字化，也是数字产业化。这些活动的分析适用于上文对数字产业化的分析，本书着重分析传统企业应用数字化过程中的契约问题，主要是企业入驻平台后企业与平台的契约关系，以及平台兼并企业、企业设立平台的纵向一体化问题。

数据要素化，主要是指数据的权利归属、可交易性、定价等数据资源的配置问题。数据在数字经济体系中具有流动性和贯通性，是决定数字经济生产和配置效率的关键因素。但在理论上，数据初始权利归属给谁、数据如何定价和交易这些基本问题仍然缺乏充分研究，权责不清已成为制约数据配置的根本性问题，需要在正式制度层面做出明确设计和规定。

数字产业化、产业数字化和数据要素化都主要是生产关系的问题，它们最终伴随着分配关系的重塑。有的人、企业、行业、平台从数字经济获益更多，有的人则获益较少，还有的人甚至会受损。仅从劳动者的境遇来看，这也有很大的不确定性，有的劳动被机器替代，有的劳动更加碎片化，有的劳动关系更加松散，这与契约理论一般所认为的雇佣关系有很大差异。

表1-1对数字经济与传统经济的制度分析框架进行了简要比较，除涉及数字经济的制度突破与建构之外，还对组织结构、技术创新方式和产业集聚进行了比较，以使我们更全面地认识数字经济的制度和契约环境。

表1-1　数字经济与传统经济的制度分析框架比较

项目	传统经济	数字经济
契约的完备性	契约不完全	契约更加不完全； 在制度上有所突破，形成了一些新契约关系
契约关系的主要方面	企业与市场的边界； 企业间的纵向一体化； 企业内劳资关系和治理机制	企业、平台和市场关系发生重构，平台处于契约关系的中心位置； 平台与市场关系、平台与企业关系越发重要
监管制度设计	以市场竞争机制为主； 政府应对市场失灵问题	企业、平台和市场共同建构新制度； 政府对出现的经济社会问题做出回应式监管，并逐步建立基础性制度
经济活动的主要领域	生产、分配、交易、流通	数字产业化、产业数字化、数据要素化、劳动关系
组织结构	科层结构； 垂直一体化； 组织边界清晰	平台型组织； 基于上下游的全网络生态系统； 扁平化； 组织边界模糊
技术创新方式	依赖组织的自有资源和技术能力的封闭式创新	借助平台整合资源、匹配供需、促进交互的开放式创新
产业集聚	禀赋驱动，特定地理位置	平台驱动，基于平台在虚拟空间中集聚

（三）政府参与制度建构：对监管政策的理论分析

数字经济的制度建构，既是平台、市场和企业在数字经济发展过程中自发形成的，也是政府监管和引导的结果。而且，政府监管的作用随着契约不完全程度的降低而越来越重要。也就是说，当数字经济更加成熟、市场不确定性降低、各方面契约关系更加稳定之后，更加需要政府对出现的各种问题提供制度性补救，以维系数字经济公平竞争秩序，并在通用技术、公共设施、标准化等方面发挥更大作用。

在契约环境不明晰、契约关系未充分形成的阶段，政府不宜进行过于严格的监管。面对不确定的未来，市场需求很难事先详细定义出来，而只能在数字化不断推进和使用过程中逐步迭代出来。此时，需要向平台和企业等市场主体更多地授权，赋予它们更大的自主创新的权限，让它们更好地创造性破坏。也就是说，宽松审慎的监管环境有利于数字经济在初始阶段的快速发展。有研究表明，在数字经济发展起步阶段，数字企业掌握的数据规模尚未达到规模经济和范围经济所需要的门槛，而基于大数据的持续试错之后算法才能不断训练、改进和成熟（Farboodi and Veldkampy，2021）。而且，新旧技术及其应用之间的持续斗争会限制创新技术的使用，所以数字经济发展初期的创新并不能迅速扩散到一个行业内的所有企业。这种情况下，一些看似不合理的契约关系实际上成了助推数字经济的重要力量，例如"二选一"等排他性规则促使平台拥有独家的、优质的买方或卖方资源，从而提高多边市场的网络外部性，帮助平台快速成长。而且，政府也是数字经济发展的直接推动者，电子政务和智慧城市等政府项目可以为数字企业提供必要的服务（Dong et al.，2022），分摊了数字基础设施建设维护的固定成本和前期推广成本。

　　随着数字经济的不断发展，当前契约环境出现了新的变化。一方面，数字经济前景更加明晰，不需要给企业那么多授权了。从国内外经验来看，数字经济的不确定性在开始阶段较高，后来逐渐降低。有研究发现，尽管数字技术创新存在不确定性，但其效果将长期彰显。Basu和Fernald（2007）研究发现，数字化投资与生产率提升存在相当长时滞，美国20世纪90年代的生产率增长主要来自当时已经应用数字化的行业而不是正在产生数字化的行业，而且20世纪90年代的数字化投资到21世纪初才开始拉动生产率。Tranos等（2021）使用英国互联网档案馆数据发现，2000年的在线内容创造对随后十几年的区域生产力水平产生了显著的积极和持久影响。我们在现实中可以看到，随着线上契约的逐渐完备，小商贩等地下非正规经济逐渐转到地上，并且二手商品等以往典型的"柠檬市场"也渐成规模，推动闲置经济的发展，优化了市场资源配置。

　　另一方面，契约的不完全性开始由数字技术创新的窗口变成平台损害入驻企业和用户利益的工具，需要针对性加强规范监管。在数字经济初始阶段，不完全的契约环境在很大程度上给数字企业从事技术和业态创新留足了余地；但随着技术和业态的成熟稳固，一些数字平台开始把精力用于"钻营"入驻企业和用户，试图利用大数据和算法从它们身上获取超额利润。现实中，我们也发现线上市场流通的部分商品和服务质量不高、价格也不低，这其中包含了粉丝经济等买卖双方不理性定价等因素，也包括部分企业诱导和欺骗等不合规行为因素。而且，随着数字经济的发展，由于正式制度的缺失，数字企业和用户之间形成了一些不合理的隐性契约。例如，一些假冒伪劣仿制产品因为低价而被部分消费者青睐，这种商业欺骗已成为"周瑜打黄盖，一个愿打一个愿挨"那样的隐性契约。此时，尽管依然有原始的、基础性的技术创新，但创新速度明显下降，对经济社会的负面冲击明显上升。政府对于那些已经显而易见的经济社会问题，不能置若罔闻，需要做出针对性监管。也即，随着数字经济不断发展成熟，契约关系越来越明晰，政府监管将逐步深入，一些基础性的制度框架将逐渐建构起来。当然，数字经济在某些领域不断成熟的同时，又会在一些新的领域引致不确定性，在这些新领域依然要尽量保持契约的不完全性，赋予企业自主探索的权利。

因此，数字经济制度建构主要是企业、平台和市场自发形成的，而政府需要根据契约环境适时介入并提供一些基础性制度。政府监管取决于契约不完全程度、授权企业的收益和社会损失的权衡，契约明晰、社会损失大时应加强监管，只有在契约不明晰且损失小时才应充分给企业授权。长期来看，数字经济比传统经济更不确定、契约更不明晰、创新性更强，所以仍须采取包容审慎监管，但要对已经出现的问题加强规范。

三　数字经济各领域的制度突破与建构

在上文一般分析框架基础上，本部分继续从数字产业化、产业数字化、数据要素化和劳动关系四个领域详细阐述数字经济发展的制度突破与建构问题。并且，这里侧重从平台、市场和企业角度进行分析，而政府如何参与制度建构的内容放在下一部分。

（一）数字产业化打造线上新生态

企业与市场的关系、企业的边界，是契约理论分析的逻辑起点（Williamson，1979），也是政府、企业、非营利组织等各类政治经济和社会组织进行制度研究的源头。然而，数字产业化的发展过程中，这个底层的基本逻辑正在改变。

1. 平台具有了市场权力

表面上看，数字产业化是数字技术部门本身的做大做强，但从制度和组织上看，它形成了一个可以代表数字企业行使各种资源配置权力的组织——平台。所以，理解数字经济（尤其是数字产业化），首先要搞清楚平台作为一个组织在经济活动中的各种权力及其与其他经济主体之间的各种契约关系。

平台的兴起，让人们对企业、市场的认识都面临了巨大冲击。自科斯以来，人们都习惯于用"二分法"逻辑去思考企业与市场（Coase，1937）。[①] 然而，平台在不同程度上替代了企业和市场的部分功能，经济运行逻辑由企业和市场"二分法"变为平台、企业和市场"三分法"，并且在某些方面平台逐渐成为各主体的中心，"驾驭"着企业和市场按平台的逻辑来运行。"三分法"在某些领域可能演变为平台生态为中心的"一分法"，这将对各市场主体的契约关系产生根本性冲击。

平台同时具有了企业与市场的特征。一方面，所有的平台都有员工、资产、科层结构，对内会用命令来进行资源配置，对外需要参与市场竞争，这些都是与传统企业类似的。例如，网约车平台可以对司机进行调度，这在很大程度上表现出类似企业的性质。另一方面，平台往往并不像传统企业一样直接生产商品（下文会对部分平台以纵

---

① 经济社会中的所有交易都可以看作一种契约，不同的契约对应不同的治理结构，主要包括企业、市场、官僚组织、非营利组织等。以往的研究也关注到了企业联盟、特许经营、供应商网络等介于企业和市场之间的混合组织形态，但这种"混合组织"的经济社会影响力难以与企业和市场分庭抗礼，也未对企业和市场的治理结构产生较大冲击，故企业和市场"二分法"一直被主流经济学所接受。

向一体化的形式直接从事生产活动的情况进行探讨），它们要做的更多是匹配供需。从这点上看，平台又更像一个市场。美团研究院 2021 年的问卷数据显示，约有 81.41% 的餐饮商户年交易额不足 20 万元，这些中小商户构成了平台生态的主体，它们依托平台从事日常经营活动。但平台用一种中心化的交易网络取代了市场的分散化交易，且可以加总来自全国各地乃至全球各地的需求，具有规模经济和网络经济效应。

2. 平台处于数字生态的中心

由于数字资产具有通用性，数字企业往往会利用其数字基础领域的影响力将业务扩张到其他领域（Huang et al.，2022），越来越复杂的数字生态系统的时代正在到来。这些数字生态系统由多个参与者聚集而成，其中有一个中心所有者或协调者，对外提供一系列相互关联的商品和服务（Robertson，2021）。例如，苹果手机的 App Store 集合了各种手机应用程序，微信小程序上面可以链接各种应用程序，滴滴打车平台上面也有多种第三方打车平台软件，等等。表 1-2 呈现了谷歌等主要跨国平台的数字生态系统的扩张情况，它们往往在一个主营业务基础上借助平台扩张到媒体、移动软硬件、云计算等多个相互交织的数字经济领域。

表 1-2　主要跨国平台的数字生态系统扩张

名称	基础领域	生态系统扩张领域
谷歌	搜索引擎	媒体：YouTube、谷歌播放器、谷歌 Play 移动软硬件：安卓操作系统、Nexus 手机 物联网：智能汽车 量子计算
脸书	社交网络	媒体：Instagram、WhatsApp 区块链和金融：Libra 数字货币

续表

名称	基础领域	生态系统扩张领域
亚马逊	电子商务	媒体：亚马逊出版 移动软硬件：Kindle 阅读器 云计算：AWS
苹果	消费电子	媒体：iTunes Store 移动软硬件：iPhone、iPad、iOS 操作系统、Safari 浏览器 云计算：iCloud 物联网：iWatch 等健康设备、智能汽车

3. 通用技术和设施的资产专用性

资产专用性是决定企业内部及企业间契约关系的重要因素。[①] 根据经典的契约理论假说，专用性资产的所有者需要在企业的产权上占据一定的优势地位，否则其他利益相关者可能对其"敲竹杠"（Hart，1995）。数字产业化过程中也存在同样的问题，需要对具有专用性资产的平台赋予较高的生态系统协调权力。

对专用性资产的投资是平台搭建数字生态系统所必需的。为维系数字生态系统的高效运行，平台做出了一些专用性投资，为买卖双方及供应链两侧的利益相关者提供较为便利的交易条件，如搜寻和推广、地理定位、支付等，这对构建数字生态系统具有决定性作用。一方面，降低了资产专用性对入驻企业投资的限制，例如一般的企业不需要花费高额资金购置云计算和地理定位系统，可以从平台享受到相应的外包服务；另一方面，由平台直接做出的专用性投资大幅增长，

---

① 资产专用性是指为特定的产品或服务而专门做出投资，一旦契约环境发生改变，这些资产将很难改变用途，只能折价甚至报废。例如，A 企业为 B 企业的工业品定制车床和模具，在遭到 B 企业解约后，其价值将大打折扣。而契约一方利用另一方资产专用性的弱点，在事后要求重新谈判、压低价格、拒绝购买、解约等行为，就属于"敲竹杠"（hold up）。

数字经济相关的底层技术和基础设备由原来分散在各企业转变为集中到几大平台上[①]，使平台面临被入驻企业、用户、消费者"敲竹杠"的风险。例如，平台对共享单车进行大量投资后这些投资将被长期锁定，需要很长时间来回收成本，但这期间可能因为消费者行为偏好发生变化或政府监管收紧而被迫退出市场。因此，从缔约方或利益相关者的契约关系来看，平台在数字生态系统中享有较大市场权力有一定的正当性。

然而，由于市场反应快，平台一旦创新成功，专用性资产很快就变成了通用性资产。平台通过专用性投资培育起新业态新模式，以及多个新业态新模式交织在一起的数字生态系统，后者渐渐成为人们工作生活和经济发展不可或缺的一部分，即通用技术或通用基础设施。数字生态的其他参与者从事经营活动或者消费者进行消费时无法选择、缺乏替代，此时，平台就不仅仅是在凭借资产的"专用性"获取其应得的那一份利益，更是在利用资产的"通用性"垄断生态系统。如果说给予平台权力是鼓励创新投资，是对专用性投资做出的使其免受"敲竹杠"风险的制度性保障，那么平台垄断生态系统则是滥用通用性资产牟取高额利润的行径。有学者提出，平台私有化用户数据相当于独占行业基础设施（Graef et al.，2015），应像对待公共事业那样将平台定位为基础设施，使其遵从公共事业规制（Rahman，2018）。

现实中，专用性资产在业态成熟后逐渐变成了通用技术和设施。此时，若仍把这些资产作为完全的私人产品会令平台掌控整个行业并放慢创新进度，但若把其当成公共产品可能削弱平台最初的专用性投

[①] 例如，聂辉华和李靖（2022）通过对元宇宙的研究发现，专用性投资主要由大企业做出，而小企业更愿意做出通用性投资。

资。所以，如何权衡平台投资的资产专用性与通用性，进而合理地把资源配置权力赋予平台、市场和政府，需要进行更加深入的研究。

（二）产业数字化形成服务市场

产业数字化过程中形成了平台对入驻企业的服务市场，这个服务市场的契约关系正在逐渐建立，形成新的生产、流通、组织和交易关系，这些契约关系在传统经济的契约分析时并没有涉及，需要打开这个"黑箱"，洞察利益相关方的契约关系。

1. 传统企业数字化服务市场

与数字产业化相比，产业数字化涉及产业领域更多、市场规模更大。2022 年我国产业数字化规模达 41 万亿元，占数字经济比重为 81.7%，占 GDP 比重为 33.9%；服务业、工业、农业数字经济渗透率分别为 44.7%、24.0%、10.5%。[①] 根据《"十四五"信息化和工业化深度融合发展规划》，到 2025 年，全国企业经营管理数字化普及率达 80%，数字化研发设计工具普及率达 85%，关键工序数控化率达 68%，工业互联网平台普及率达 45%。

企业数字化转型需要与平台为代表的数字企业建立新的契约关系。与传统信息化不同，信息化的主要含义是"流程"的信息化，而数字化的主要含义是构建"业务数字化、数字资产化、资产服务化、服务业务化"闭环体系，通过数字化技术能力反哺业务。业务的数字化需要依靠数字技术、数字基础设施和数字生态系统进行赋能、整合和改造，这就使传统企业与平台建立了新的契约关系。这种契约关系与上文分析的平台为中心的撮合买卖双方交易、贯通供应链

---

① 中国信息通信研究院：《中国数字经济发展研究报告（2023 年）》，2023 年 4 月。

产业链两侧市场主体并不完全相同，它是由传统企业在生产经营等业务活动中主动介入和利用平台资源。也就是说，传统企业是产业数字化的主导者，也理应是契约关系的积极推动者。

企业入驻平台或采用数字技术，形成了一个服务市场。大型互联网企业以平台为主体，搭建了电商、搜索、通信、工业互联网、游戏等各种类型的服务市场。平台向入驻企业提供服务，一些原本由企业自己干的事情转给平台，如研发创新、销售广告、支付金融、地理定位、云计算等。企业向平台支付佣金，并且让渡部分权力，如产品定价权。这本身是一个高效率的市场细分模式，有利于技术创新和扩散。

2. 平台与入驻企业关系

平台与入驻企业之间应该是服务与被服务的关系，是平等的市场主体，而不是隶属关系。然而，与数字产业化相似，产业数字化进程中，平台也占据了数字生态的中心位置。平台为入驻企业制定各种规则，它由服务提供者变为了管理者。一般来说，平台通过向入驻企业收取保证金、入驻前资质审核、为买家提供支付担保、引用声誉机制、完善投诉处理流程、对交易进行大数据分析与监督等方式，对数字生态系统进行管控。而且，在企业不断把业务嵌入平台的过程中，传统企业架构正在逐渐瓦解和重构。有调查表明，多达90%的全球企业高管认为，平台为中心的数字生态系统对企业的重点任务或关键活动产生了影响。[①]

传统企业的数字化转型决策面临囚徒困境。从理论上讲，产业数字化是传统企业主动做出的，由平台提供相应的服务。但现实情况往往是，平台在推动产业数字化进程中，部分传统企业"被迫"卷入。

---

① IBM 商业价值研究院：《平台经济：后疫情时代，获得更大生存空间》，东方出版社，2020 年 9 月。

在数字化大背景下，企业数字化是占优策略（无论其他企业是否数字化，它的最优策略都是数字化），但博弈结果可能是囚徒困境：如果不参与数字化，那么竞争对手将通过数字化而抢占其市场份额；如果参与数字化的收益被平台盘剥，将可能导致最终收益低于所有企业都不数字化时的收益。有调查表明，大部分中小企业事实上并没有感知到数字化转型能够带来的真正好处。① 有研究表明，平台实施优惠策略并非总能提高卖家利润，一定条件下会干扰卖家的决策，损害其利益（李丹和刘咏梅，2021）。

由于缔约地位的不对等，传统企业使用平台技术和资源时付出的不仅仅是佣金，更是大部分的数字红利。平台通过数字技术和专业化服务确实可以给全社会带来收益，但这个收益在很大程度上被平台通过佣金、广告费以及自营产品等方式索取了，即"企业为平台打工"。唐要家和傅樟洋（2022）以美团为例发现，2015~2020 年美团的骑手成本占营业收入的比例从 158% 逐年下降到 74%，同期美团对商家征收的佣金水平却不断提高，并带动营业收入持续明显走高。倪克金和刘修岩（2021）发现，数字化转型能够促进企业成长，但对头部企业成长的促进作用更大，对 80% 分位点企业的影响是 20% 分位点企业的 3.67 倍。

3. 平台与企业的边界及纵向一体化

在讨论了平台和企业在产业数字化服务市场中的契约地位之后，这里进一步探究二者的前向一体化和后向一体化问题，这决定了平台与企业的边界。在数字化大背景下，平台和企业都有兼并对方的动机。

一些平台向前兼并，直接从事生产等活动。平台整合双边市场的

---

① 腾讯社会研究中心：《中小企业数字化转型路径报告》，2021 年 12 月。

其中一边，自己作为卖家直接服务于另一边的消费者，可以导致网络外部性的内在化，提高平台的收益（Jullien and Sand-Zantman, 2021）。大型互联网企业凭借其掌控的互联网资源和资本优势，可以直接"复制"线下企业的产品和经营模式，例如有的平台建立了自己的工厂和商场。Zhu 和 Liu（2018）研究发现，亚马逊会选择那些销量高、评分高的产品进行自营，与入驻商户展开直接的竞争。然而，平台作为垄断卖家进入一个竞争的交易市场上，可能因违背竞争中性原则而损害整个数字生态，使平台上的交易活动不再是充分竞争的和富有效率的。

企业也可以自己设立平台，但企业对平台的纵向一体化非常不足。由于平台的设立需要大量专用性投资，除了少数资金雄厚的大型工业企业、金融企业和连锁品牌之外，大部分企业以接入平台的形式来数字化。有的企业则在大型平台基础上以设置小程序等方式进行部分自主的平台建设。还有的企业建立了网站、App 等平台，但停留在信息化应用上，较少涉及云计算、大数据、智能制造等数字化内容。有调查表明，大多数企业的数字化转型停留在一般的软件和硬件工具的使用上，或是简单的设备联网和数据上网阶段，并没有在业务流程或运营管理的各环节做到高度整合和集成化的数字化转型。[①] 有学者提出，传统企业普遍采用"依附式升级"战略推进数字化转型，但要妥善处理"互补和依赖"关系，争取做到"依附平台升级却又不丧失自主性"（陈威如和王节祥，2021）。

（三）数据要素化需要以契约化为前提

数字经济通过数据形成了特殊的契约制度安排和契约执行保障，

---

① 腾讯社会研究中心：《中小企业数字化转型路径报告》，2021 年 12 月。

如数据权利归属、收集、使用、存储、开放等。数字经济的发展促使数据更加充分和透明，降低了经济活动中的信息不对称，但数字经济本身也在产生新业态新模式，这又增加了不确定性。所以，不能简单地认为数据越多契约就越完全。也正因为此，很多学者反对"数字技术将使计划经济更有效率"这样的观点。

数据的契约关系还未有效构建。如何把正确的数据以正确的方式在正确的时间传递给正确的人、企业和机器，背后需要一套数据自动流动的规则体系。目前，已有文献主要讨论消费者隐私保护、个人数据权利以及对数据收集和使用的立法规制等（程啸，2018；申卫星，2020；李三希等，2021）。现实中，数字企业和个人依靠隐性契约维持数据的使用，相当于双方签订了一个以数据换取免费服务的隐性契约，是一种潜规则。但隐性契约很难在公正的第三方（如公检法）那里得到执行保障，例如消费者的隐私可能受侵害、消费者可能向平台提出索取数据使用费的要求、平台可能在享受免费数据的同时进一步利用这些数据做出损害消费者的行为。

数据契约化可提升数据资源的配置效率。数据的初始权利和可交易性对数据效用至关重要，可以实现数据用途的最大化。一方面，数据初始权利给消费者更有效。Jones 和 Tonetti（2020）证实了当企业拥有数据时，它们会过度使用数据而不顾及消费者的隐私。另一方面，根据产权理论，不论初始权利给谁，只要权责明晰并可交易，最终都能实现最优配置。然而，目前数据权利归属仍然不清，在交易中也存在契约化困难。现实中，原始数据的供应与高度特定的数据产品和服务的需求之间存在很大不确定性，例如供方的数据未经挖掘清洗提炼，或者需方不知道自己需要什么样的数据以及拿数据解决什么问题。这样的数据交易会导致大量的契约问题——涉及法律、估值、竞争和所有权等，有学者称之为"未完全契约化的数据交易"（Huang et al.，2021）。数据的完备性是影响后续数据价值提炼的重要前提，对这一问题的重视和解决程度关系着数据要素价值的有效释放（陈松蹊等，2022）。只有推动数据市场更加完善成熟，更加符合高专用性业务的需要，数据才能真正通过流通过程成为生产要素。

（四）劳动关系不稳定

数字经济正在改变生产关系、商业组织方式和利益分享方式，必然对市场、企业和个人的分配关系构成较大冲击——既有积极向上的推动力量和结构优化的改善力量，也存在一定的潜在风险（刘诚，2022）。数字经济出现了一些收入分配、就业结构方面的新趋势，可能彻底改变企业内"资本雇佣劳动"这一契约关系，从而对企业治理产生根本性变革。传统经济体制下，资本家投资设立企业，委托经理人管理和运行企业，雇用劳动者进行生产经营活动。这种劳资关系是相对稳定的，劳动者获取固定工资（或提成），经理人获得绩效报酬，资本家凭借剩余索取权获得企业利润。但在数字经济体制下，劳动者与资本家和经理人的雇佣关系变得松散、破碎，随时可能被雇用，也随时可能被解雇，工资可能相对较高但原本附加在雇佣关系上的各种社会保障被松绑和解除，即劳动关系更加不稳定了。

数字化降低了企业对劳动者的社会保障。数字经济推动了用工模式的转变，对传统的劳动关系及其界定产生了冲击。传统劳动关系的界定以从属性为核心，划分为劳动关系和劳务关系，但数字经济的发展却产生了大量介于二者之间的非标准劳动关系，这些劳动者的劳动权益保障问题凸显。在平台和劳动者之间的实际契约关系中，平台可以对劳动者直接发出命令或者说行动指令，这就是一种控制权的体现，在事实上形成了雇佣关系，也就要求平台做出在雇佣关系之下的对劳动者的权益保障，涉及工作时间、工作条件、工资待遇和社会保障等。但现实中平台却没有与劳动者直接签订相关契约。也就是说，数字经济中的劳动关系正经历从"企业-员工"到"平台-个人"的重大转变，这种关系有别于现行基于工作单位的传统经济（institution-based economy），其工作因具有"不确定、不稳定、保障少"的特点而被称为"不安稳的工作"（precarious work），劳动者只接受有限的社会福利和法律保护（Kalleberg and Vallas，2018）。据《财经》杂志调查发现，骑手处于一个多维度管理但又没有实际责任单位的"暗网"之中：平台和 A 公司对骑手进行日常管理，B 公司与其签订合作协议，C 公司和 D 公司为其发放工资并缴纳个人所得税。[①] 上海交通大学的一份大样本调查表明，骑手对工作感到满意的不到一半，约四成人对工作满意度为一般，还有超过一成人明确表示不满意。[②]

机器替代人问题加剧。Acemoglu 和 Restrepo（2021）研究发现，在过去 40 年中，美国工资结构的 50%～70% 的变化是由在经历快速自动化的行业中专门从事日常工作的工人群体的相对工资下降造成的，究其原因，自动化技术促使资本取代了一些原本由劳动完成的工作。与工业化进程相似，在数字经济时代，企业进一步调整对机器和劳动的配置，导致各行业劳动结构转换。而且，数字技术不仅延续了

[①] 《外卖平台用工"暗网"：160 万骑手成了个体户却不自知》，《财经》，2021 年 10 月 4 日，https://new.qq.com/omn/20211004/20211004A07E4O00.html。

[②] 《报告指近五成骑手对职业满意　未来一年计划转行的不到一成》，中国新闻网，2021 年 12 月 12 日，http://www.chinanews.com.cn/cj/2021/12-12/9628249.shtml。

工业化时期机器对低技能劳动力的替代现象，而且使一些中等技能劳动力的技能失去意义，从而使这些中等技能劳动力也被替代。例如，以前厨师需要根据客流量预估第二天的蔬菜采购量，而现在可以根据电脑系统来判断，厨师的这个技能就不再被需要了。数字经济领域的一些工作内容被"标准化"，使劳动者被设备所控制机械地执行机器或数据指令，他们要对电脑、iPad、手机等数字设备发出的用户需求迅速做出反应。需要指出的是，对这一问题也有研究持相反观点，李磊等（2021）研究发现，机器人的使用具有就业促进效应，这主要源于企业生产效率提高和产品市场份额提升导致产出规模扩张，从而扩大了劳动力需求。

工作越发碎片化。在数字化的支持下，工作任务被碎片化，企业可以通过临时就业机构或其他灵活就业形式，把"零工"分配给非正式员工，日本的非正式用工占到了将近 40%（Shibata，2021）。2005~2015 年，美国创造的几乎所有就业机会都与替代性工作安排有关，这些工作安排被定义为临时帮助机构工作人员、随叫随到工作人员、合同工、独立承包商或自由职业者（Katz and Krueger，2019）。据统计，中国灵活就业从业人员规模达 2 亿人左右，其中 7800 万人的就业方式是依托互联网的新就业形态。[①] 碎片化的工作环境降低了劳动的专用性，削弱了劳动技能的价值及劳动力与雇主的谈判能力。与此同时，人们的工作技能也没有随数字经济的发展而同步提升，根据国家统计局居民时间利用调查数据，2008~2018 年我国全体居民使用互联网的平均时间增长了 10 倍多，由每天 0.23 个小时上升至 2.7 个小时，而学习培训和阅读报刊时间分别下降 6.9% 和 18.2%。长此以往，

---

① 孟祺：《数字经济促进就业技能结构调整》，《社会科学报》第 1751 期第 2 版，2021 年 4 月 15 日。

一些劳动者逐渐失去了专用性的劳动技能、专用性劳动技能投资激励以及应对劳动风险的能力,他们与资本的契约关系将更加失衡。

近年来,我国数字经济监管实践也充分体现了制度突破与建构的有序过程。如表1-3所示,国家有关部门针对反垄断、平台治理、数据治理、数据安全等方面陆续出台了大量的针对性监管政策,数字经济发展的基础制度体系不断完善。

表1-3　2021~2022年国家对数字经济监管的主要政策

议题	发布时间	发布部门	政策名称	政策内容节选
反垄断与平台治理	2021年12月	国务院	《"十四五"数字经济发展规划》	到2025年,数字经济迈向全面扩展期,数字经济核心产业增加值占GDP比重达到10%。 规范数字经济发展,坚持发展和监管两手抓。 探索建立与数字经济持续健康发展相适应的治理方式,制定更加灵活有效的政策措施,创新协同治理模式
	2022年1月	国务院	《"十四五"市场监管现代化规划》	探索创新符合平台经济、产业数字化、新个体、微经济、共享经济等新经济特点的监管模式,促进新经济健康有序发展。 优化完善新产业、新业态、新模式登记注册服务。 加强新经济监管工具创新供给,探索触发式监管机制,完善敏捷治理等新型监管模式。 完善网约车、共享单车、汽车分时租赁、网络货运等交通运输新业态监管规则和标准。 及时跟进新产业、新业态、新模式竞争行为监管,强化对电子数据的取证固证,有效防范和解决虚假宣传、侵权假冒、误导消费等问题。 研究制定新型不正当竞争行为的认定条件、判定标准、处罚梯度,出台相关执法指南
	2022年3月	国家网信办、国家税务总局、国家市场监督管理总局	《关于进一步规范网络直播营利行为促进行业健康发展的意见》	网络直播平台、网络直播服务机构应依法履行个人所得税代扣代缴义务,不得转嫁或者逃避个人所得税代扣代缴义务,不得策划、帮助网络直播发布者实施逃避税。 网络直播发布者开办的企业和个人工作室,应按照国家有关规定设置账簿

议题	发布时间	发布部门	政策名称	政策内容节选
反垄断与平台治理	2022年3月	中共中央、国务院	《关于加快建设全国统一大市场的意见》	对互联网医疗、线上教育培训、在线娱乐等新业态,推进线上线下一体化监管。 加强对金融、传媒、科技、民生等领域和涉及初创企业、新业态、劳动密集型行业的经营者集中审查。 加强对平台经济、共享经济等新业态领域不正当竞争行为的规制,整治网络黑灰产业链条,治理新型网络不正当竞争行为
	2022年6月	全国人民代表大会常务委员会	《关于修改〈中华人民共和国反垄断法〉的决定》	经营者不得利用数据和算法、技术、资本优势以及平台规则等从事本法禁止的垄断行为。 行政机关和法律、法规授权的具有管理公共事务职能的组织在制定涉及市场主体经济活动的规定时,应当进行公平竞争审查。 健全经营者集中分类分级审查制度,依法加强对涉及国计民生等重要领域的经营者集中的审查,提高审查质量和效率
数据治理	2021年12月	国务院办公厅	《要素市场化配置综合改革试点总体方案》	启动要素市场化配置综合改革试点工作,计划到2023年在数据要素市场化配置基础制度建设探索上取得积极进展。 建立健全数据流通交易规则,探索"原始数据不出域、数据可用不可见"的交易范式,探索建立数据用途和用量控制制度,实现数据使用"可控可计量"。 推动人工智能、区块链、车联网、物联网等领域数据采集标准化
	2021年12月	国家网信办等四部门	《互联网信息服务算法推荐管理规定》	保障用户的算法知情权和算法选择权,应当向用户提供不针对其个人特征的选项,或者便捷的关闭算法推荐服务的选项。 算法推荐服务应充分考虑老年人出行、就医、消费、办事等需求,应当便利老年人安全使用算法推荐服务。 建立完善平台订单分配、报酬构成及支付、工作时间、奖惩等相关算法,完善平台调度服务,保障劳动者权益

续表

议题	发布时间	发布部门	政策名称	政策内容节选
数据治理	2022年6月	国务院	《关于加强数字政府建设的指导意见》	到2025年,与政府治理能力现代化相适应的数字政府顶层设计更加完善、统筹协调机制更加健全,政府履职数字化、智能化水平显著提升,政府决策科学化、社会治理精准化、公共服务高效化取得重要进展。 到2035年,与国家治理体系和治理能力现代化相适应的数字政府体系框架更加成熟完备,整体协同、敏捷高效、智能精准、开放透明、公平普惠的数字政府基本建成,为基本实现社会主义现代化提供有力支撑
数据安全	2021年6月	全国人民代表大会常务委员会	《数据安全法》	为了规范数据处理活动,保障数据安全,促进数据开发利用,保护个人、组织的合法权益,维护国家主权、安全和发展利益而制定的法律
	2021年7月	国务院	《关键信息基础设施安全保护条例》	旨在建立国家关键信息基础设施安全保护制度,明确各方责任,加强关键信息基础设施安全保护、保卫和保障,进一步提升我国网络空间安全保障的整体水平
	2021年8月	全国人民代表大会常务委员会	《个人信息保护法》	在《数据安全法》基础上,进一步细化完善了个人信息保护处理规则。 不得过度收集个人信息、大数据杀熟、滥用人脸识别技术等。 关键信息基础设施运营者和处理个人信息达到国家网信部门规定数量的个人信息处理者,应当将在中华人民共和国境内收集和产生的个人信息存储在境内
	2022年1月	国家网信办	《移动互联网应用程序信息服务管理规定（征求意见稿）》	应用程序提供者和应用程序分发平台不得利用应用程序从事危害国家安全、扰乱社会秩序、侵犯他人合法权益等法律法规禁止的活动
	2022年3月	中共中央办公厅、国务院办公厅	《关于加强科技伦理治理的意见》	任何单位、组织和个人开展科技活动不得危害社会安全、公共安全、生物安全和生态安全,不得侵害人的生命安全、身心健康、人格尊严,不得侵犯科技活动参与者的知情权和选择权,不得资助违背科技伦理要求的科技活动。 相关行业主管部门、资助机构或责任人所在单位要区分不同情况,依法依规对科技伦理违规行为责任人给予责令改正,停止相关科技活动,追回资助资金,撤销获得的奖励、荣誉,取消相关从业资格,禁止一定期限内承担或参与财政性资金支持的科技活动等处理

议题	发布时间	发布部门	政策名称	政策内容节选
数据安全	2022年7月	国家网信办	《数据出境安全评估办法》	数据出境安全评估坚持事前评估和持续监督相结合、风险自评估与安全评估相结合等原则。 规定了应当申报数据出境安全评估的情形,包括数据处理者向境外提供重要数据、关键信息基础设施运营者和处理100万人以上个人信息的数据处理者向境外提供个人信息、自上年1月1日起累计向境外提供10万人个人信息或者1万人敏感个人信息的数据处理者向境外提供个人信息以及国家网信部门规定的其他需要申报数据出境安全评估的情形

四　欧美政府介入数字经济制度建构的实践经验

上文的分析侧重数字经济对制度的自发性的突破和建构。这里,基于欧美政府监管实践,着重分析政府如何有效参与制度建构。Kozlenkova等(2021)使用跨国数据研究发现,政府对平台实施的包括审查、背景调查、监控、评级、跟踪工具等在内的治理机制,可以有效提高人们对平台的信任,有助于建立平台、企业与用户之间的关系规范,从而增加了人们对平台的接受度和使用率。这证明了政府监管可以起到规范性作用,从而促进数字经济发展。

欧美数字化进程较早,政府监管也相对成熟。综观欧美政府对数字经济的监管实践,已不仅是"亡羊补牢"似的对出现的垄断等经济社会问题做出回应式监管,更是在平台、市场和企业自发建构数字经济制度基础上,积极参与制度建构过程,做出一些基础性、原则性、长期性的规制。从契约视角来看,这些规制具有鲜明的竞争性、公平性、完备性和开放性特征。

1. 加强契约的竞争性

尽管数字经济发生了种种变化，但欧美坚持把增强市场竞争性作为监管政策的核心思想。美国具有用监管手段强化市场竞争的长期历史。早在二战时期，美国便做出了允许出版商打破版权限制、自由复制敌对国德国的科学书籍的规定，此举使相关图书价格下降 28%，引用这些图书的新研究增加了一倍以上（Biasi and Moser, 2021）。作为应对 AT&T（美国电话电报公司）垄断问题的一个重要举措，1956 年美国政府强制要求贝尔实验室对外公开专利技术。Watzinger 等（2020）实证发现，贝尔专利的后续创新增加了 17%，且陆续涌现了 IBM、德州仪器、雷神等高科技企业。近年来，欧洲数字经济发展明显滞后于美国，其重要原因之一在于欧盟重规制而轻创新，在一定程度上抑制了数字企业的竞争活力。为此，欧盟正在针对数字市场的可竞争性制定数字市场法案，用以提升数字经济各主体的市场竞争能力。其政策的内涵是，平台替代市场配置资源过程中依然坚持市场竞争原则，在平台上模拟市场竞争机制，鼓励平台与平台之间、平台与企业之间、企业与企业之间自由竞争。2021 年 4 月，欧盟委员会指控苹果公司在音乐服务方面存在反竞争行为。欧盟认为，通过 App Store，苹果公司成了 iPhone 和 iPad 用户的看门人，用户购买产品和服务均受到 App Store 的规则指引，其中在音乐服务方面，强迫应用开发商使用苹果的应用内支付系统，并阻止开发者告知用户有其他购买选项，扭曲了竞争。与欧美做法类似，世界银行针对数字经济的治理提出，通过广泛的市场准入鼓励竞争，打造公平竞争的一般性营商环境。①

---

① World Bank, "World Development Report 2016: Digital Dividends", 2016.

2.加强契约的公平性

根据契约理论，契约是一种"参照点"，如果当事人认为得到了契约当初规定的利益，那么他就会按照契约的实质精神认真履约；否则，他会采取投机行为并按照契约的字面意思来履约（Hart and Moore，2008）。基于数字经济市场主体自发的制度建构，存在的主要问题恰恰是契约针对各市场主体存在一些不公平之处，这势必对它们认真履约造成困扰，从而影响整个数字生态系统契约关系的建构、执行和维系。欧美政府致力于具体细节，从各市场主体权力分配的公平、收入分配的公平以及行业合规的公平等方面全面提高契约的公平性。2021年，英国和意大利各自做出裁决，认定网约车司机、骑手为平台的雇员，享受劳动合同所具有的最低工资、带薪休假和休息时间等工作权益。2021年7月，白宫签署的一项有关竞争政策的行政命令包含72项全面措施，旨在对美国经济几乎所有领域的反竞争行为进行打击。值得关注的是，这不是为了降低价格，而是为了提高工资，把反垄断的利益出发点从维护消费者效用转向提高工人工资。

3.加强契约的完备性

欧美政府深刻认识到，制度供给不足会对数字经济规范发展产生牵制，例如2018年脸书"剑桥分析数据丑闻"是促使欧盟《通用数据保护条例》（GDPR）加快落地和欧美各国加强对大型互联网跨国公司监管审查的重要诱因。De Matos 和 Adjeri（2022）利用一家在欧洲运营的电信提供商的实验发现，GDPR有效加强了隐私保护，同时也允许数字企业以发放数据津贴等形式合法获取数据并依赖这些数据改善经营状况。2022年7月，欧盟批准通过了《数字市场法》进一步明确提出，数字企业出于商业目的在其自身的服务中放置第三方广告时，在未获得用户明确同意情况下不得将个人数据用于提供有针对性的广告。迫于社会压力，一些跨国公司也在主动建立一些符合基本伦理道德的数据使用规范。例如，2021年苹果公司在其操作系统中新增隐私功能设置，苹果手机或电脑上安装的App若要收集用户数据、跟踪用户投放广告则须提示用户并征得同意。此外，欧美还将数据用于电子政务和各类经济社会政策，提高政策透明度，并打通政策落地"最后一公里"。欧盟正在着手建立基于数据和证据的数字经济政策，更多地使用新的数据分析工具，推动产业政策、竞争政策等政策体系更加以证据为基础。

4.加强契约的开放性

数字平台的开放和自由准入、数字技术的开源、数字软硬件及其产品的兼容性、数字技术和设备的标准化、数据的开放共享等，都是欧美提高数字经济契约开放性的经验做法。OECD研究显示，仅开放现存公共及私人部门数据所产生的收益即可拉动GDP增长高达4%，并使企业生产率平均提高5~10个百分点。针对那些没有特殊理由（如个人隐私、商业秘密和国家安全）而人为设置障碍的行为，基本都会以垄断和反竞争的名义对其展开调查，进而做出高额罚款。当然，在开放的过程中应始终以安全为底线。例如，2021年12月，美国政府以担忧危害航空安全为由，要求美国两大电信运营商——AT&T和Verizon，推迟原定于2022年1月推出的5G无线服务。

五 结论与政策启示

为实现长期健康有序发展，需要深刻理解数字经济的制度突破与建构及其带来的问题。本章从契约理论出发建立一般分析框架，认为数字经济的制度突破与建构表现为形成了新契约关系，主要领域是数字产业化、产业数字化、数据要素化和劳动关系。为此，着重分析了平台与市场的权力和分工关系，探究平台与入驻企业的购买服务契约关系，阐述数据要素的权利归属、使用和保护问题，以及劳动关系的变化。从监管实践来看，欧美政府参与数字经济制度建构的经验做法是加强契约的竞争性、公平性、完备性和开放性。需要说明的是，本章不是对数字经济作为一个整体与传统经济进行网络效应等特征上的比较分析，不是针对"二选一"等数字经济中的个别现象、滴滴等个别企业进行分析，也不是对有关政策进行效果评估，而是试图基于契约理论抽象出数字经济实践和监管的学术问题，以加深对数字经济运行的理论认知。

面向未来，一个较为紧迫的课题是怎样重新去设计一套法律体制，一套产权的新规则，一套新的社会契约，从而能够引导包容与公正的数字经济。如果我们有能力、有新的指导思想，能够设计出更周严的、更理想的一种新时代的社会契约，那必将推动我国经济长期健康有序发展。本章对数字经济制度突破与建构的较为全面和系统的分析，对我国监管实践具有一定的政策启示。

第一，以契约关系理念贯通各部门的监管实践。从契约理论视角，对数字经济制度突破与建构形成全局性认识，使政府各部门在治理不同问题（如市场监管部门治理垄断、人社部门治理劳动）时避免相互掣肘形成合力，共同建构低成本、高效率、权责清晰的契约关系，促进数字经济规范健康发展。

第二，加快推出并细化数字经济规范发展的基础性制度。本章发现，资产专用性和通用性较难权衡、平台凌驾于入驻企业之上主导产业数字化进程、数据要素契约化滞后等数字生态契约混乱问题，一定程度上是由政府规制缺失导致基础性制度供给不足所引发的。因此，要建立数字经济时代的新社会契约，健全市场准入制度、公平竞争审查机制、数字经济公平竞争监管制度等数字经济基础性制度。通过优化线上营商环境和线上市场体系建设，对数字经济发展中可能出现的一些问题在事前做出规范性引导，例如完善平台佣金收费机制和算法规则，降低契约的不完全程度。政府与平台建立合作关系，平台要主动帮助政府了解技术趋势和有效治理的方法，政府则基于此制定更好的规制政策，更好地促进数字经济规范发展。

第三，在平台监管上更多引入市场竞争机制。我国数字经济的制度建构首要问题应该是理顺平台与市场的关系，在平台上模仿市场竞争机制，以此强化数字生态所有参与者契约关系的市场竞争性。这包括：鼓励平台间的竞争，以扼制权力集中化趋势；倡导平台与入驻企业之间的竞争，企业可以"用脚投票"自由切换平台服务商；加大企业与企业之间的竞争，严厉打击通过组织专业团队、网络软文、网络红人、知名博主、直播带货等方式进行"刷单炒信"、虚假宣传等不正当竞争。

第四，提高数据和算法的开放性、公平性。全面加强数据开放利用，推进数据开放利用技术和安全标准体系建设，建立健全数据交易管理制度。更多地依靠机器学习等先进算法来监督平台经济，洞察那些微妙而隐蔽的反竞争行为。对平台提供数字服务的算法加强管理，对劳动者权益保障、消费者保护、科技产品向善等做出细化规定。培育一批数字化可信服务商，开发和推广一批数字化产品和服务，为中小企业的数字化转型搭建起一个完善的生态伙伴体系。调整现有社保制度，建立起适应数字经济发展的劳动者权益保护网。有效保障每一个人的数字资产权利，使其有机会参与数字资本收益的分配，防止数字资产的独占，尤其是防止提供超级数字平台的科技"巨兽"对数字资产的滥用、操控与垄断。

参考文献

程啸：《论大数据时代的个人数据权利》，《中国社会科学》2018 年第 3 期。

陈松蹊、毛晓军、王聪：《大数据情境下的数据完备化：挑战与对策》，《管理世界》2022 年第 1 期。

陈威如、王节祥：《依附式升级：平台生态系统中参与者的数字化转型战略》，《管理世界》2021 年第 10 期。

李丹、刘咏梅：《线上平台的定价和优惠策略研究》，《中国管理科学》2021 年网络首发。

李磊、王小霞、包群：《机器人的就业效应：机制与中国经验》，《管理世界》2021 年第 9 期。

李三希、武玙璠、鲍仁杰：《大数据、个人信息保护和价格歧视——基于垂直差异化双寡头模型的分析》，《经济研究》2021 年第 1 期。

刘诚：《数字经济监管的市场化取向分析》，《中国特色社会主义研究》2020 年第 5~6 期。

刘诚：《数字经济与共同富裕：基于收入分配的理论分析》，《财经问题研究》2022 年第 4 期。

马洪范、胥玲、刘国平：《数字经济、税收冲击与税收治理变革》，《税务研究》2021 年第 4 期。

倪克金、刘修岩：《数字化转型与企业成长：理论逻辑与中国实践》，《经济管理》2021 年第 12 期。

聂辉华、李靖：《元宇宙的秩序：一个不完全契约理论的视角》，《产业经济评论》2022 年第 2 期。

申卫星：《论数据用益权》，《中国社会科学》2020 年第 11 期。

孙晋：《数字平台的反垄断监管》，《中国社会科学》2021 年第 5 期。

唐要家、傅樟洋：《平台佣金征收的影响因素及剥削性滥用分析》，《东北财经大学学报》2022 年第 3 期。

夏杰长、刘诚：《数字经济赋能共同富裕：作用路径与政策设计》，《经济与管理研究》2021 年第 9 期。

杨其静：《从完全合同理论到不完全合同理论》，《教学与研究》2003 年第 7 期。

杨瑞龙、聂辉华：《不完全契约理论：一个综述》，《经济研究》2006 年第 2 期。

Acemoglu, D., and P. Restrepo, "Tasks, Automation, and the Rise in US Wage

Inequality", NBER Working Papers No. w28920, 2021.

Basu, S. , and J. Fernald, "Information and Communications Technology as a General-Purpose Technology: Evidence from US Industry Data", *German Economic Review*, 2007, 8 (2).

Biasi, B. , and P. Moser, "Effects of Copyrights on Science: Evidence from the WWII Book Republication Program", *American Economic Journal: Microeconomics*, 2021, 13 (4).

Bukht, R. , and R. Heeks, "Defining, Conceptualising and Measuring the Digital Economy", *International Organisations Research Journal*, 2018, 13 (2).

Coase, R. H. , "The Nature of the Firm", *Economica*, 1937, 4 (16).

Dana, J. , and E. Orlov, "Internet Penetration and Capacity Utilization in the US Airline Industry", *American Economic Journal: Microeconomics*, 2014, 6 (4).

De Matos, M. , and I. Adjeri, "Consumer Consent and Firm Targeting After GDPR: The Case of a Large Telecom Provider", *Management Science*, 2022, Forthcoming.

Dong, Y. , S. Song, and F. Zou, "Mobile Payment Services, Government Involvement, and Mobile Network Operator Performance", *Manufacturing and Service Operations Management*, 2022, Forthcoming.

Farboodi, M. , and L. Veldkampy , "A Growth Model of the Data Economy", NBER Working Papers No. w28427, 2021.

Graef, I. , Y. Wahyuningtyas, and P. Valcke, "Assessing Data Access Issues in Online Platforms", *Social Science Electronic Publishing*, 2015, 39 (5).

Hart, O. , *Firm, Contracts and Financial Structure*, Oxford University Press, 1995.

Hart, O. , and J. Moore, "Contracts as Reference Points", *Quarterly Journal of Economics*, 2008, 123 (1).

Hornbeck, R. , "Barbed Wire: Property Rights and Agricultural Development", *Quarterly Journal of Economics*, 2010, 125 (2).

Huang, L. , Y. Dou, Y. Liu, J. Wang, G. Chen, X. Zhang, and R. Wang , "Toward A Research Framework to Conceptualize Data as A Factor of Production: The Data Marketplace Perspective", *Fundamental Research*, 2021, 1 (5).

Huang, J. , O. Henfridsson, and M. J. Liu, "Extending Digital Ventures Through Templating", *Information Systems Research*, 2022, Forthcoming.

Hubbard, T. N. , "Information, Decisions, and Productivity: On-Board Computers and Capacity Utilization in Trucking", *American Economic Review*, 2003, 93 (4).

Jones, C. I. , and C. Tonetti , "Nonrivalry and the Economics of Data", *American Economic Review*, 2020, 110 (9).

Jullien, B. , and W. Sand-Zantman, "The Economics of Platforms: A Theory Guide for

Competition Policy", *Information Economics and Policy*, 2021, 54.

Katz, L. , and A. Krueger, "The Rise and Nature of Alternative Work Arrangements in the United States, 1995–2015", *Industrial and Labor Relations Review*, 2019, 72 (2).

Kalleberg, A. , and S. Vallas, "Probing Precarious Work: Theory, Research, and Politics", In *Precarious Work*, Bingley: Emerald Publishing, 2018.

Kenney, M. , and J. Zysman, "The Rise of the Platform Economy", *Issues in Science and Technology*, 2016, 32 (3).

Kozlenkova, I. , J. Lee, D. Xiang, and R. Palmatier, "Sharing Economy: International Marketing Strategies", *Journal of International Business Studies*, 2021, 52 (8).

Krasnokutskaya, E. , K. Song, and X. Tang, "The Role of Quality in Internet Service Markets", *Journal of Political Economy*, 2020, 128 (1).

Orbach, B. , "Anything, Anytime, Anywhere: Is Antitrust Ready for Flexible Market Arrangements?", Arizona Legal Studies Discussion Paper, 2021.

Rahman, K. S. , "Regulating Informational Infrastructure: Internet Platforms as the New Public Utilities", *Georgetown Law Technology Review*, 2018, 2 (2).

Rahman, K. S. , and K. Thelen, "The Rise of the Platform Business Model and the Transformation of Twenty-First-Century Capitalism", *Politics & Society*, 2019, 47 (2).

Robertson, V. , "Antitrust Market Definition for Digital Ecosystems", *Concurrences*, 2021, (2).

Shibata, S. , "Digitalization or Flexibilization? The Changing Role of Technology in the Political Economy of Japan", *Review of International Political Economy*, 2021, Forthcoming.

Tranos, E. , T. Kitsos, and R. Ortega-Argiles, "Digital Economy in the UK: Regional Productivity Effects of Early Adoption", *Regional Studies*, 2021, 55 (12).

Watzinger, M. , T. A. Fackler, and M. Nagler, "How Antitrust Enforcement Can Spur Innovation: Bell Labs and the 1956 Consent Decree", *American Economic Journal: Economic Policy*, 2020, 12 (4).

Williamson, O. E. , "Transaction-Cost Economics: The Governance of Contractual Relations", *Journal of Law and Economics*, 1979, 22 (2).

Zhu, F. , and Q. H. Liu, "Competing with Complementors: An Empirical Look at Amazon. com", *Strategic Management Journal*, 2018, 39 (10).

第二章　线上市场重构营商环境

为适应数字经济发展要求，营商环境建设应从线下转到线上。本章基于公平竞争的研究视角，以线上市场营商环境为主线，把线上线下市场及其竞争关系统一纳入一般分析框架，重点关注线上市场的规范发展、线上市场与线下市场的公平竞争、线上市场对整体市场营商环境的影响三个方面。

一　线上市场成长壮大

中国已进入数字经济时代。线上经济活动具有特殊性（Goldfarb and Tucker，2019），正在改变政府、市场与企业之间的边界，突破既有的行业监管体系（Robertson，2021），形成了独特的线上营商环境，并对线下市场以及线上线下整体市场的营商环境产生了深刻影响。

一方面，数字经济逐渐从消费端向产业端延伸，应用场景不断拓展。过去，3G 和 4G 时代的算力和存储条件仅能支持消费互联网（TOC），推动了电商、网约车等新业态的涌现；现在，5G、物联网、区块链等不断进步的数字技术更加契合生产互联网（TOB），促使工业互联网方兴未艾。未来，几乎所有产业及公用事业都可以实现数字化转型，数字化成为"十四五"及更长时期国家推动经济高质量发展的重要抓手。①

另一方面，数字经济的扩张伴随营商环境的重构。数字经济是一套通过数据和算法在线上构建经济社会活动的组织形式（Kenney and Zysman，2016），其主要特征是商业活动从实体场所向虚拟场所迁移，导致资本投资、雇佣关系、生产消费等方面的市场安排的流动性激增（Orbach，2021a）。因此，数字经济不是线下产业链供应链在线上的完美镜像，而是线上对线下的优化、重塑和颠覆，将改变生产方式和生产关系，从根本上改变营商环境。

为适应数字经济发展的时代要求，营商环境建设也需要从线下转到线上。随着越来越多的经济社会活动搬到线上，国家治理也需要开辟线上的战线（王世强等，2020）。具体到营商环境建设来讲，数字经济对商事制度改革、行政审批改革、"放管服"改革提出了新的要求。传统线下监管方式并不完全适用于线上，不能简单地把传统的制度体系和工作方法照搬到线上。因此，优化营商环境应跳出"开办企业成本、程序和时间"等一般框架，从传统经济延伸到数字经济，从线下市场全面覆盖到线上线下整体市场。

具体而言，优化营商环境的重点或将不再是减少行政审批，而是维系公平竞争秩序。对营商环境的以往研究主要关注事前准入制度（毕青苗等，2018；刘诚和杨继东，2020；夏杰长和刘诚，2020），这是以传统经济为研究背景的。我国行政审批制度变迁的初始条件是计

---

① 根据《"十四五"信息化和工业化深度融合发展规划》，到2025年，全国企业经营管理数字化普及率达80%，数字化研发设计工具普及率达85%，关键工序数控化率达68%，工业互联网平台普及率达45%。

划经济体制下政府对经济社会的全面管制（潘秀珍和褚添有，2010），改革方向自然是要减少管制。但数字经济面临的营商环境有所不同，出现的监管问题自然也不同。所以，营商环境建设要结合数字经济发展实际情况，对症下药，规范线上营商制度，维系线上线下公平竞争秩序。孙晋（2021）认为，政府应从消极的包容审慎监管转向积极的包容审慎监管，为数字经济设计更灵活、更符合其发展特点的分析框架和竞争规则。

本章在传统经济营商环境分析的基础上，以线上市场的形成和冲击为主线，基于公平竞争的研究视角辨析线上市场的规范发展、线上市场与线下市场的公平竞争以及线上市场对整体市场营商环境的影响，以此构建数字经济时代营商环境的一般分析框架。本章的主要创新体现在以下三点。第一，将营商环境的理论范畴从传统经济延伸到数字经济。与市场和企业一样，平台也可以配置资源，但鲜有文献关注平台配置资源的规则，或者说较少研究线上营商生态的公平、竞争、秩序问题，相近的文献也只关注到了其中的垄断问题（王世强等，2020）。而且，与已有文献关注线下市场的行业准入不同（毕青苗等，2018；刘诚和夏杰长，2021），本章深入探讨线上市场的平台准入问题，深刻剖析线上营商环境。第二，分析线上市场对线下及整体市场竞争格局的影响。长期以来，线上市场与线下市场是替代还是互补关系这一问题，受到社会广泛关注。数字企业认为其创造了新业态和就业机会，传统企业则认为被挤占了生存空间，双方各执一词，未有定论。而且，鲜有文献深入剖析数字经济对整体市场竞争格局的影响。本章从营商环境建设的角度，探究线上市场本身、线上和线下之间、线上和整体市场之间三个维度的竞争秩序，并提出改进建议。第三，探讨数字经济监管新思路。王俊豪（2021）认为，政府监管体制改革已成为中国深化改革的短板，应加强政府监管理论体系研究。本章将数字经济监管纳入当前的商事制度改革和"放管服"改革大背景之下，以寻求更宽泛、更适合未来发展的改革举措。

二　数字经济时代营商环境的一般分析框架

从内涵上看，营商环境不存在线上和线下的区别。学术界和政策制定者对营商环境的理论研究和实践评估汗牛充栋，大概涵盖了企业经营过程中所感知到的所有体制性和社会性因素，包括市场准入、注册登记、竞争、垄断、产权保护、税负、融资成本、劳动者数量和素质、社会诚信和契约精神、社会治安等各个方面（毕青苗等，2018；夏杰长和刘诚，2020）。

但已有研究主要基于传统经济的理论和事实而进行，未能充分反映线上市场。当前，人们的很多经济社会活动已发生在线上，这就需要国家治理能够适应数字融合世界的语境，对数字经济进行有效治理。在传统经济占主导时，维系线下市场竞争秩序主要依靠减少行政审批、降低市场准入、打破地区分割等方式（何艳玲，2020）。但这不完全适用于数字经济。线上市场在平台的市场准入（如"二选一"）、竞争规则（如"杀手型并购"）、数字服务收费标准（如佣金、流量费、金融支付收费）等方面构成了不同于线下市场的新营商生态。例如，姜婷凤等（2020）使用线上商品销售数据发现，线上商品调价频率高、幅度大且上调幅度大于下调幅度。

更重要的是，线上市场在冲击和改变着线下市场，导致已有线下市场营商环境的那些分析可能出现一定的欠缺和不足，需要在考虑线上市场的情况下洞悉线下市场营商环境的新内涵。同时，线上市场安全问题等也已成为线上和线下市场需要共同面对的新的营商环境。

因此，需要构建数字经济时代营商环境的一般分析框架。世界银行对此做出了明确回应。2022年2月，世界银行公布了宜商环境（business enabling environment）的概念，在以往营商环境（doing business）评价体系基础上探究评估商业和投资环境的新方法。其中纳入了大量的数字经济元素，并把政务数字化水平作为公共服务的核心内容。我们认为，与传统经济时代相比，数字经济时代的营商环境分析应重点考虑如下五个方面：一是研究范畴从线下市场扩展到线上市场；二是营商环境存在的一些问题的根源不再是行政管制过多，而是线上市场的兴起，它既使平台为代表的新业态新模式出现了以往没有的新问题，也冲击了线下市场，导致线下市场面临不公平竞争等问题；三是优化营商环境的目的不仅是维系市场竞争，还包括推动社会公平；四是主要研究的问题从行业准入、地区分割和行政垄断等传统经济常见的体制机制问题，转变为线上营商生态、线上对线下的竞争冲击以及线上线下整体市场环境；五是分析工具不再围绕放松管制展开，而是更强调公平竞争。这五个方面构成了本章对数字经济时代营商环境的一般分析框架，如表2-1所示。

表2-1 营商环境分析框架的演进

议题	传统经济时代	数字经济时代
营商环境的范畴	线下市场	线上市场、线下市场
营商环境问题的根源	行政管制过多	线上市场的兴起
优化营商环境的目的	提高市场竞争和配置资源效率	提高竞争效率及其公平性
主要研究问题	线下市场的行业准入、地区分割、行政垄断	线上营商生态、线上对线下的竞争冲击、线上线下整体市场环境
分析工具	放松管制	公平竞争

上述五个方面并不是孤立的，而是相互联系的，归结起来就是基于公平竞争视角来分析线上市场、线上与线下市场、线上线下整体市场三个层面的营商环境。其中，对三个层面营商环境的分析将在下文依次展开。这里需要强调的是，公平竞争成为数字经济时代营商环境的主要分析工具。一方面，数字经济涌现的新业态和新问题，迫使人们透过现象看本质，从公平竞争视角重新审视营商环境。由于数字经济具有网络经济和规模经济等特征，市场集中度、价格歧视、消费者福利标准等传统分析框架已不完全适用于数字经济营商环境（孙晋，2021），且出现了一些违背竞争的新行为但未被纳入以往分析框架，例如网盘限速导致非付费用户无法正常使用。全球许多国家或地区已更新了数字营商环境的分析工具，将数字经济的监管重点从反垄断执法转向了制定更加适用于数字经济的新规则（Sokol，2021）。换句话说，公平竞争一直是欧美反垄断和优化营商环境的核心内容，但在长期实践过程中根据传统经济的特征转为注重"市场集中度"这类观测性强的量化指标，其在数字经济时代暴露出明显的短板，故须"返璞归真"回到公平竞争这个原点来分析和判断平台与企业的具体行为，并据此构建适应数字经济发展的营商环境。另一方面，数字经济的监管实践，切实需要公平竞争机制。公平竞争原则不仅可以用来分析和评估营商环境，还可以用来解决数字经济营商环境存在的问题。平台具有的市场力量，尽管部分来自其独特的经济特征，但各特征综合在一起，可能导致自然竞争的过程却无法提供充分竞争的结果。欧美对数字经济的监管实践的一个核心要义是，在平台和数字生态系统中模拟或重建市场竞争机制，促使平台保持市场所具有的公平竞争属性。江小涓（2021）认为，尽管数字平台的各个细分市场中几大平台都占据较高份额，但平台间竞争较激烈，使得竞争性市场所具有的特点并未被消除。李三希等（2021）研究发现，在平台利用大数据实施价格歧视、压榨消费者的情况下，引入竞争是最好的解决方案，既可以维持产品分配效率，又能增大消费者剩余，从而实现社会福利最大化。因此，平台有责任保障其竞争环境公平，确保其制定的规则不会阻碍自由、公正的竞争，不能利用平台制定规则的权力决定竞争的结果。故而，对营商环境的分析不应限于减少行政审批等传统范式，而应回归营商环境的本质——公平竞争，即营造一个线上线下整体市场都统一有序的公平竞争营商环境。

三 线上市场形成新的营商生态

随着数字经济的发展，线上经济活动不断增多，商业模式不断创新和增强，线上营商环境也随之形成。优化线上营商环境与优化线下营商环境同等重要。由于线上与线下具有一定差异，以往以后者为重心的监管模式不能简单地适用于前者，故需要加强对线上市场营商生态的专门研究。

（一）数字平台获取部分市场准入权

尽管传统经济也有农贸市场、批发市场等线下交易平台，但在互联网和大数据等数字技术加持之下的数字平台在规模上和市场权力上都远大于线下交易平台，甚至成为数字经济的主要存在形式，包括消费端的电商、网约车、社交、搜索等平台，生产端的工业互联网等平台，以及公共管理端的城市大脑等平台。而且，以平台为中心形成了日益复杂的数字生态系统，它由多个参与者、多层次市场组成，并提供一系列相互关联的商品和服务（Robertson，2021）。

数字平台改变政府、市场、企业三者关系。以往，市场和企业的边界由二者的交易成本来决定（Williamson，1979），政府维系市场秩序并对部分行业的市场准入进行规制，这构成了一国或地区最基本的营商环境。而对于数字经济，平台成为与政府、市场、企业并列的第四个参与主体，市场特征随之出现一些变化，如表 2-2 所示，其中最大变化之一是平台获取了较强的市场准入权。Rahman 和 Thelen（2019）把这种平台准入权称为市场运行的"基础性权力"（infrastructural power），它可以通过控制平台两侧（买卖双方或上下游产业链）的其他参与者来行使市场权力。也就是说，许多企业不仅要进入市场，还要进入平台。能不能进入平台，由平台来决定，即市场准入权从市场和政府端部分让渡给了平台。

表 2-2　数字经济与传统经济的参与主体的权力比较

特征	传统经济			数字经济			
	政府	市场	企业	政府	市场	平台	企业
市场准入	++	+++	+++	+	++	+++	++
市场规则与自由竞争	++	+++	+++	+	++	+++	++
垄断和反竞争行为		++	++		++	+++	+
管制与反垄断	+++	++	++	+++	++	+++	+

注：+++、++和+分别表示参与主体在具体特征事项上的权力较强、一般和较弱。

准入权由市场转向平台后，平台制定了很多不同于线下的规则，形成新的营商生态。平台的发展使得线上市场的分工更细致，新业态、新模式和新职业不断涌现和壮大，平台成了它们的组织者和管理者。而且，与欧美不同，中国企业的数字化转型大都是通过大型数字平台的通用应用程序来实现，不需要企业自行设计专用应用程序，比如腾讯的微信和阿里巴巴的支付宝提供了大量"小程序"的访问权限，这样入驻企业更容易被平台赋能，也更容易被平台管理。所以，平台准入权和平台上的经营规则，已成为不同于线下市场的极为重要的营商环境，仅仅关注市场准入和行政审批已经不能充分满足企业优化营商环境的实际需要。

平台自我监管已成为营商环境的重要组成部分。传统商业系统是各主体在市场上自主交易的松散的商业网络，而数字平台强调内部规则，各主体依靠平台算法制定的规则更加紧密地协同。平台对入驻商户具有建构自我规制的天然优势，相比政府监管，其监管精准度和监管效能更高（孙晋，2021）。双边市场的一个特征是需要吸引至少一边市场，且一边市场的规模越大则另一边市场的规模也相应扩大。因此，平台要想做大做强，必须要向入驻企业和用户提供一个健康的、便利的商业环境。从这个角度看，平台具有优化治理的内在动因。例如，2021 年美团、饿了么等平台开通了企业上线绿色通道，为企业入驻平台精简流程、缩短时间，推动餐饮商家线上化进程。2022 年 7 月，支付宝宣布将投入 100 亿元用于对商家、服务商的费率优惠和返佣以及免费公域流量激励，以支持商家数字化。

然而，平台的自我监管存在一些不公平、不公正的问题。平台具有矛盾性，既能促进和保护市场交易，又会干预和控制交易。平台监管出发点是为自身谋利，对线上营商环境带来负外部性。一方面，平台会打造跨行业的生态系统，打击行业外竞争者。例如，2021 年 6 月德国反垄断监管机构对苹果公司开展一项调查，禁止其通过将手机、电脑等硬件设备与应用商店（App Store）整合获取数字生态系统的市场支配地位。另一方面，平台还会滥用权力压制入驻企业，打击行业内竞争。社会热议的"二选一""竞价排名"等现象就属于这种情况。因此，构造线上市场的公平竞争营商环境，必然需要政府的介入。政府介入方式不同于传统经济的"减少行政审批""降低市场准入门槛"等，而是去审视平台制定的那些营商规则是否符合公平竞争的基本原则。

（二）垄断和反竞争行为

优化线上营商环境的核心是规范平台规则制定权，让各方参与者可以公平竞争。其中一个重要领域是应对垄断和反竞争行为。

数字经济在快速发展和急剧扩张过程中，没有及时受到应有的反垄断监管，产生的竞争问题日益严重（孙晋，2021），出现了大量"竞价排名""杀手并购""二选一"等反竞争行为。数字经济的垄断在具体特征上，如企业行为、进入壁垒等方面，与传统意义上的垄断有所差别（苏治等，2018；王世强等，2020），其主要不同表现在数据垄断上。线上市场本身就是一个生成和处理数据的场所。如果数据被垄断，线上信息就会被阻塞而不能自由流动，那么线上经济活动的市场机制就无法发挥作用，线上资源配置权力就由平台企业所垄断。

与线下市场的垄断一样，垄断平台制定的线上营商规则往往不是基于公平竞争的市场精神，其垄断的外在表现可能有差异，但实质都是以损害社会福利为代价牟取超额利润。Guellec 和 Paunov（2017）研究发现，当数字企业凭借自身优势占据垄断地位时，将利用数据垄断优势阻碍公平竞争，在消费者身上榨取超额利润。Bounie 等（2021）发现，信息中介型平台倾向于仅向企业提供支付意愿较高的消费者信息，以帮助企业更多地抽取消费者剩余。然而，对于数字经济垄断问题，人们习惯于通过一些深刻的观点攻击或维护大企业，却在很大程度上忽视了对竞争的保护（Orbach，2021b）。

从实际效果来看，反垄断需要与营商环境建设相结合。从广义上讲，反垄断也是为了优化营商环境，而从监管部门的工作内容来看，二者存在一定的差异。在数字经济集中出现垄断、安全等问题初期，反垄断可以及时有效遏制资本无序扩张。但随着数字经济监管的个别突出问题得以控制，反垄断应逐渐从台前转向幕后。同时，应把数字经济日常监管的制度规则进行细化和规范化，对企业和市场活动全生命周期的、相对温和的、常态化的营商环境建设将逐渐成为监管重心。

（三）税负较轻但处于上升通道

营商环境是一个宽泛的概念，除了工商注册、项目审批、上市、破产退出等企业经营活动之外，税务是贯穿企业全生命周期的重要环境因素。我国是数字经济大国，却是数字经济税收小国，除跨境电商之外，对于规模庞大的电商平台、在线广告、社交游戏平台等尚未有专门的税收政策（冯俏彬和李承健，2021）。当前，数字经济的税务营商环境处于快速调整期，表现为税负较低但有明显上升迹象。

一方面，数字企业的税收优惠不断规范，征缴力度也得以加大。在我国，数字企业往往作为高科技企业享受税收减免或返还等优惠政策，这其中存在"虚假高科技"的成分（刘诚，2022）。近年来，我国科技和软件行业的税率越来越细化，部分企业以及部分企业的部分业务不再被列入高科技企业或重点软件企业等税收优惠行列，数字企业的总体退税水平在下降。例如，阿里巴巴的有效税率从2020年的12%上升至2021年的18%，并预计2022年达到23%（曹彦君，2021）。而且，由于现行税法对线上新业态新模式的覆盖仍然不足，一些平台、入驻商户和个人存在一定的偷税漏税现象。鉴于此，税务部门正在依靠数字化的方式来加强征管，并强化了对电商直播相关行业的整治力度。

另一方面，如何对数据征税，是影响未来数字经济发展的重要现实问题。数据作为新生产要素，正在成为价值创造的新来源，企业价值创造方式的变化以及数字经济占比的提高必然会推动税制体系变革（蒋震等，2021）。现实中，人们很难界定数据在企业经营中的具体贡献，也就很难确定具体的征收对象。而且，需要紧密结合平台垄断、国际税收分配等数字经济新特征新问题，制定符合国内外发展趋势的数字税体系（周文和韩文龙，2021）。国际上，英国、法国等国家对少数互联网跨国企业的营业收入课征 2%～3% 的数字服务税。2021 年 10 月，经济合作与发展组织（OECD）宣布 136 个国家和地区达成"双支柱"改革方案，试图设计一种数字经济背景下不受物理限制和利润转移影响的全球各国对跨国公司的税收分享机制。对数据或数字服务征税，在短期内可能对数字企业的营商环境造成一定冲击，但长远看有利于数字经济的规范发展。这是因为，合理的征税方案将形成稳定的预期，"净化"不合理避税和偷税漏税恶习，促使数字企业更加专注创新发展而非"钻营"制度漏洞，并使市场竞争机制更好地发挥优胜劣汰作用。而且，对数据征税的方案具有一定的政策导向性，可引导平台和数字企业在业务和流程上提前做出布局，更加合理地收集和使用数据。目前，对于数字企业依靠数据谋利的行为是否应该征收数字服务税，国内还存在一定的争议。

四　线上市场改变线上线下竞争格局

线上经济活动在形成独特的线上市场的同时，也冲击了线下企业的公平竞争营商环境。线上市场正不断改写市场竞争格局，如电商与商场、数字支付与银行、网约车与出租车之间的竞争日益激烈，出现线下市场份额降低、利润率摊薄、实体店倒闭等现象。Rochet 和 Tirole（2008）发现，传统经济受到数字经济的巨大冲击，甚至面临被边缘化和被挤出市场的危机。可以说，线上线下企业的竞争已超过线下企业之间的竞争，成为各行业竞争的主要内容。

（一）跨业经营与合规公平性

不同于线下企业，数字平台一旦在某个方面建立起垄断地位，就会迅速扩展到其他领域，其涉及的范围和行业将非常广泛。数字企业利用平台的技术和数据优势，发挥网络效应和规模效应，从事原本属于其他行业的线下业务，这本身是市场竞争的自然结果，是值得肯定的。但现实中，数字企业跨业经营的成功很大程度上归因于较低的合规性要求，这对线下企业是不公平的，扭曲了线下市场的营商环境。对于同样的业务，线上企业和线下企业面临合规监管的"剪刀差"，对后者严苛却对前者宽松，使前者拥有了合规要求不公平性导致的"制度红利"，这显然违背了公平竞争原则。

合规要求的不公平主要表现在两个方面。一是准入不公平。数字企业在事实上可以直接越过部分行业的准入门槛，从事金融、新闻、公共管理等强监管行业的业务，从而形成了对持牌准入企业的不公平。换句话说，数字经济对制度性成本的降低，在一定程度上是通过规避线下市场规制来实现的，这是不公平的。从这个意义上讲，线下营商环境的不足是中国数字经济崛起的推动因素。例如，与美国沃尔玛等线下商品流通体系的成熟完善不同，中国零售市场分散、低效且存在地区分割现象，这促进了国内电商的快速发展（马述忠和房超，2020）。二是行业监管不公平。数字企业在政府监管体系中往往属于高新技术行业，享受到财政补贴、土地转让、科技扶持等方面政策倾斜，但政府对其从事各行业业务时的监管却相对欠缺。在各部门和各地区"条条块块"监管分工模式之下，跨行业数字企业的监管主体不够明确，各方给予政策支持的多，承担具体监管职能的少。这导致数字企业实际合规率往往不高。以网约车为例，2021 年 6 月我国网约车订单量超过 30 万单的 13 家平台之中，竟有 9 家平台订单合规率不足 60%。[①] 再以网上图书为例，2021 年某机构在某电商平台上的 165 家店铺里采购了 267 本图书，在其鉴定的 199 本书中，只有 18 本是正版书籍，其余 181 本都是盗版，盗版率超过 90%。[②]

　　数字企业合规性要求较低的事实，实际上是一种"特惠制"，违背了竞争中性原则。客观地说，数字经济虽然具有颠覆传统行业组织方式的强大力量，但其作用的方向和力度仍然受到政府监管、产业政策以及利益相关者的制约（周潇，2021）。数字经济合规性较低的根源在于，现行规制源于传统经济，而对数字经济出台新的针对性规制政策有一定的滞后性。实际上，传统经济营商环境也存在一定的合规公平性问题，这主要由政府不平等行为所导致，如对国有企业和本地企业实施保护，因此改革方向是简政放权。但对于数字经济而言，不是政府作为较多而是较少，对数字经济进入金融、新闻等领域监管不足，形成了数字企业与传统企业之间营商环境的不平等合规性问题。受此影响，产业链已出现非理性分布，线上流量被肆意炒作，线下生产、制造环节的价值被低估，线下实体企业生存空间受挤压。

① 交通运输部：《网约车监管平台发布 6 月行业运行情况》，2021 年 7 月 12 日，https：//www.mot.gov.cn/jiaotongyaowen/202107/t20210712_ 3611652.html。
② 刘媛媛：《又到一年打假时，图书盗版何时休？》，腾讯网，2022 年 3 月 15 日，https：//new.qq.com/omn/20220315/20220315A0AMNK00.html。

（二）产权界定模糊与保护缺失

随着数字化转型的深入推进，各行各业的主导平台格局基本确定，电商、即时通信、短视频、在线办公、网上外卖、网约车等逐渐覆盖了潜在用户群体，且不同平台的用户也是高度同质的，活跃用户数量大都在 5 亿~10 亿人。此时，平台竞争的重点已不再是争夺流量，而是提高数字内容质量。而数字内容公平竞争的关键在于知识产权的界定和保护。

尽管数字企业和平台在总体上具有较高的创新性，但实际上线上市场中的很多商品和服务都是低成本甚至零成本复制于线下市场，侵犯了一些线下企业的知识产权，损害了线下企业创新发展的营商环境。许多研究发现，线上的复制传播降低了音乐（Zentner，2006）、视频（Liebowitz and Zentner，2012）、图书（Reimers，2016）以及其他一些线下市场的收入，更严格的知识产权保护有助于提高版权所有者的创新动力（Goldfarb and Tucker，2019）。2021 年 7 月，法国竞争管理局以未能与法国出版商就新闻内容付费进行"善意"谈判为由，对谷歌处以 5 亿欧元罚款。[①] 事实上，中国数字企业也存在相应的知识产权保护问题，尤其是一些短视频平台存在对音乐、视频、新闻等多领域的侵权现象。而且，平台在数字内容的使用上存在违背竞争中性原则的反竞争行为。例如，2021 年抖音向腾讯提起反垄断诉讼，认为腾讯在微信、QQ 等旗下平台上以"短视频整治"为由针对性封禁抖音产品。

数字内容复制线下产品的行为，在产权界定上存在诸多模糊之

---

① 《法国因版权纠纷对谷歌罚款 5 亿欧元》，央视网，2021 年 7 月 14 日，https：//jingji.cctv.com/2021/07/14/ARTImyRCtm0jkO2nlteATYP2210714.shtml。

处。第一，线下产品在平台上转变为数字内容之后，知识产权归属于原创方、数字制作方还是平台，以及这些利益相关方的权益如何分配。譬如，个人利用剪辑软件把若干电影片段加工制作成一段短视频后在平台上传播，那么电影原创方、短视频制作人、剪辑软件和技术提供方、平台均可以对这个短视频的归属提出一定的索取权。第二，数字企业是否应该对数字内容产权纠纷负责。美国数字企业受益于1996年《通信规范法》第230条款的保护，一般情况下无须对平台上的第三方提供的内容负责，并具有删改数字内容的权利。包括中国在内的一些国家和地区，尽管没有明确出台类似的法律条款，但也在事实上对数字企业实施了较大程度的免责优待。对平台的过度宽容，在很大程度上造成了线上线下企业的不公平竞争，因为政府对后者的监管往往非常严格，这也进一步加剧了对数字内容产权保护的缺失。第三，知识产权界定模糊的外部性内在化由谁来实施。一种方式是由线下产品原创方直接掌控线上的数字内容。Pattabhiramaiah 等（2022）研究发现，媒体向订阅者提供免费访问线上内容的做法，增加了用户对线下产品（印刷报纸）的订阅量，可提高收入 7%~12%。另一种方式是由平台管理数字内容的维权活动。江小涓（2021）发现，微信每天发布原创文章 3 万~4 万篇，通过标注"原创"印记、向权利人提供仿冒品信息线索以及处理侵权账号等方式实施产权保护。这两种方式均有利于知识产权的保护，但仍须在法律和监管层面对产权做出明确界定，以便于各类平台和企业对这两种方式的选择使用和推广。

（三）线上声誉替代与线下冲击

声誉是市场竞争的重要力量，也是营商环境的重要组成部分。线上声誉是基于大数据、云计算和机器学习等数字技术形成的，是对口碑等线下声誉的一种创造性破坏，或者说是线下声誉的升级版。例如，平台通过身份信息检验和绑定实名制手机号、银行卡等方式，保证交易双方信息的真实性与可信度。

线上声誉在一定程度上替代了线下声誉。在线上数据累积和线上信用体系逐渐加强之后，线上声誉机制的作用不断强化，人们越来越多地依靠线上评分或评级做出消费或生产决策。Dellarocas（2003）很早就认识到，线上评分和声誉的应用并不限于在线交流，这种机制可以在各种情况下提供可靠的质量信号，使各种各样的线上线下市场活动成为可能。未来，区块链技术将进一步降低线上市场对交易信息的验证成本，强化线上声誉在资源配置中的作用（Catalini and Gans，2020）。

线上声誉对线下市场的冲击存在一定的不公平竞争问题。这一判断主要基于如下三点考虑。一是线上声誉替代线下声誉的过程中，线下实体企业长期投资形成的信誉、商誉和连锁品牌等无形资产被迫缩水，拉低了线下市场的相对竞争力，那些原本依靠口碑、老字号等传统线下声誉的实体店和连锁店的市场地位相对下滑。许恒等（2020）研究发现，尽管数字经济会对传统经济产生溢出效应，但传统经济很可能尚未完成数字化转型就被挤出市场，此后数字经济获得市场支配甚至垄断地位。二是线下企业几乎没有选择余地，失去了依靠传统竞争力与线上企业竞争的公平机会。在数字化早期，企业存在是否选择数字化路径的自主决定权，但随着线上声誉不断壮大，线上市场形成了自我强化的锁定效应，线下不得不从事数字化转型。实际上，大量企业被卷入数字化进程之后，它们原本具有的一些线下的竞争优势被埋没，却没有真正获得数字化的收益。三是线上企业可以借助线上优势直接复制线下企业的产品和经营模式，一定程度上违背了竞争中性原则。例如，有的平台建立了自己的工厂和商场，并给予"竞价排名"等方面的优待。Zhu 和 Liu（2018）研究发现，亚马逊会选择那些销量高、评分高的产品进行自营，与入驻商户开展直接竞争。

五　数字经济重塑整体营商环境

线上经济活动构成了线下市场的新营商环境，它不仅通过市场竞争对线下市场产生影响，而且其本身已成为整体市场营商环境的一部分。谢富胜等（2019）认为，除与平台直接相关的各种经济社会活动外，原有产业的社会生产和再生产活动也被整合纳入数字经济的运行逻辑。周潇（2021）以公路货运市场为例研究发现，车货交易场所从货运站的"小黑板"转向云端之后，货车司机、货运中介以及大大小小物流企业的经营境遇都发生了深刻变化。

（一）通用和关键基础设施

以 5G、人工智能、工业互联网、物联网为代表的数字基础设施具有通用性。这些通用基础设施对线上线下整个行业的发展环境和权力配置构成重要影响，例如亚马逊的自助出版平台促使市场权力从大型出版商转移到小型出版商和独立作者身上（Greve and Song，2017）。因此，设计有效的监管制度对确保公平竞争市场秩序非常重要。一些学者甚至认为，鉴于一些数字平台已成为人们工作生活和经济发展不可或缺的一部分，应像对待公共事业那样将之定位为基础设施，使之遵从公共事业规制（Rahman，2018）。

与强调数字基础设施的"通用性"相类似的是，它还具有"关键性"，即它是一种关键基础设施。关键基础设施是指，经营者从事经营活动或者消费者进行消费时无法选择、不可替代的基础设施，如果拥有该设施的经营者不允许其他人利用，则将导致其他人无法从事相关经济活动而被迫退出市场竞争。Graef 等（2015）分析了用户个人数据和互联网企业的关系，认为企业私有化用户数据相当于独占行业基础设施。2021 年 7 月，国务院公布《关键信息基础设施安全保护条例》，将通信、交通、公共服务等领域的网络设施和信息系统界定为关键信息基础设施，并加强了监管。①

数字基础设施改善了大多数线上线下企业的营商环境。数字基础设施可以降低整个社会的物流成本、信息成本和信贷成本，而不仅是针对线上。例如，农村电商可以带动和增加农民种植特色农产品的积极性和收入。所以说，数字基础设施的通用性和关键性，在一定程度上促使数字经济可以不挤占、不破坏线下营商空间和环境，并且可以优化线上和线下总体营商环境。当然，我们也需要充分认识到，不能夸大数字基础设施的通用性和关键性，因为多数数字平台并不是公用设施，不能笼统地将之作为公用设施来监管。如果平台普遍被视为公用设施，要求平台保持中立并向竞争对手开放，就会违背公平竞争原则，降低平台企业创新发展积极性，损害线上市场的营商环境。

还需注意的是，线上市场对线下实体产生一定的拥塞效应。尽管数字设施具有边际成本为零的特征，但并非可以无限制地使用。这是因为很多线上经济活动不能仅靠数字设施而运转，实则是以数字设施为中介，最终还须依托线下实体。线下实体在智能制造和算法匹配下可以提高效率，但存在一定的限度。线上市场过度依靠数字设施来发

---

① 关键信息基础设施，是指公共通信和信息服务、能源、交通、水利、金融、公共服务、电子政务、国防科技工业等重要行业和领域的，以及其他一旦遭到破坏、丧失功能或者数据泄露，可能严重危害国家安全、国计民生、公共利益的重要网络设施、信息系统等。

展，势必对线下市场造成一定的挤压。例如，外卖平台通过互联网收集顾客的订单并传送到餐厅，其通过扩大市场为餐厅提供价值，但对在餐厅就餐的顾客产生负面影响，从而破坏了餐厅的利润（Feldman et al.，2023）。线上对线下的拥塞效应还体现在对劳动力等资源的争夺上，例如，Shin 等（2023）发现优步进入美国城市奥斯汀造成了当地餐馆劳动力流失，导致餐饮服务质量下降。也就是说，线上市场不仅通过产业链影响上下游实体行业的营商环境，还可以通过劳动力流动影响那些看似不相关行业的正常经营和产品质量。

（二）降低交易成本

数字经济可以降低交易成本，帮助供需双方在线上实现匹配，找到让他们利润或效用最大化的交易方（Jullien and Sand-Zantman，2021）。这一观点已经在卡车使用率（Hubbard，2003）、航班上座率（Dana and Orlov，2014）、民宿入住率（Zervas et al.，2017）、床位和药物配置效率（Freedman，2016；Arrow et al.，2020）、图书（Forman et al.，2009）以及一般商品零售（Krasnokutskaya et al.，2020）等各领域的研究中得以验证。

有文献探究了虚拟空间对地理空间的替代如何影响了交易成本。Bloom 等（2015）使用携程公司呼叫中心的数据研究发现，数字化可以更好监视员工工作并提供适宜的办公条件，从而使居家办公成为较好选择，居家办公比办公室办公的效率提高 13%。另外，还有研究通过数字化进程前后的比较来研判交易成本的变化。Zhu 等（2016）研究发现，尽管美国于 1994 年起便强制要求企业在线下做出食品营养成分标示，但直到近年来线上信息搜索成本降低之后，这些营养信息才被消费者充分识别和接纳，真正起到改善消费选择和推动社会健康的作用。Berg 等（2020）使用德国 25 万次采购数据实证发现，商务公司在引入用户的电子足迹之后，用户违约率下降约 50%。当然，也有文献对数字经济降低交易成本的作用持谨慎态度。Chen 等（2022）发现，一般文献所认为的数字化促进供需匹配的根源是交易成本的降低，但其未必能够增进市场效率，这是因为市场配置涉及交易成本之外的很多其他因素。

（三）数据安全

数据安全已成为数字经济的基础性制度，为数字企业规范发展营造良好的、可预期的营商环境。国际上比较有代表性的制度安排是 2018 年欧盟实施的《通用数据保护条例》（GDPR），且 2022 年欧盟又公布了《数据法案》。2021 年，中国通过了《数据安全法》和《个人信息保护法》两部重要法律。

一方面，对数据安全的有效规制有利于数字经济发展。Kozlenkova 等（2021）使用跨国数据研究发现，政府对平台做出的包括审查、背景调查、监控等在内的安全治理，有助于建立平台、企业与用户之间的关系规范，从而增加人们对平台的接受度和使用率。De Matos 和 Adjeri（2022）利用一家在欧洲运营的电信提供商的实验发现，GDPR 有效加强了隐私保护，同时也允许数字企业以发放数据津贴等形式合法获取数据并利用这些数据改善经营状况。

另一方面，数据安全的有关监管要求，在一定程度上造成不公平竞争。一些中小企业或将难以承受监管成本，根据普华永道的测算，为了适应 GDPR 的监管要求，数字企业普遍需要投入 100 万美元以上进行系统维护升级。而且，面对高强度监管，企业竞争格局或将朝着更有利于大企业的方向发展。Peukert 等（2022）研究发现，强制性数据安全规则出台后，尽管大部分企业遭受了不同程度的损失，但谷歌在广告、市场分析等方面的市场份额显著增加。这是因为大平台应对政府安全规则的能力较强，且可以通过为政府部门、中小平台和中小企业提供安全技术支撑而直接获益。这是不公平的，因为数据安全问题主要由大平台所引发，却最终由中小平台和企业埋单。

六　结论与政策启示

为适应数字经济发展的时代要求，营商环境建设需要从线下转到线上，即构建和优化数字经济时代的公平竞争营商环境。本章基于公平竞争的研究视角，以线上市场的形成及其冲击为主线，重点分析线上市场的规范发展、线上市场与线下市场的公平竞争、线上市场对整体市场营商环境的优化三个方面，试图构建线上线下营商环境的一般分析框架。研究发现：（1）平台改变了政府、市场、企业三者关系，获取了平台准入权和线上规则制定权，实施垄断和反竞争行为，其税务营商环境也与传统经济存在很大不同；（2）线上经济活动在形成独特的线上市场的同时，不断改写市场竞争格局，冲击了线下企业的公平竞争营商环境；（3）数字经济对线下营商环境构成冲击，不仅通过市场竞争对线下市场产生影响，而且其本身已成为整体市场营商环境的一部分。相关结论对构建和优化数字经济时代的公平竞争营商环境具有一定的政策启示，具体如下。

第一，完善线上市场的公平竞争机制。既要加强规范，又要依靠良好营商环境来促进发展，有效协调二者的唯一出路只能是公平竞争。一是探索建立数字经济时代的新社会契约。通过优化线上营商环境和线上市场体系建设，对数字经济发展中可能出现的一些问题在事前做出规范性引导，例如完善平台佣金收费机制和算法规则。二是保持平台的竞争中性原则。把商业行为是否具有或者可能具有排除、限制竞争的效果作为经营主体是否滥用市场支配地位的评判标准。三是更好发挥平台的自治作用。可在清退刷分企业、协助征税等领域进行试点，更大发挥平台自主监管的主动性。政府对平台的监管行为进行监管，对平台未发现的企业违规行为追究一定的连带责任。

第二，统筹优化线上线下市场竞争生态。一是发挥中国政府行业规制经验丰富的优势，将行业规制与数字经济反垄断相结合。建立和规范产业政策的公平性、竞争性审查机制。凡是数字经济涉猎的不同行业业务均应遵从相应行业的基本行业规范。二是线上线下一体化监管。平台企业拥有技术、管理方面的手段或便利条件，可以更早地发现并及时阻止平台上出现的违法违规行为，从而成为政府监管的重要补充。督促平台企业加强自律，引导健全完善合规机制。三是鼓励线下企业转型到线上市场，利用大数据和线上声誉机制改善线下营商环境。鼓励大型平台提高兼容性，对非个人和匿名数据实行开源标准，为中小企业创新发展创造基础条件。

第三，利用数字经济优化整体市场营商环境。一是将数字经济监管纳入"放管服"改革框架，把改革的重点从线下转到线上，从事前准入便利化转向事后监管规范化，如线上店铺的注册、营业范围、内容合规性、数据归属和使用规范、税收收取和划分，等等。可以说，通过加强事后监管提高数字经济合规性要求，是深化商事制度改革的重要方向，也是数字经济反垄断的重要途径。二是把线上市场的优良做法转移借鉴到线下。充分发挥数字经济降低交易成本的作用，强化线上声誉对线上及线下市场的监督机制，依靠数字基础设施建设提高线下企业生产流通效率。三是消除企业数字化转型过程中的数字鸿沟。对线下企业的数字化转型提供必要的财税政策扶持,鼓励更多企业灵活选择线上或线下经营模式。

第四,注重数据隐私、网络安全和经济安全。一是对数据确权、流通、交易、要素分配、安全等方面做出更细致的制度规范,加快构建数据基础制度体系。二是平衡好产业发展与个人隐私保护之间的关系,维持数字经济宽松监管环境,发挥好数据作为现代产业主要生产要素的作用,同时守住安全和道德底线。三是加强数字企业并购和境外上市的风险管控。约束大数据的跨国流动,严禁数字企业将国内收集的数据存储至境外。

参考文献

毕青苗、陈希路、徐现祥、李书娟:《行政审批改革与企业进入》,《经济研究》2018 年第 2 期。

曹彦君:《巨头告别税收优惠时代》,《21 世纪商业评论》2021 年第 9 期。

冯俏彬、李承健:《数字税的国际实践及其对我国的影响》,《经济要参》2021 年第 47 期。

何艳玲:《中国行政体制改革的价值显现》,《中国社会科学》2020 年第 2 期。

姜婷凤、汤珂、刘涛雄:《基于在线大数据的中国商品价格粘性研究》,《经济研究》2020 年第 6 期。

江小涓:《数字时代的技术与文化》,《中国社会科学》2021 年第 8 期。

蒋震、苏京春、杨金亮:《数字经济转型与税制结构变动》,《经济学动态》2021 年第 5 期。

李三希、武玙璠、鲍仁杰:《大数据、个人信息保护和价格歧视——基于垂直差异化双寡头模型的分析》,《经济研究》2021 年第 1 期。

刘诚:《数字经济与共同富裕:基于收入分配的理论分析》,《财经问题研究》2022 年第 4 期。

刘诚、夏杰长:《商事制度改革、人力资本与创业选择》,《财贸经济》2021 年第 8 期。

刘诚、杨继东：《商事制度改革与产业专业化》，《中国工业经济》2020 年第 4 期。

马述忠、房超：《线下市场分割是否促进了企业线上销售——对中国电子商务扩张的一种解释》，《经济研究》2020 年第 7 期。

潘秀珍、褚添有：《利益冲突性制度变迁——转型期中国行政审批制度改革的理论模型》，《中国行政管理》2010 年第 5 期。

苏治、荆文君、孙宝文：《分层式垄断竞争：互联网行业市场结构特征研究——基于互联网平台类企业的分析》，《管理世界》2018 年第 4 期。

孙晋：《数字平台的反垄断监管》，《中国社会科学》2021 年第 5 期。

王俊豪：《中国特色政府监管理论体系：需求分析、构建导向与整体框架》，《管理世界》2021 年第 2 期。

王世强、陈逸豪、叶光亮：《数字经济中企业歧视性定价与质量竞争》，《经济研究》2020 年第 12 期。

夏杰长、刘诚：《契约精神、商事改革与创新水平》，《管理世界》2020 年第 6 期。

谢富胜、吴越、王生升：《平台经济全球化的政治经济学分析》，《中国社会科学》2019 年第 12 期。

许恒、张一林、曹雨佳：《数字经济、技术溢出与动态竞合政策》，《管理世界》2020 年第 11 期。

周文、韩文龙：《平台经济发展再审视：垄断与数字税新挑战》，《中国社会科学》2021 年第 3 期。

周潇：《数字平台、行业重组与群体生计——以公路货运市场车货匹配模式的变迁为例》，《社会学研究》2021 年第 5 期。

Arrow, K. J., L. K. Bilirand, A. Sorensen, "The Impact of Information Technology on the Diffusion of New Pharmaceuticals", *American Economic Journal*: *Applied Economics*, 2020, 12 (3).

Berg, T., V. Burg, A. Gombovic, and M. Puri, "On the Rise of FinTechs: Credit Scoring Using Digital Footprints", *Review of Financial Studies*, 2020, 33 (7).

Bloom, N., J. Liang, J. Roberts, and Z. J. Ying, "Does Working from Home Work? Evidence from a Chinese Experiment", *Quarterly Journal of Economics*, 2015, 130 (1).

Bounie, D., A. Dubus, and P. Waelbroeck, "Selling Strategic Information in Digital Competitive Markets", *The RAND Journal of Economics*, 2021, 52 (2).

Catalini, C., and J. S. Gans, "Some Simple Economics of the Blockchain", *Communications of the ACM*, 2020, 63 (7).

Chen, Y., Z. Li, and T. Zhang, "Experience Goods and Consumer Search",

American Economic Journal: Microeconomics, 2022, Forthcoming.

Dana, J. , and E. Orlov, "Internet Penetration and Capacity Utilization in the US Airline Industry", *American Economic Journal: Microeconomics*, 2014, 6 (4).

De Matos, M. , and I. Adjeri, "Consumer Consent and Firm Targeting After GDPR: The Case of a Large Telecom Provider", *Management Science*, 2022, Forthcoming.

Dellarocas, C. , "The Digitization of Word of Mouth: Promise and Challenges of Online Feedback Mechanisms", *Management Science*, 2003, 49 (10).

Feldman, P. , A. E. Frazelle, and R. Swinney, "Managing Relationships Between Restaurants and Food Delivery Platforms: Conflict, Contracts, and Coordination", *Management Science*, 2023, 69 (2).

Forman, C. , A. Ghose, and A. Goldfarb, "Competition between Local and Electronic Markets: How the Benefit of Buying Online Depends on Where You Live", *Management Science*, 2009, 55 (1).

Freedman, S. , "Capacity and Utilization in Health Care: The Effect of Empty Beds on Neonatal Intensive Care Admission", *American Economic Journal: Economic Policy*, 2016, 8 (2).

Goldfarb, A. , and C. Tucker, "Digital Economics", *Journal of Economic Literature*, 2019, 57 (1).

Graef, I. , Y. Wahyuningtyas, and P. Valcke, "Assessing Data Access Issues in Online Platforms", *Social Science Electronic Publishing*, 2015, 39 (5).

Greve, H. R. , and S. Y. Song, "Amazon Warrior: How a Platform can Restructure Industry Power and Ecology", *Entrepreneurship, Innovation, and Platforms*, 2017, 37.

Guellec, D. , and C. Paunov, "Digital Innovation and the Distribution of Income", NBER Working Papers No. w23987, 2017.

Hubbard, T. N. , "Information, Decisions, and Productivity: On-Board Computers and Capacity Utilization in Trucking", *American Economic Review*, 2003, 93 (4).

Jullien, B. , and W. Sand-Zantman, "The Economics of Platforms: A Theory Guide for Competition Policy", *Information Economics and Policy*, 2021, 54.

Kenney, M. , J. Zysman, "The Rise of the Platform Economy", *Issues in Science and Technology*, 2016, 32 (3).

Kozlenkova, I. , J. Lee, D. Xiang, and R. Palmatier, "Sharing Economy: International Marketing Strategies", *Journal of International Business Studies*, 2021, 52 (8).

Krasnokutskaya, E. , K. Song, and X. Tang, "The Role of Quality in Internet Service Markets", *Journal of Political Economy*, 2020, 128 (1).

Liebowitz, S. J. , and A. Zentner, "Clash of the Titans: Does Internet Use Reduce

Television Viewing?", *Review of Economics and Statistics*, 2012, 94 (1).

Orbach, B., "Anything, Anytime, Anywhere: Is Antitrust Ready for Flexible Market Arrangements?", Arizona Legal Studies Discussion Paper, 2021a.

Orbach, B., "Amazon's Flywheel, Streaming Wars, and Antitrust Battles", Arizona Legal Studies Discussion Paper, 2021b.

Pattabhiramaiah, A., E. Overby, and L. Xu, "Spillovers from Online Engagement: How a Newspaper Subscriber's Activation of Digital Paywall Access Affects Her Retention and Subscription Revenue", *Management Science*, 2022, 68 (5).

Peukert, C., S. Bechtold, M. Batikas, and T. Kretschmer, "Regulatory Spillovers and Data Governance: Evidence from the GDPR", *Marketing Science*, 2022, Forthcoming.

Rahman, K. S., "Regulating Informational Infrastructure: Internet Platforms as the New Public Utilities", *Georgetown Law Technology Review*, 2018, 2 (2).

Rahman, K. S., and K. Thelen, "The Rise of the Platform Business Model and the Transformation of Twenty-First-Century Capitalism", *Politics & Society*, 2019, 47 (2).

Reimers, I., "Can Private Copyright Protection Be Effective? Evidence from Book Publishing", *Journal of Law and Economics*, 2016, 59 (2).

Robertson, V., "Antitrust Market Definition for Digital Ecosystems", *Concurrences*, 2021, (2).

Rochet, J. C., and J. Tirole, "Tying in Two-sided Markets and the Honor All Cards Rule", *International Journal of Industrial Organization*, 2008, 26 (6).

Shin, M., J. Shin, S. Ghili, and J. Kim, "The Impact of the Gig Economy on Product Quality Through the Labor Market: Evidence from Ridesharing and Restaurant Quality", *Management Science*, 2023, 69 (5).

Sokol, D., "A Framework for Digital Platform Regulation", *Competition Law International*, 2021, 17 (2).

Williamson, O. E., "Transaction-Cost Economics: The Governance of Contractual Relations", *Journal of Law and Economics*, 1979, 22 (2).

Zentner, A., "Measuring the Effect of File Sharing on Music Purchases", *Journal of Law and Economics*, 2006, 49 (1).

Zervas, G., D. Proserpio, and J. W. Byers, "The Rise of the Sharing Economy: Estimating the Impact of Airbnb on the Hotel Industry", *Journal of Marketing Research*, 2017, 54 (5).

Zhu, F., and Q. H. Liu, "Competing with Complementors: An Empirical Look at Amazon. com", *Strategic Management Journal*, 2018, 39 (10).

Zhu, C., R. A. Lopez, and X. Liu, "Information Cost and Consumer Choices of Healthy Foods", *American Journal of Agricultural Economics*, 2016, 98 (1).

第三章　平台企业强化反垄断监管

近年来，数字经济反垄断是政府监管的主要领域，也是理顺数字经济"规范"与"发展"关系面临的首要问题。本章在市场化原则基础上辨析以平台为代表的数字企业反垄断的一些悖论、误区以及争议性问题，进而提出相应的政策建议。

一　平台反垄断概述

数字经济是以信息通信技术为基础，依靠互联网、电脑软件、通信设备和服务衍生而来的经济形态的统称，被 Posner（2001）等早期学者界定为不同于传统工业经济的新经济（new economy），后来因算法规则、云计算和大数据等新技术手段在其中扮演关键性作用，又被称为算法驱动型经济（algorithm-driven economy）（Ezrachi and Stucke，2016）和数据驱动型经济（data-driven economy）（Surblyte，2017）。而且，数字经济在概念上与信息经济、网络经济以及互联网数字信息经济具有一定的相似性，但其范畴相对更加宽泛。

当前，数字技术正在引领全球第四次工业革命，表现为数字经济的快速崛起。Hayek（1945）认为，数字技术提供了大幅度提高生产力的机会，而 Freeman 和 Louca（2001）认为，数字经济的激进创新带来了通用技术的更替，已经导致全要素生产率出现跨越式增长。Faggio 等（2010）发现英国在过去 20 年中生产率差异程度在扩大，而且差异程度扩大的行业都是广泛引入 IT 技术的行业。施炳展和李建桐（2020）研究发现，互联网普及率提高可以通过降低企业的搜寻成本进而显著促进中国制造业企业分工水平的提升。江小涓和罗立彬（2019）认为，在信息化时代，服务业效率和增速低于工业的传统观点已经过时了，数字化包装之后的服务业高端化已成为国际趋势。

数字经济的技术创新属性，使其成为中国经济长期增长的重要动力。数字经济已经渗透经济活动的方方面面，具有新业态、新模式、新市场等多种"新"经济元素。如果说数字经济 1.0 聚焦于信息获取和搜索；数字经济 2.0 聚焦于在线零售和社交网络，形成脸书、腾讯、亚马逊、淘宝和京东等在线零售或社交运营平台；那么最新一代的数字经济 3.0 则聚焦于更广泛的服务业，着重于联结线上用户、提供线下服务，形成了共享经济乃至更广泛的数字经济新业态。可以说，当今几乎不存在未受到数字技术渗透或影响的行业或领域，只是影响程度不同而已。从更广泛角度来看，未来可能所有行业都将是数字经济行业。而且，数字经济还具有较强的增长韧性。近年来，尽管受到美欧产业脱钩和科技封锁的冲击，中国的信息技术、互联网金融、跨境电商等高技术服务业和战略性新兴服务业仍然保持了高速增长态势。面对新冠疫情的冲击，数字经济也表现出了较高的增长韧性。

数字经济在促进经济增长的同时，催生了一批以大型互联网科技公司为代表的数字企业，互联网垄断和公平竞争问题日益成为经济社会发展的重要课题。而且，数字经济覆盖范围不断延伸，数字企业从事传统经济业务时势必对传统企业造成冲击，即可能存在合规要求不同而导致的不公平竞争问题。而且，随着数字经济做大做强，这些违背市场原则的问题越发突出，政府监管须及时有效介入。简言之，数字经济的技术创新、范围扩张、经济增长等，都必须在市场化的基本原则之下，因此反垄断、维护公平竞争秩序等市场化监管方式必须得以规范和加强。

近年来，欧美加强了对谷歌、脸书等数字企业的调查和监管。欧美社会普遍认为，互联网科技公司原本是创新型初创企业，但现在变成了像历史上的石油大亨、铁路大亨一样的垄断企业，它们的创新性和包容性降低，正逐渐利用垄断势力损害经济社会利益。欧美正加紧出台一系列法律法规和监管措施，从调查、诉讼、罚款到收取数字服务税以及约束数据使用权限等。2020年，中国也加强了数字经济的监管，《〈反垄断法〉修订草案（公开征求意见稿）》首次将数字企业纳入反垄断监管范畴，国家市场监督管理总局屡次就"二选一"等反竞争行为对部分数字企业实施反垄断调查，年底召开的中央经济工作会议将"强化反垄断和防止资本无序扩张"作为2021年中央八项重点经济工作之一。

与此同时，也有文献认为数字经济的市场竞争具有持续性、跨界性、垄断短暂性，因此其垄断具有一定的合理性（方燕，2020）。也有文献认为，大型数字平台行业的市场主导地位归功于规模经济，而非反竞争行为（Hylton，2019）。还有人认为数字经济垄断有利于技术创新和经济增长，所以监管部门不应对垄断进行限制。本章认为，这些观点存在一定的合理性，但不能成为反对反垄断的理由。自由竞争、公平秩序是市场经济的基本原则，数字经济也不能例外。

总之，本章充分承认数字经济对创新发展的贡献以及宽松监管的必要性，并不是盲目主张加大监管力度，而是应注重监管的规范化制度设计；数字经济确有特殊性，但也存在认知误区，需要辨析为什么数字经济仍须坚持市场化监管原则；在坚持市场化监管取向的前提下，在吸收欧美监管经验的基础上，将数字经济特殊性与市场经济普适性相结合，提出更加灵活有效的监管措施。

二　数字经济的监管悖论及市场化取向

（一）数字经济监管的"松紧悖论"

数字经济领域的技术创新往往需要宽松的制度环境。中国经济已由高速增长阶段转向高质量发展阶段，互联网、云计算等数字技术的发展和兴起，使各行业不再受制于传统硬件和空间，可以实现轻资产创业。以往创业主要依靠资本推动，现在则更多依靠数据、知识和创意，例如滴滴打车、网上直播等都是创意在前资本在后。从契约理论来讲，越是知识密集度高、人力资本专用性强、产业链中间环节多、科技含量高的行业，对制度环境越敏感。新技术往往在制度成本较低的特殊时期涌现。中国数字经济的技术创新就面临这样一个良好局面。正因为此，中国在电商、网约车、5G等领域飞速发展，在全球处于领先地位。

宽松的制度环境之下可能出现监管短板问题，需要针对性强化监管。随着数字技术在经济活动中的渗透率不断提高，其在给微观主体带来活力的同时，也带来了一些意料之外的问题。出现问题就要解决问题，中央正逐步加强对数字经济的有序监管。当在某一领域出现问题时，采取定向弥补监管短板的方式。在我国经济体制改革不断深化、数字经济覆盖范围不断扩张的过程中，一些生产要素原本不能流转或买卖，现在可以流转和买卖了；一些企业原本不能进入某些行业或领域，现在可以进入了；一些经济活动原本是受限制的，现在放开了。这时就有可能出现新的问题，从而应加强定向监管。例如，打击P2P网贷诈骗、将设立金融控股公司增列至负面清单等，都主要是为了应对具体问题。

（二）数字经济监管的市场化取向

市场化监管原则是破解"松紧悖论"的根本途径。从个别企业视角来看，加强数字监管和宽松制度环境看似有些矛盾，但从市场经济体制大背景来看，反垄断、维护公平竞争秩序并不是收紧监管，而是打破垄断导致的市场壁垒，因此其目的是维系更加宽松自由的市场环境。也就是说，在反垄断问题上加大监管力度，就是宽松制度的最大表现（刘诚，2020）。这是因为存有垄断的市场表面上可能还是制度宽松的，实际上是布满各种荆棘和门槛的。因此，加强数字经济监管不是宽泛地加大监管力度，而是对违背市场原则的少数企业和少数环节进行规范，以此营造数字经济整体上的宽松发展环境。

反垄断和防止资本无序扩张，并非反对资本集中和企业规模的扩大，而是反对利用垄断势力做出不公平竞争的行为。如果企业利用自身规模实力推动技术创新，提高市场份额，那是正常的市场竞争行为，不应被监管部门所干预。但如果一些企业运用市场优势地位而非技术创新，做出限制竞争、赢者通吃、价格歧视等非规范竞争行为，甚至出现泄露个人隐私、损害消费者权益等违背商业道德、监管法规

的行为，此时反垄断监管必然要走上台前。为提高国际竞争力和技术
创新能力的资本扩张，显然不会引发反垄断行为，只有一味依赖市场
地位、与创新逆向而行的资本扩张，才会被认为是无序的。简言之，
市场化监管原则之下，数字经济监管不应关注企业规模、企业数量、
市场份额和集中度等结构性变量，而应关注企业的实际行为。

数字企业利用垄断势力做出的反竞争行为具有一些共性。一是
"杀手并购"，即通过并购扼杀竞争对手。大型企业认为初创企业未
来会形成威胁，因而选择将竞争对手扼杀在萌芽状态（陈弘斐等，
2021）。Hylton（2019）认为，扼杀部分使用新技术的企业、收购新
生竞争对手、拒绝竞争对手访问数据是大型数字平台反竞争行为的主
要表现。Argentesi 等（2020）通过分析亚马逊、脸书和谷歌三家企
业的并购活动发现，2008~2018 年三家企业收购初创企业数量分别为
60 家、71 家、168 家，其中，脸书在收购后关闭了将近一半的企业，
亚马逊和谷歌也以未能达到预想中的协同增效效果为由关停了部分企
业。二是给予自身优待，违背竞争中性原则。一些大型数字平台并没
有在其平台上按照同一个算法规则对待包括自己和竞争对手在内的所
有平台用户，而是设定特定算法，甚至操纵平台网速、监控或封锁平
台网络内容，赋予自营产品或额外付费用户竞争优势，实施差别待
遇。强制要求平台（包括购物、约车、预订酒店及搜索等各式各样
的数字服务平台在内）中性并非限制市场自身发展，实为保护市场
竞争之举（Bork and Sidak，2012）。谷歌对自身产品（如谷歌地图、
谷歌购物、YouTube）的搜索偏向性是欧美政府对其反垄断调查的核
心内容。有研究表明，一国经济发展水平越高，竞争中性运用越好，
监管改革越深入（和军和谢思，2020）。三是强制用户"二选一"，
不允许用户同时使用其他数字平台。2019 年，格兰仕指责阿里巴巴

将其天猫门店的流量引走，原因是此前格兰仕开始在其竞争对手拼多多上销售产品。

（三）对数字经济特性认知的"四个误区"

垄断阻碍公平竞争、扭曲资源配置、扼杀技术进步、损害消费者利益和社会福利，是监管者一直高度警惕的发展和安全隐患。Hsieh 和 Klenow（2009）发现，即便不考虑技术进步，中国和印度只通过促进更多市场竞争就能让生产率增长 50% 以上。Buccirossi 等（2013）对来自 12 个 OECD 国家的 22 个行业的研究显示，生产率增长的 20% 归功于竞争政策的改善。然而，部分学者基于数字经济的特性提出了若干"垄断合理"的说法，在社会上造成了一定的认知误区。

1. 数字产品更迭快，垄断问题只是短期的？

数字经济的一个主要特征是高速和频繁的变动性，企业通过高频率的、前瞻性的和短周期的研发创新活动，不断推出和完善新工艺流程，不断更新推出层出不穷的新服务产品。因此，动态来看，数字经济领域本身符合"优胜劣汰"的市场竞争机制，静态垄断很快就会被打破。然而，需要注意的是，如果短期的静态垄断企业采取反竞争行为，抑制其他企业的公平竞争，那它将在长期不断巩固垄断地位，动态竞争只是表象，实则无竞争可言。例如，一些数字产品快速更新换代，不是想弥补既有产品漏洞或推出新功能，有可能是出于竞争意义上的策略需要。此外，一些互联网设施和数字平台具有耐用品的性质，即便不进行产品系统更新也可以使用户继续享受主要服务内容，所以数字产品或服务又具有自我跨期竞争的特性（如 win7 和 win10 两款操作系统之间）。但这种跨期竞争必须以用户具有充分的外部选择权和灵活的产品切换能力为前提，如果数字企业设置了较高的转换成本，进而使用户不能选择其他平台的产品，而只能在一家企业的跨期产品之间选择是否更新升级，那么这种跨期竞争也不是纯粹意义上的竞争。因此，数字产品更迭的快慢不是判断动态竞争和跨期竞争的充分证据，仍需要关注企业的实际行为，只要是刻意打击竞争对手等不正当竞争行为，就需要受到反垄断调查。

2. 垄断和超额利润有利于技术创新？

数字企业垄断某些业务可以带来超额利润，这会激励潜在进入者竞相提供更新更好的技术、产品和服务；数字企业为了维护垄断利益也会改进产品和服务。这个景象在理论上确实存在，但其前提是所有企业都在公平竞争的环境下，把技术创新作为唯一的竞争手段。现实中，一些垄断企业除了利用技术创新，也可能利用垄断势力排斥竞争来维系垄断地位，例如上文提及的"杀手并购"和"二选一"。所以说，"垄断有利于技术创新"只是一种乐观预测，也只有在政府加强监管、积极应对可能出现的反竞争行为的前提下，这种乐观局面才会长期显现。

3. 数字经济门槛较低，企业垄断地位是源于技术创新？

从有形投资要求、可借助开放软件、大数据积累便利性角度讲，总体而言数字经济相对于工业经济的进入、退出和拓展壁垒确实较低，网约车、直播等行业甚至只需要推出一款独立的 App 或微信小程序即可进行创业。市场经济的基本规律告诉我们，在门槛较低的情形下，企业数量往往较多，市场竞争往往很激烈，即便出现少数企业（寡头）垄断的结果，那也是因为这些企业技术创新等方面的竞争实力更强。如果按照这个逻辑，数字经济的垄断问题不需要监管。然而，门槛较低只是假象，在位数字企业通过股权并购、产品或服务搭售、忠诚折扣（如"二选一"）、高额资本补贴控制流量等多种方式设置了较高的隐性门槛，导致中小数字企业面临"创立容易、独立生存难"的困境。也就是说，数字经济激烈的竞争态势背后可能潜藏着不公平竞争。

4. 数字经济具有网络经济和规模经济效应，赢者通吃是自然而然的结果？

有研究表明，一个网络平台独占整个市场有可能是市场均衡的结果，可能是最有效率的（Cabral，2011）。这种论断在理论上是成立的，但有严格的适用条件，仅仅针对那些网络性较强且固定成本极高的环节，而数字经济的绝大部分环节的固定成本并没有高到不容许第二家企业进入的程度，而且数字经济产业链较长、分工细致，足以让不同的企业在软件、硬件、设备生产、服务提供等方面开展市场竞争。Bjorkegren（2022）基于卢旺达电信运营商的数十亿条通话记录等微观数据实证发现，在电信产业增加一个竞争对手可以提高投资动机并增加相当于 GDP 的 1% 的福利。因此，网络经济效应不能成为赢者通吃和排斥竞争的理由。正如 Weyl 和 White（2014）所言，相对于竞争缺乏，市场分割或者说平台系统互不兼容也许是一个更严重的问题。

事实上，数字经济确实具有产品更迭快、创新性强、门槛低和网络经济效应等特征，这些特征如果以改进产品和服务、迎合消费者诉求等方式来体现，那都是值得高度肯定的，这也是数字经济成为第四次产业革命主要内容的原因所在。然而，这些特征不能用于否定监管必要性，因为特征之下隐藏着反竞争行为。政府监管不是要遏制这些特征，而是要维系公平竞争的市场原则。

在辨析上述四个认知误区时，有一个绕不开的深层次问题：是否要坚持市场竞争原则？如果答案是否定的，那么上述四个认知误区也就不是误区了，这也是一些人固守己见的原因。为此，需要对这个问题进一步探讨。首先，从经济学的基本原理来讲，不排除理论和现实中存在垄断促进创新和社会福利的情况，但长期看依然是市场竞争促进创新和提高经济效率。其次，上文已经详述了数字经济并没有如此特殊以至于传统经济观点完全失效。最后，从"为市场竞争"和"在市场竞争"的区别来看，应坚持市场竞争原则。"在市场竞争"是指市场本身的竞争，如产品竞争、服务竞争、价格竞争；"为市场竞争"是指为了获取市场竞争地位而进行的竞争，如研发创新、行业标准制定、合规性、政企合谋（Geroski，2003）。不难发现，数字经济的特性只停留在"在市场竞争"层面，并没有触及"为市场竞争"问题。因此，即便充分考虑数字经济的特性，"为市场竞争"依然是政府监管的基本原则。例如，"在市场竞争"逻辑下自然形成的短期垄断表象是被允许的，如企业数量少、市场份额和集中度高、资本并购都是正常竞争结果，但这不能是由违背"为市场竞争"导致的，如恶意并购初创企业、强制"二选一"、较低的合规要求等。以大数据的使用为例，如果将细致甄别消费者历史数据和改进算法用于提高个性化服务水平，那是值得称道的；但如果将数据和算法用于实施完全价格歧视，这种"大数据杀熟"现象就是违背市场化原则的。换句话说，数字经济的特殊性并不包括数字企业可以排斥对手、压制用户和消费者、获取比传统企业更低的合规要求，其依然要在公平正义的市场原则下合法经营。我国《反垄断法》适用于所有市场主体，目的是保障各类市场主体平等参与市场竞争。

三 欧美监管实践及经验

反垄断是国际惯例，有利于保护市场公平竞争和创新（余超，

2020）。美国是世界上首个出台反垄断法的国家，在数字经济领域具有长期的反垄断实践。1949 年，美国司法部对 AT&T 提起了反垄断指控，1956 年案件告一段落，1974 年再次发起反垄断诉讼程序，1984 年 AT&T 被拆分为 8 家企业；1969 年，美国司法部对 IBM 正式提起反垄断诉讼，认为其垄断了计算机市场；1998 年，美国司法部控诉微软非法阻止其他软件厂商与其进行正当竞争。近年来，美国政府再次发起了对数字企业的大规模、高强度反垄断调查，调查重点指向谷歌、亚马逊、脸书、苹果等科技巨头滥用市场支配地位、打压竞争者、阻碍创新等。

与此同时，欧盟也加强了对科技巨头的监管。由于欧洲市场上数字经济领域的大型科技企业主要是美国企业而非欧盟本土企业，欧盟监管方更像是站在第三方立场上的旁观者，立场更加中性，但也很难对这些非本土科技巨头采取分拆等严厉措施。因此，与美国不同，欧盟的监管方式更侧重制定数字经济的标准和规则，惩治垄断的措施也主要是罚款。例如，2022 年欧盟批准通过《数字市场法》和《数字服务法》，旨在遏制大型网络平台的不正当竞争行为。

尽管欧美在对数字企业的监管上存有一定的差异，但在维护公平竞争市场原则的立场上是高度一致的，只要这些科技巨头损害了竞争、创新和消费者的利益，就对其进行反垄断。综观欧美反垄断实践，主要有如下几点特征和经验。

（一）围绕"杀手并购"等数字经济垄断行为加强反垄断

近年来，欧美加大了对科技巨头的监管。仅针对谷歌一家企业，欧盟在 2017～2019 年做出的反垄断罚款累计超过 90 亿美元。欧美对科技巨头的反垄断指控如表 3-1 所示，涉及杀手并购、平台中性、信息操纵等数字经济领域常见的垄断行为。而且，欧美反垄断的触角还涉及科技巨头之间的联合垄断（或称卡特尔）行为。例如，2020年 12 月美国 10 个州所组成的团体指控谷歌滥用其在部分在线广告市场中的垄断地位，并与脸书勾结将与之竞争的广告交易平台拒之门外，相关指控还包括，谷歌与苹果及其他大型科技集团达成协议，将谷歌搜索引擎锁定为各种设备和平台的默认选项。

表 3-1　欧美对科技巨头的反垄断指控

企业	反垄断指控内容	涉及领域
脸书	收购 Instagram 和 WhatsApp，侵犯用户隐私	杀手并购、隐私归属
谷歌	展示搜索结果时会对其自有服务优先，而且进行信息审查	平台中性、信息操纵
亚马逊	利用第三方卖家的数据帮助自有品牌销售	平台中性
苹果	在苹果应用商店收取过高的渠道费用，操作系统不兼容	渠道垄断、二选一

2022 年美国有两部法律草案备受社会关注：一是《美国创新与选择在线法案》（The American Innovation and Choice Online Act，AICOA），主要关注互联网平台的"自我优待"行为，即相比竞争对手更优待自己的产品；二是《开放应用程序市场法案》（The Open App Markets Act，OAMA），专门针对移动应用商店和操作系统的捆绑销售和排他性问题，其中包括取消"围墙花园"商业模式的相关内容。目前，在苹果和安卓移动设备上，消费者只能通过与其操作系统相关的官方应用商店获得应用，这些应用商店会从交易中分一杯羹（通常为 30%）。OAMA 中的一项重要改革提议是禁止这种"围墙花园"商业模式。具体来说，禁止应用商店要求应用程序制造商使用自己的支付系统，同时要求移动操作系统公司允许用户通过官方应用

商店以外的方式获取应用。但这项措施也会削弱平台屏蔽恶意或侵入性应用的能力，从而损害用户的安全和隐私利益。

（二）明确数据使用规则

Furman（2019）认为，数据本身具有公共设施的属性，优势企业必须以合理、公平和非歧视的条件允许竞争对手访问数据。信息滥用不体现为平台利用海量的数据信息而引入诸多竞争性产品，提高竞争程度，而体现为平台与其他竞争者进行竞争时所采用的策略基于双方间显著的信息不对称。有充分的证据表明大型数字平台在数据获取上具有垄断地位，谷歌拥有90%的互联网搜索市场，而脸书占全球社交媒体市场的2/3，同时是全球90%以上经济体中的顶级社交媒体平台，相比于中小型企业，这些巨头企业能够获得巨大量级的数据。[①] 因此，对数据使用权利的规范，是数字经济公平竞争的核心内容。欧盟希望可以通过《数字服务法》和《数字市场法》，迫使亚马逊和苹果等公司向竞争对手提供访问权限，并与竞争对手共享数据。

（三）加强数字企业的合规性

随着经济数字化的深入，数字企业所从事的业务领域早已从互联网跨界到各行各业。长期以来，数字企业在从事新闻、金融等其他行业时，合规性要求明显低于传统企业，在事实上形成了"监管红利"。例如，传统银行业从事信贷业务需要接受巴塞尔协议的国际规则，该规则对存款准备金等提出了详尽的约束，但数字企业却较少受到相关限制。2019年，欧洲议会通过《版权指令》，要求谷歌、

---

① 《联合国报告：数字财富集中在美国和中国平台手中 分享数字经济效益需全球努力》，联合国新闻网，2019年9月4日，https://news.un.org/zh/story/2019/09/1040702。

YouTube、微软等数字平台向用户提供服务内容时，必须事先征得新闻媒体、出版商、音乐家、视频制作人等内容原创者的版权同意并支付相应报酬，不允许肆意传播受版权保护的内容，必要时还将迫使谷歌等科技公司向新闻机构申请牌照。2020年，美国总统特朗普等政要极力主张废除1996年美国发布的《通信规范法》中的230条款。该条款给予了科技企业一定的法律保护，主要内容有两方面：一来互联网公司无须为第三方或者用户在其平台发布的内容承担责任；二来社交媒体如果删除一些令人反感或者不恰当的内容，将不会受到惩罚。在过去数年间的诽谤和欺诈诉讼中，"230条款"几乎成了科技巨头们的免死金牌，也因此招来了美国两党的不满，尤其是共和党。2020年5月，美国总统特朗普就曾正式签署行政命令，要求联邦政府对社交媒体这一免责条款做出限制。2020年6月，美国司法部又发表意见书，呼吁美国国会对这一条款做出修改。此外，针对数字企业实际税率较低的问题，欧洲一些国家纷纷对跨国科技公司在本地的营业收入征收数字服务税。

（四）前瞻性设计数字经济监管规则

针对数字经济领域日益严重的垄断问题，欧美加强了对监管规则的前瞻性设计。一些学者和监管者认为，鉴于互联网作为一个基础性网络平台，已成为人们工作生活和经济发展不可或缺的一部分，应像对待公共事业那样将互联网和超大型数字平台的某些业务定位为基础设施，使其遵从公共事业规制（Rahman，2018）。Khan（2017）认为，基于产品价格和行业结构的反垄断分析框架已经不足以刻画数字经济中的市场势力构架，有必要转变监管思路，从事后的竞争分析和补救过渡到严厉的事前管制，比如对平台纵向一体化进行预防性制止。2020年6月，欧盟委员会就"是否需要新的竞争工具"发布了一份初始评估报告，认为目前的竞争规则难以化解某些竞争存在的结构性风险，因而其正在积极探讨通过加强事前监管并采用新的竞争工具解决结构性竞争问题，以确保整个市场中经济的可竞争性和公平运转（European Commission，2020）。欧盟监管机构还在研究制定一份针对大型科技公司的"黑名单"，被列入名单的数字企业必须遵守比规模较小的竞争对手更为严格的监管规定，包括迫使这些公司与竞争对手共享数据，以及必须在收集信息的方式方面更为透明。2022年7月，欧盟成员国一致批准《数字市场法》，对被归为"看门人公司"的互联网巨头企业提出一系列规范性要求，包括不得滥用市场支配地位打压或并购竞争对手，不得未经用户允许强行推送广告或安装软件，不得将采集的用户数据移作他用，等等。欧美出现的这些"将部分数字平台业务视为基础设施""加强事前监管并采用新的竞争工具""对大型数字平台制定更加严格的监管规定"等前瞻性的监管设计，值得我国加强研究并酌情参考借鉴。

综上可见，目前欧美已经进入对数字企业的强监管时期，监管方式多样化，监管范围比中国更广，监管程度比中国更严格。同时，欧美监管具有明显的市场化取向，它们信任市场，并利用市场规则来规避或减轻损害。

四　结论与政策启示

通过辨析数字经济监管的认知误区，以及分析欧美的监管实践，我们认为尽管数字经济存在一些特殊性，但必须在市场化原则下加强监管，监管的价值在于帮助完善现有体制机制，守护创新和发展活力。具体政策启示如下：

第一，保障数字企业之间的公平竞争。这主要指加强针对大型互联网科技公司的反垄断，事关数字经济领域本身的公平竞争。由于互联网数字信息经济涉及的服务产品，异常体现出需要各方利益主体合作协调提供的系统性产品特性，竞争的关键战场已经开始从价格、产品数量与质量等维度，过渡到研发创新、知识产权、网络系统和行业标准等更具深远影响的维度上。数字经济监管不应关注企业规模、企业数量、市场份额和集中度等结构性变量，而应关注企业的实际行为。反垄断不是反资本，更不是反技术，而是反对利用资本规模损害市场竞争的行为。监管部门应着力维护数字经济市场上的公平竞争秩序，严厉打击科技公司捆绑销售产品或服务、对平台入驻企业设置排他性霸王条款、零售商和销售平台双重身份、使自营产品在自有平台上的广告排名凌驾于竞争对手之上等不正当竞争行为。

第二，保障数字企业与传统企业之间的公平竞争。这主要针对资本的无序扩张问题，事关跨行业的公平竞争。需要强调的是，数字企业之间要公平竞争，数字企业和传统企业之间也要公平竞争。可以说，数字企业之间的反垄断侧重的是反竞争行为，而数字企业与传统企业之间的反垄断更侧重公平的合规规则。在符合相应法律法规的条件下，数字企业可以进入各个行业，但是当进入这些行业之后必须对其采用各行业的最基本监管规则，不能使其"无序"扩张。未来将基本没有传统企业，几乎所有企业都将或多或少进行数字化，故应基于其从事的业务领域来进行行业监管，而不能仅从注册企业类型上进行行业监管。如果数字经济的效率来自宽松监管而不是技术创新或管理效率，那么就是不公平竞争。只有让二者在同一监管水平上，才是公平的，才有利于维护市场竞争秩序。数字企业和传统企业在做同一业务时，要将两者放在同一标杆上进行审视，要么对这些行业的传统企业降低监管要求，要么对这些行业的数字企业提高监管要求。如果是前者，那么既可以不增加数字企业监管负担，又可以降低传统企业制度性成本，这将是最佳选择。如果出于国际标准、金融风险、经济安全等考虑，某些行业确实不能放宽监管要求，那么也只能相应提高数字企业从事这些行业的监管标准。

第三，保障数据公平开放。政府监管部门应深入调研数字企业对于数据的获取和使用方式，以及基于数据的竞争表现和反竞争行为。在此基础上，对数据权利的归属、收集主体、使用范围等做出更加明确的监管规定。数字企业和传统企业在数据使用过程中，应坚持数据公平开放原则。不能纵容数字企业在其各业务板块滥用用户数据、排斥竞争对手、形成垄断地位。A 公司可以使用的数据不论是否来自 A 公司业务，都可以被 B 公司开放获取和无偿使用。例如，A 公司从聊天业务获取的用户数据，如果可以被 A 公司用于支付业务，那么也应能被 B 公司用于支付业务，反之亦然。因此，政府应密切关注企业是否利用对数据的控制来损害竞争，深入调查数据与市场主导地位、数据与市场力量之间的联系，以及数据收集可能被滥用的问题，并将数据囤积等行为视为反竞争行为。

第四，保障监管过程的市场化。应从公平竞争审查、竞争中立倡导和反不正当竞争三方面确保数字经济的政策环境客观公平（方燕，2020）。上面提及的数据开放、反垄断、公平竞争都是市场化手段，此外还要强调的是监管过程的市场化，这主要指基于大数据进行精准监管。把信用数据作为政府监管和提供各类优惠政策的重要"客观依据"，精准识别少数高风险和优质企业；对失信企业加强联合惩戒；对信用良好企业在检验检疫、税收、注册、环评等方面实施简易程序及"白名单"制度，在用地划拨、银行信贷、公司上市、政府采购等方面适度倾斜。

参考文献

陈弘斐、胡东兰、李勇坚：《平台经济领域的反垄断与平台企业的杀手并购行为》，《东北财经大学学报》2021年第1期。

方燕：《互联网竞争逻辑与反垄断政策：纷争与出路》，社会科学文献出版社，2020。

和军、谢思：《国际竞争中性监管改革效果评价与启示》，《中国特色社会主义研究》2020年第4期。

江小涓、罗立彬：《网络时代的服务全球化——新引擎、加速度和大国竞争力》，《中国社会科学》2019年第2期。

刘诚：《优化数字经济监管　以公平秩序推进技术创新》，《光明日报》2020年12月22日第2版。

施炳展、李建桐：《互联网是否促进了分工：来自中国制造业企业的证据》，《管理世界》2020年第4期。

余超：《加强反垄断监管是为了更好发展》，《人民日报》2020年12月25日第7版。

Argentesi, E., P. Buccirossi, E. Calvano, T. Duso, A. Marrazzo, and S. Nava "Merger Policy in Digital Markets: An Ex-Post Assessment", *Journal of Competition Law & Economics*, 2020, 17 (1).

Bjorkegren, D., "Competition in Network Industries: Evidence from the Rwandan Mobile Phone Network", *The RAND Journal of Economics*, 2022, 53 (1).

Bork, R. H., and F. G. Sidak, "What Does the Chicago School Teach about Internet Search and the Antitrust Treatment of Google?", *Journal of Competition Law & Economics*, 2012, 8 (4).

Buccirossi, P., L. Ciari, T. Duso, G. Spagnolo, and C. Vitale, "Competition Policy and Productivity Growth: An Empirical Assessment", *Review of Economics and Statistics*, 2013, 95 (4).

Cabral, L., "Dynamic Price Competition with Network Effects", *Review of Economic Studies*, 2011, 78 (1).

European Commission, "Impact Assessment for a Possible New Competition Tool", https：//ec. europa. eu/competition/consultations/2020 _ new _ comp _ tool/index _ en. html, 2020-06-02.

Ezrachi, A. , and M. E. Stucke, "Virtual Competition", *Journal of European Competition Law & Practice*, 2016, 7 (9).

Faggio, G. , G. Salvanes, and J. V. Reenen, "The Evolution of Inequality in Productivity and Wages：Panel Data Evidence", *Industrial and Corporate Change*, 2010, 19 (6).

Freeman, C. , and F. Louca, *As Time Goes By：The Information Revolution and the Industrial Revolutions in Historical Perspective*, Oxford University Press, 2001.

Furman, J. , "Unlocking Digital Competition：Report of the Digital Competition ExpertPanel ", https：//www. gov. uk/government/publications/unlocking – digital – competition-report-of-the-digital-competition-expert-panel, 2019-03-13.

Geroski, P. A. , "Competition in Markets and Competition for Markets", *Journal of Industry Competition and Trade*, 2003, 3 (3).

Hayek, F. A. , "The Use of Knowledge in Society", *American Economic Review*, 1945, 35 (4).

Hsieh, C. , and P. J. Klenow, "Misallocation and Manufacturing TFP in China and India", *Quarterly Journal of Economics*, 2009, 124 (4).

Hylton, K. , "Digital Platforms and Antitrust Law", Scholarly Commons at Boston University School of Law, 2019.

Khan, L. M. , "Amazon's Antitrust Paradox", *Yale Law Journal*, 2017, 126 (3).

Posner, R. A. , "Antitrust in the New Economy", *Antitrust Law Journal*, 2001, 68 (3).

Rahman, K. S. , "Regulating Informational Infrastructure：Internet Platforms as the New Public Utilities", *Georgetown Law Technology Review*, 2018, 2 (2).

Surblyte, G. , "Data-Driven Economy and Artificial Intelligence：Emerging Competition Law Issues", *Wirtschaft und Wettbewerb*, 2017, 67 (3).

Weyl, E. G. , and A. White, "Let the Right 'One' Win：Policy Lessons from the New Economics of Platforms", *Competition Policy International*, 2014, 10 (2).

第四章　平台接入改变市场竞争格局

在上一章以平台企业为研究对象辨析其反垄断问题的基础上，本章以入驻平台的商户为研究对象，探究商户接入平台对市场竞争格局的影响。特别地，本章使用酒店作为入驻商户代表，使用携程网旗下携程、艺龙和去哪儿三个平台的微观数据进行实证检验。

一　平台接入引发的市场竞争问题

近年来，数字技术飞速发展促使企业组织产生适用性变革，加快数字化转型（谢康等，2020；刘洋等，2020）。其中，平台接入是企业采用最多的数字化转型方式（陈威如和王节祥，2021），对企业市场活动产生较大冲击。大量经济活动从实体场所向虚拟场所迁移，线上市场规模逐步增长（Krasnokutskaya et al.，2020）；同时，一些线下市场活动也采用了平台运行逻辑（谢富胜等，2019）。以公路货运市场为例，车货交易场所从货运站"小黑板"转向云端之后，货车司机、货运中介以及物流企业的经营境遇都发生了明显变化（周潇，2021）。尽管平台接入的总体经济效益是正向的，但并非所有企业均衡受益，在一些企业获益较多的同时，有的企业却获益较少甚至利益受损。有调查表明,诸多企业并未感知到数字化转型带来的好处。[①]申言之,企业在平台接入普及后境遇不同,引致市场竞争格局发生变化,让线上商品价格竞争成为学界研究焦点(孙浦阳等,2017;Zhong,2022)。而平台接入不仅改变了商品价格,也改变了企业经营模式。从市场份额等竞争结果可观察到市场格局的变化,例如部分直播人员单天销售额可超过普通大型百货商场整年营业额。

平台接入为何会引发市场竞争格局变化?部分企业为何获益更多?尽管大量研究论述了数据促进供需匹配等平台经济带来的益处,却未揭示企业接入平台后的获益差异性(Chen et al.,2022),因而未充分刻画市场竞争格局的变化。因此,须从理论和实践中探寻平台接入作用于市场竞争的具体机制。我们认为,线上声誉作用显著。其是交易行为、产品质量等各类线上信息的综合性体现,也是线上市场配置资源发挥作用的重要机制,以及数字经济发展实践中 eBay、爱彼迎(Airbnb)等平台快速兴起的主要原因(Tadelis,2016)。

线上声誉对市场竞争格局的影响多来自于对口碑、老字号、连锁等传统声誉的替代。一个基本事实是,消费者在酒店、餐饮、电影等日常消费中,越来越倾向于依赖线上评分做出购买选择,传统声誉机制的作用在下降[②]。具体到商业实践的现实而言,企业以往依靠传统声誉进行竞争,平台接入后则逐步转向依靠线上声誉展开竞争,线上声誉成为平台接入影响市场竞争格局的重要机制。这可以通过连锁店和非连锁店在平台接入后的不同境遇而做出检验。有研究发现,连

---

① 腾讯社会研究中心:《中小企业数字化转型路径报告》,2021。
② 例如,老字号品牌"狗不理"便因线上评分低而逐渐流失市场,其北京王府井店还因粗暴对待网络差评而被迫解除代理。参见《狗不理集团发声明:解除与王府井店加盟方的合作》,中国新闻网,2020年9月15日,https://www.chinanews.com/cj/2020/09-15/9291029.shtml。

锁、品牌等线下声誉的价值在数字经济时代明显下降，企业选择直营
或加盟的动机减弱（Hollenbeck，2018）。诚然，连锁和非连锁店大
都接入了数字平台，但非连锁店在传统声誉模式下处于相对劣势，而
依靠线上声誉机制其获取了相同竞争机会，潜在结果是可能重塑市场
竞争格局。①

　　本章基于博弈模型和酒店入住率数据对上述内容做出严格的理论
证明和规范的实证检验。具体地，本章研究平台接入如何提高酒店入
住率及改变市场竞争格局，以及线上声誉的作用：使用 2019 年 1 月 1
日至 6 月 30 日携程网 26 万家酒店的面板数据，以是否特牌酒店虚拟
变量衡量平台接入程度，以线上评分衡量线上声誉，并以连锁、非连
锁分样本检验和城市市场份额变化等方式来识别市场竞争格局，从而
进行实证检验。研究发现，平台接入可以通过线上声誉机制提升酒店
入住率，且对非连锁酒店的提升作用更大，这同时提高了非连锁酒店
在各城市的市场份额。

　　本章边际贡献体现在以下三点。第一，分析了平台接入对市场竞
争格局的影响。长期以来，社会各界对线上线下市场是互补还是替代
关系存在争议。本章得出了相对全面和系统的结论，即数字平台与线
下实体企业并非简单的替代关系，一些企业（如连锁酒店）确实被
部分替代，但另一些企业（如非连锁酒店）在平台接入后脱颖而出，
所以这是对市场竞争格局的重塑。第二，从理论分析与实证检验两方
面较全面地阐释了线上声誉机制。随着线上市场规模的扩大，声誉机

---

① 近年来，一些个性化酒店借助线上声誉赢得了发展机会，而在没有接入平台之前它们
　 很少被消费者发现；甚至少数酒店借助线上声誉发酵成为"网红酒店"，入住率和市
　 场份额走高。2021 年美团研究院的一份调查报告《网红打卡地的网络评价、发展趋势
　 与发展对策》表明，只有"练好内功"才能建立起持久的线上声誉，否则网红只是一
　 时的。

制也由线下转到线上。以口碑、品牌、连锁、星级、老字号等线下声誉机制形成的传统竞争格局在一定程度上被打破，线上评分给予了原本处于竞争劣势的企业展现实力的机会。本章基于连锁和非连锁店具有差异性这一视角，首先进行数理建模分析，然后加以实证检验，并使用民宿和非民宿样本进行交叉验证，具体阐释了线上声誉机制的作用，在一定程度上加深了对数字化经济作用的理论认知。第三，使用大样本数据对酒店平台接入程度进行了测量。在企业数字化程度普遍较高的现实下，本章没有使用电脑使用率、是否接入互联网、是否使用电子邮件等数字化早期阶段的衡量指标，而是结合数字化最新进展，使用是否特牌酒店来量化酒店的平台接入程度。

二 平台接入影响市场竞争格局的相关文献

研究平台接入对市场竞争格局的影响，首先要判断平台接入的总体影响是积极的还是消极的，然后再区分哪些企业受影响更大并借此探究市场竞争格局如何变化，进而挖掘背后的作用机制。基于此，本章从如下三个角度对相关文献进行梳理。

（一）数字化提升经济效率

数字化建设对经济效率的积极作用得到学界广泛认同。平台接入作为企业数字化转型的重要方式基本上也适用于这一结论。目前相关研究大都较为宏观，多关注技术进步、生产效率、资源配置效率和经济增长，普遍认为平台经济创新带来了通用技术更替，促使全要素生产率出现跨越式增长（Freeman and Louca，2001）。经测算，数据管理能力得分每提高 1 个标准差，企业全要素生产率将提高 18%（李唐等，2020）。

此外，也有部分研究关注产能利用率和上座率等企业微观表现。Hubbard（2003）使用美国卡车数据实证发现，车载电脑可以更好地监控车辆和司机，减少车辆违规使用，提高车辆利用率。Dana 和 Orlov（2014）使用美国航班数据实证发现，消费者对互联网的使用减少了市场摩擦，航空公司可以用更少的产能来满足需求，以达到更高的上座率。

（二）平台经济影响市场竞争格局

学者对平台经济影响市场竞争格局的研究较多关注价格竞争。根据双边市场理论，平台可能在一边市场降价而在另一边市场提价（Rochet and Tirole，2006），也可能两边同时降价但在价格之外捆绑其他行为，这让平台价格竞争的理论内涵较为复杂。有关实证研究也较为多样，平台促使商品降价（孙浦阳等，2017；寇宗来和李三希，2018；柏培文和喻理，2021）与提价（姜婷凤等，2020）或者策略性使用定价机制（Zhong，2022）的各种结论并存。

本章则试图探究同样进行数字化转型（平台接入），部分企业获益更多而另外一些企业获益较少的原因。有文献认为，原本小众化的产品更容易从平台接入中获益。Alyakoob 和 Rahman（2022）研究发现，爱彼迎的家庭共享住宿服务将一些游客吸引到非传统旅游目的地。与此同时，相反的观点认为强者越强，大企业获益越多。倪克金和刘修岩（2021）发现，数字化转型对大企业的促进作用更大，对 80% 分位点企业的影响是 20% 分位点企业的 3.67 倍。折中的观点则认为，原本具有实质竞争力的、业务流程与数字化进程相匹配的企业从平台接入中受益更大。Goldmanis 等（2010）通过构建理论模型发现，搜索成本的降低使市场均衡价格随之降低，这导致边际生产成本较高的企业出现亏损甚至退出市场，进而使行业结构发生改变。这三种观点都有合理性，由此可见平台接入对市场竞争格局的影响尚不明确。本章试图基于酒店行业样本来探究平台接入的作用机制，进而给出相应政策建议。

（三）线上声誉机制的重要作用

平台接入普及之后市场竞争格局的变化很可能是由声誉机制自线下转到线上所引起。在市场竞争中，企业基于长期交易活动积累形成的声誉至关重要（Kreps and Wilson，1982），被认为是企业最重要的无形资产之一。由于以往经济活动主要在线下，所以对声誉的研究主要围绕口碑、连锁、品牌以及老字号等传统声誉展开。

近年来，线上声誉机制逐渐兴起（吴德胜，2007；赖胜强和朱敏，2009；Koopman et al.，2015）。数字平台大都设置了评分系统，还涌现了若干专业评分平台，对性价比、物流时间、售后服务等线上交易内容做评价。线上声誉和传统声誉在本质上是相同的，可以起到节省交易成本、促进供需匹配等作用，但其信息收集和处理能力以及信号作用更强，一定程度上决定了企业市场竞争力（陈冬梅等，2020）。现有文献对线上声誉机制的实证检验主要集中在数字化较早的电商（周黎安等，2006；李维安等，2007）、电影（Tsang and Prendergast，2009）、酒店及餐饮行业（Dai and Luca，2020），大都发现了线上声誉对线上交易的正向作用。

线上声誉机制对市场竞争格局的影响也受到学术界的关注。与本章研究主题相近的一支文献（Luca，2016；Fang，2022）研究发现，在线评论平台、评分或评级对连锁店和非连锁店的影响具有异质性，但并未具体剖析市场竞争格局的变化。本章不仅检验连锁和非连锁店在平台接入后的异质性表现，而且深入探究二者市场份额的变化，并通过民宿和非民宿样本进行交叉验证，详细论证线上声誉对市场竞争格局的影响。此外，Hollenbeck（2018）研究了传统声誉价值下降问题，发现企业选择连锁直营模式的收入溢价大幅下滑。与之不同，本章研究重点不在于企业营业模式决策，而是线上声誉机制对不同企业的作用。

基于以上文献及相关分析，本章构建理论模型深入洞察线上声誉对市场竞争格局的影响，并首次使用中国企业的微观数据进行实证检验。

三 基于空间竞争模型的理论探讨

本章用空间竞争模型刻画市场竞争（Thisse and Vives，1988；马虹和李杰，2014；叶光亮和王世强，2021），假定市场中有两家酒店——1 和 2①，分别位于单位线性市场两端——0 和 1 处。消费者在线性市场中均匀分布，市场中每一点有一单位消费者，在两酒店中选一家入住。消费者分布信息代表着自身偏好：更靠近 $x=0$ 点的消费者对酒店 1 偏好更强；更靠近 $x=1$ 点的消费者对酒店 2 偏好更强。对 x 处消费者而言，其通过入住某一家酒店获效用函数为 $u(x) = v - P(x)$，其中 v 是消费者保留价格，$P(x)$ 为消费者入住某一家酒店支付的价格。若不入住任何酒店则效用为 0。设定每一点消费者的

① 考虑到本章实证部分通过酒店行业进行检验，为统一表述，理论模型也以酒店竞争格局进行论证。实际上，理论模型及本章主要结论适用于多个行业，即酒店 1 和酒店 2 可以扩展为企业 1 和企业 2，而不影响模型推导和命题结论。

支付意愿 v 的水平足够高，总会选择一家酒店入住，整个市场需求总量为1。

对两家酒店而言，由于存在信息不对称，消费者无法充分获知酒店详细信息，因此酒店面临的重要成本是为了满足消费者偏好所产生的信息定制成本。具体而言，酒店为了吸引消费者入住，在竞争中争取到更多客源，需要尽可能消除信息不对称，让市场中具有不同偏好的消费者更加了解自己。因此，酒店承担了与消费者偏好类型相关的信息定制成本（王世强等，2020），从而实现在不同消费者中进行最优定价，以最大化自身利润水平。酒店承担信息层面的成本并吸引消费者入住的过程反映出的商业运营与市场竞争的情形与空间模型的契合度是较高的。此时，空间市场的分布信息对应消费者偏好的分布。消费者靠近酒店1（或酒店2）代表其对酒店1（或酒店2）的偏好较强，前期对其了解程度较高，酒店1（或酒店2）为了吸引这些消费者入住而产生的信息定制成本较低。相反，在市场中较居中的消费者对价格更为敏感，且对两家酒店的偏好较弱，对酒店信息掌握较少，因此两家酒店为了吸引这类消费者需要承担更高的信息定制成本。因此，在市场中信息定制成本随着消费者与酒店之间的距离增大而增大。按照空间模型的常见设定，本章考虑线性的信息定制成本，对于偏好类型为 x 的消费者，酒店1的信息定制成本为 $t_1 x$，酒店2则为 $t_2(1-x)$，其中 t_1 和 t_2 分别为两家酒店的单位信息定制成本。本章不考虑酒店其他类型的运营成本。

（一）酒店进行平台接入之前的情形

不失一般性，设定酒店1是在传统商业资源方面有优势的连锁酒店，消费者对其认知程度更高。这使得酒店1相比于酒店2承担的信息定制成本更低，更容易满足消费者偏好，因此二者单位信息定制成本满足关系：$t_1 \leq t_2$[①]。

酒店 1 和酒店 2 在自身销售区域的每一点选择合适价格，从而最大化自身利润。根据伯川德（Bertrand）价格竞争理论可得，两家酒店在 x 处的价格为竞争对手在该点的成本。其实现了空间中的差异化定价，充分考虑了现实商业社会中消费者偏好存在差异性的事实，较好地刻画了酒店基于自身利润最大化的策略性定价行为（Thisse and Vives，1988）基于此构建本章酒店定价模型：

$$p_1^n(x) = c_2^n(x) = t_2(1 - x)$$
$$p_2^n(x) = c_1^n(x) = t_1 x \qquad (4-1)$$

其中，变量上标 n 代表酒店 2 没有实现平台接入时的情形。

注意到，本章模型部分所涉及的定价是针对不同消费者具有差异化特征的，这是酒店在空间市场最大化自身利润而产生的。对某一家酒店的消费者而言，并不涉及产品或服务在具体内容上的差异化。提供同质服务的酒店针对不同消费者进行差异化定价。

市场分界点由两家酒店的价格与消费者的净效用决定[②]，市场分界点满足：

$$x_0^n = \{x : v - p_1^n(x) = v - p_2^n(x)\} \qquad (4-2)$$

因此酒店 1 的市场份额（或称入住人数）为 x_0^n，酒店 2 为 $1-x_0^n$。

由（4-2）式可得，当 t_2 相比于 t_1 越大，酒店 1 入住的顾客便越多，市场份额越大，酒店 2 的市场份额便越小。此时两家酒店的利润

---

① 为简化模型结果与分析，设定 $t_1 \leq t_2 \leq 8t_1$，即两家酒店信息匹配成本差距存在约束。
② 实际上，当不同消费者的保留效用是随着 x 变化的函数 $v(x)$ 时，临界消费者的表达式是不变的，因此不改变模型的主体结构，原因在于消费者仍在两家酒店中根据自身净效用水平的高低来选择入住。

分别为:

$$\pi_1^n = \int_0^{x_0^n} \left[p_1^n(x) - c_1^n(x) \right] \mathrm{d}x = \frac{t_2^2}{2(t_1 + t_2)}$$

$$\pi_2^n = \int_{x_0^n}^1 \left[p_2^n(x) - c_2^n(x) \right] \mathrm{d}x = \frac{t_1^2}{2(t_1 + t_2)}$$

(4 - 3)

此时,两家酒店在空间市场的竞争态势如图 4-1 所示。

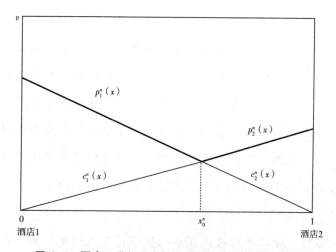

图 4-1 酒店 2 进行平台接入前两家酒店的竞争态势

(二)酒店选择平台接入对行业竞争格局的影响

本部分对处于竞争劣势的酒店 2 进行平台接入的影响开展分析,论证酒店 2 的平台接入是否给自身带来收益,以及对行业竞争格局的影响。

对于酒店 2 而言,平台接入的核心作用在于能够降低与消费者之间的信息不对称,增加消费者对自身的认知程度,以此促成入住的发生。因此,平台接入在当前模型中可对应为单位信息定制成本的降低。具体而言,本章设定,当酒店 2 通过平台接入获得了水平为 e 的信息定制成本的下降时，对应的信息定制成本为 $t_2^e = t_2 - e$，在市场每一点因而产生的数字化投入成本为二次型成本 $e^2/2k$。其中，参数 k 反映了平台接入对应的成本与技术水平：当 k 越大（小）时，平台接入对应的边际成本越小（大），平台的数字技术水平越高（低）。实际上，信息定制成本的下降幅度 e 也为酒店 2 针对平台接入的数字化投入水平。

这里对模型设定中酒店 2 在实现平台接入后的声誉机制进行阐释：此时平台接入帮助酒店实现了与消费者之间信息层面的改进，使酒店信息定制成本降低。具体而言，平台接入能够让消费者从酒店线上业务所提供的信息中增加对酒店的认知，并使酒店在经营过程中逐步累积了线上声誉，从网络信息角度弱化了酒店与消费者之间的信息不对称程度。从酒店经营成本角度而言，这能够降低酒店为满足消费者需求所承担的信息定制成本，因此便有了上述的模型设定。

此外，上述设定还表明酒店 2 实现平台接入对提升自身商业运营效率的有效性，即以平台接入实现的数字化投入能优化声誉机制，降低信息定制成本。这一点在当前平台企业的商业运行模式与数字技术较为成熟，以及上文所提及的有效的长期网络评分机制下，具有现实意义与合理性。基于此，本章称酒店 2 进行平台接入对自身经营产生的正效应为"声誉效应"，其直接对应于单位信息定制成本 t_2 的下降；而平台接入使酒店产生数字化投入成本，本章称之为"成本效应"。

平台接入是酒店 2 实现自身业务数字化的重要表现。实现平台接入后，为满足市场中任意 x 类型的消费者的需求，酒店 2 产生的成本为信息定制成本加上平台接入的投入成本，即：$t_2^e(1-x) + e^2/2k = (t_2-e)(1-x) + e^2/2k$。酒店 2 在平台接入的成本与收益之间选取平衡点，因此模型的博弈过程为：第一阶段，酒店 2 内生选择最优水平

e；第二阶段，根据酒店 2 第一阶段的选择，两家酒店进行价格竞争。

根据逆推法，在博弈第二阶段，两家酒店的价格分别为：

$$p_1^e(x) = c_2^e(x) = (t_2 - e)(1 - x) + \frac{e^2}{2k}$$
$$p_2^e(x) = c_1^e(x) = t_1 x \qquad (4 - 4)$$

进而可得此时市场分界点为：

$$x_0^e = \{x : v - p_1^e(x) = v - p_2^e(x)\} \qquad (4 - 5)$$

两家酒店的利润函数分别为：

$$\pi_1^e = \int_0^{x_0^e} \left[p_1^e(x) - c_1^e(x) \right] \mathrm{d}x$$
$$\pi_2^e = \int_{x_0^e}^1 \left[p_2^e(x) - c_2^e(x) \right] \mathrm{d}x \qquad (4 - 6)$$

给定酒店 2 信息定制成本的下降幅度 e，此时两家酒店的竞争态势如图 4-2 所示。

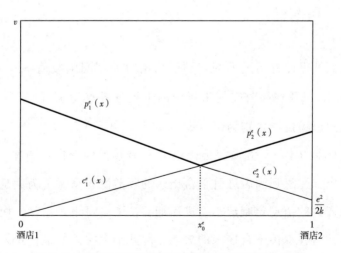

图 4-2　酒店 2 进行平台接入后两家酒店的竞争态势

图 4-2 的结果是酒店 2 声誉效应与成本效应取得平衡的结果。一方面，声誉效应带来酒店 2 信息定制成本的降低，在图中反映为其成本曲线斜率的降低。该效应将推动两酒店市场分界点左移，趋于提升酒店 2 市场份额。另一方面，成本效应让酒店 2 提供服务时产生直接的平台接入成本，在图中反映为酒店 2 的成本曲线产生正的截距项，将推动市场分界点右移。最终，市场分界点相比于数字化之前是否左移，即酒店 2 实现平台接入是否提升了其市场份额，由两种效应之间的相对强弱关系来决定；酒店 2 是否愿意实现平台接入则取决于新的市场均衡为其带来的利润水平是否高于接入之前的情形。接下来，将对此进行验证与分析。

回到博弈第一阶段，酒店 2 根据利润最大化的一阶条件选择最优的平台接入投入水平，进而可得最优水平为：

$$
e^* = \begin{cases} \dfrac{2(t_1+t_2)}{3} - \dfrac{\sqrt{4t_1^2 + 8t_1 t_2 + 4t_2^2 - 6kt_1}}{3}, 0 < k < k_1 = \dfrac{t_2(4t_1+t_2)}{2t_1} \\ t_2, k > k_1 \end{cases}
$$

$$(4-7)$$

进而可得此种情况下两家酒店均衡时的利润函数值 $\pi_1^e(e^*)$ 和 $\pi_2^e(e^*)$，以及均衡时空间市场中的市场分界点为 $x_0^e(e^*)$，因此两家酒店的市场份额分别为 $x_0^e(e^*)$ 和 $1-x_0^e(e^*)$。

此处对（4-7）式所得最优水平 e^* 背后的内涵进行阐释：

首先，注意到酒店进行平台接入的收益源于降低了为满足消费者需求而产生的信息定制成本，进而能够扩大自身市场份额，而为了获取该收益需要承担平台接入的成本。因此平台接入的最优投入水平是酒店权衡收益与成本两方面之后所做出的最优决策。

其次，从 e^* 的表达式可发现，当平台数字技术水平相对较低时

（即 $0<k<k_1$），酒店最优数字化投入取到内点解，严格小于 t_2；而当平台数字技术水平相对较高时（即 $k>k_1$），酒店数字化成本较低，将进行较高投入最大限度降低信息定制成本。此时可以认为低成本高效率的平台接入极大地降低了酒店的信息定制成本，让酒店与消费者之间的信息透明度得到提升。

因此，酒店 2 将致力于通过平台接入来弱化信息定制成本的影响，而对应的投入力度取决于平台数字技术水平等客观因素。本章在现行数据中找到的酒店数字化程度，则可以理解为酒店平台接入投入最优决策后的外生结果。基于上述讨论，在下文中称 e^* 为酒店"合理水平"的平台接入投入。

比较酒店 2 进行数字化建设前后情况可得，对于任意 $t_2 \geq t_1$ 时，酒店 2 的利润比较与市场份额的比较存在如下两个严格不等关系：

$$\pi_2^e(e^*) > \pi_2^n$$
$$1 - x_0^e(e^*) > 1 - x_0^n \qquad (a)$$

首先，（a）式的严格不等关系在 $t_2 = t_1$ 时成立，此时两家酒店在成本上是对称的。其次，分析 $t_2>t_1$ 情形。此时称 t_1 与 t_2 间的差距为酒店 2 在信息定制成本上的先发劣势程度，简称先发劣势程度。对于任意严格不等关系 $t_2>t_1$，（a）式的严格不等关系仍成立，因而对于任意水平先发劣势程度，平台接入都能帮助非连锁酒店提高自身利润水平，提升酒店入住率。

这表明，非连锁酒店 2 作为存在先发劣势的酒店，通过平台接入实现数字化的动机总是存在。从传统声誉机制的角度而言，酒店 2 在信息定制成本上的先发劣势使其不如连锁酒店那样容易吸引消费者。平台接入则一方面通过优化酒店 2 的声誉降低了酒店 2 的信息定制成本，发挥积极的声誉效应；另一方面将为酒店 2 带来直接成本，即产生成本效应。在两种效应中，声誉效应的积极作用占优于成本效应的负面作用，扩大了酒店 2 的市场份额，提升了酒店 2 的利润水平，从而使其产生进行平台接入的动机；合理选择的投入水平 e^* 将在兼顾成本的同时为酒店 2 优化自身声誉，增加自身吸引力，其结果是让酒店 2 的先发劣势得到减弱，这表明非连锁酒店 2 通过平台接入更好地满足了更多消费者偏好。因此，在实现平台接入之后酒店 2 的入住率得到了提高。

综上可得如下命题：

命题 1：平台接入可以优化酒店声誉，提升酒店利润，提高酒店入住率。

同时，在静态情况下酒店市场总额是相对固定的，酒店 2 市场份额提升则酒店 1 市场份额下降，因此根据命题 1 还可得如下推论：

命题 2：在非连锁酒店进行平台接入之后，连锁酒店入住率将会下降。

（三）同时博弈模型：两家酒店皆进行平台接入

上文讨论了酒店 2 单独进行平台接入的情形，而实际上酒店 1 作为连锁酒店也可以进行平台接入。本部分基于此进行拓展，设定酒店 1 为具备传统优势的连锁酒店，单位信息定制成本满足关系 $t_2 \geq t_1$，研究两家酒店同时选择平台接入进行数字化投入的情形。考虑到当前平台企业的数字化技术水平已较为成熟，任意类型酒店入驻平台后面对的成本是较为趋同的，本部分设定两家酒店面临的平台接入成本参数皆为 k[①]。两家酒店因平台接入而得到的单位信息定制成本的下降幅度分别为 e_1

---

① 为简化结果，本部分仅考虑内点解的情形。

和 e_2，对应成本分别为 $e_1^2/2k$ 和 $e_2^2/2k$。

根据逆推法，在博弈第二阶段，两家酒店的价格分别为：

$$p_1^{ee}(x) = c_2^{ee}(x) = (t_2 - e_2)(1 - x) + \frac{e_2^2}{2k}$$

$$p_2^{ee}(x) = c_1^{ee}(x) = (t_1 - e_1)x + \frac{e_1^2}{2k} \tag{4-8}$$

类似上文，可得此时两家酒店的市场分界点以及酒店利润函数。再回到博弈第一阶段，根据两家酒店利润函数对自身水平的一阶条件可得，此时两家酒店最优的平台接入投入水平分别为：

$$e_1^* = \frac{(3k - 8t_2)k}{4(3k - 4t_1 - 4t_2)}$$

$$e_2^* = \frac{(3k - 8t_1)k}{4(3k - 4t_1 - 4t_2)} \tag{4-9}$$

在上述的均衡水平实现平台接入后，酒店 1 的单位信息定制成本变为 $t_1^{ee} = t_1 - e_1^*$，酒店 2 的单位信息定制成本变为 $t_2^{ee} = t_2 - e_2^*$。

（4-9）式表明，当平台的数字技术水平较高时，两家酒店都将进行相应投入，从而实现平台接入。进而可得此时的市场分界点为：

$$x_0^{ee*} = \frac{3k - 8t_2}{2(3k - 4t_1 - 4t_2)} \tag{4-10}$$

由于 $x_0^{ee*} - x_0^n = \dfrac{k(t_1 - t_2)}{2(3k - 4t_1 - 4t_2)(t_1 + t_2)} < 0$，因此可得 $x_0^{ee*} < x_0^n$，$1 - x_0^{ee*} > 1 - x_0^n$。这表明，当两家酒店都实现平台接入后，在均衡时两家酒店投入达到最优水平，非连锁酒店的入住率仍会提高，而连锁酒店的入住率会降低。

因此，同时博弈的模型分析验证了命题 1 和命题 2。综上，不论两家酒店是对等的还是一方具有传统优势，也不论一家酒店实现平台接入还是两家酒店同时选择接入，平台接入都可促进酒店入住率的提升；而且，平台接入通过线上声誉机制能够对连锁酒店的线下优势产生一定的替代效应，同时削弱连锁酒店的市场地位，可起到重塑行业竞争格局的作用[①]。

四 使用携程数据的样本介绍和实证策略

（一）研究样本

通过爬虫技术获取了携程网旗下携程、艺龙和去哪儿三个平台上的 26 万家酒店 2019 年 1 月 1 日至 6 月 30 日的数据，删除空缺值并截取掉评论数较少的 1%样本后，得到包含约 1716 万个样本点的非平衡面板数据。

酒店行业数字化程度高、覆盖广、时间早，绝大多数酒店已接入了各种数字平台，这对于检验平台接入程度如何影响市场竞争格局提供了较好的微观样本。携程网是国内酒店行业数字化的主要服务商，以携程、艺龙、去哪儿为主体的"携程系"占我国在线旅行社行业市场份额的 63.9%（李勇和钱晔，2021）。不论规模和细分类型（如连锁酒店、公寓、民宿等）如何，国内酒店往往把接入携程网旗下的三个平台作为其数字化转型的重要方式。

（二）实证方程

本章主要检验平台接入对酒店入住率及市场竞争格局的影响，基

[①] 应注意到，两家酒店面对的成本参数是可以不同的。可验证，当二者相差较小时，本章的结论依然成立；当技术差距导致成本参数之间差距较大时，拥有优势技术者将获得更显著竞争优势。

本回归方程如下：

$$occupancy_{ijt} = \alpha_1 + \alpha_2 platform_{ijt} + \alpha_3 nonchain_i \times platform_{ijt} + \theta X_{it} + \varepsilon_i + \lambda_t + \mu_{jt} + \varphi_{ijt} \tag{4-11}$$

（4-11）式中，下角标 i、j 和 t 表示第 t 日城市 j（全国地级及以上城市，不包括港澳台）的酒店 i。被解释变量 $occupancy$ 衡量酒店每日的入住率，并在 $occupancy$ 基础上以酒店房间数加权计算得到各城市每日非连锁酒店市场份额（$nonchain\_share$）。主要解释变量 $platform$ 表示平台接入程度，用是否特牌酒店虚拟变量来表示。$nonchain$ 表示是否连锁酒店虚拟变量，交互项 $nonchain \times platform$ 的系数可以判断平台接入是否对非连锁酒店入住率的提升作用更大。ε 表示酒店固定效应，λ 代表时间固定效应，μ 表示城市时间联合固定效应。

X 表示可能影响酒店入住率的机制变量和控制变量，包括：（1）线上声誉（$reputation$），使用期初评分（$reputation1$）和每日评分（$reputation2$）两个变量来表示；（2）平均评分（$reputation\_mean$），使用每日城市内相同星级酒店的平均评分来测算；（3）房间价格（$price$），使用酒店每日入住房间的平均价格（$price1$）和酒店每日标准间的价格（$price2$）来表示；（4）客户数量（$clients$），使用酒店每日入住的客户人数来表示；（5）手机 App 订单占比（$mobile$），等于酒店每日来自手机 App 订单的入住客房数除以当日入住客房总数；（6）平均预付比例（$prepay$），等于酒店每日预付客房数量除以当日入住客房总数；（7）订单实际成行率（$actual$），等于酒店每日客房实际入住数除以当日客房预订数；（8）房间总数（$rooms$），用以衡量酒店的规模；（9）成立时长（$establish$），表示酒店截至 2019 年已成立的年份数；（10）星级（$star$），根据酒店实际情况取值2~5星级；（11）非连锁比例（*nonchain_ city*），用各城市非连锁酒店数量占比来表示；（12）是否民宿（*homestay*），民宿取值为1否则为0。

（三）主要变量识别

1. 平台接入程度

一些文献使用国家智慧城市和宽带中国准自然实验的方式来测度地区层面的数字化程度（石大千等，2020；薛成等，2020）。对于微观主体数字化程度的识别，则主要基于信息设备的使用情况（邵文波和李坤望，2014），例如企业从业人员电脑使用率（刘政等，2020）、是否接入互联网（施炳展和李建桐，2020）、上市公司年报提及"互联网+"文本频率（杨德明和刘泳文，2018；袁淳等，2021）、是否有网址和电子邮箱（李兵和李柔，2017；马述忠和房超，2020）等。然而，大部分酒店已经接入携程、艺龙、去哪儿等数字平台，并已广泛使用电脑、互联网和电子邮箱。所以，需要结合现实情况探寻更加具体的识别指标。

本章使用是否特牌酒店来表征酒店的平台接入程度。特牌酒店与携程网建立了紧密合作关系，它们在携程网三个平台上的接入程度较高，可以在平台更多地曝光和提取信息，并将这些信息有效对接到酒店实际业务流程之中。刘向东等（2022）研究发现，商户与平台联合提供的商品展示、信息触达和履约交付等服务有助于吸引消费者。因此，本章以是否特牌酒店（*platform*）作为酒店平台接入程度的代理变量。也有文献采取了类似的识别方法，使用是否阿里巴巴中国站付费会员（岳云嵩和李兵，2018）、是否使用平台的云服务（DeStefano et al.，2020）、是否享受爱彼迎家庭共享住宿服务

（Alyakoob and Rahman，2022）来衡量微观主体的平台接入或数字化程度。图4-3显示，2019年上半年携程网上特牌酒店数量大幅上升，其间平台接入酒店也在增长，故特牌酒店占比有所上涨但相对稳定。

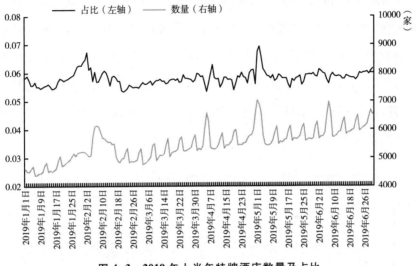

图4-3　2019年上半年特牌酒店数量及占比

2. 酒店入住率

使用入住房间数/房间总数表示酒店入住率（*occupancy*）。*occupancy* 表示酒店通过携程网的三个平台实现的入住率，未包括酒店通过其他数字平台以及线下预订达成的交易。换言之，本章检验的是酒店在携程网的平台接入程度对其入住率的提升作用。同样地，市场份额的计算也是基于携程网的三个平台数据，以使被解释变量和解释变量都处于同一测量维度。

3. 市场竞争格局

通过入住率刻画不同类型酒店在平台接入后市场份额的变化，以此体现市场竞争格局的变化。具体地，使用两种方式观察平台接入对连锁酒店和非连锁酒店市场份额的不同影响：一是检验平台接入是否对非连锁酒店入住率的提升作用更大，以分样本检验以及是否连锁酒店变量（*nonchain*）与平台接入程度变量（*platform*）交互项（*nonchain×platform*）的形式来实现，其中 *nonchain* 在连锁酒店时取值为 0，否则为 1；二是检验平台接入是否提高了各城市非连锁酒店市场份额，具体做法是先计算各城市每日非连锁酒店市场份额（*nonchain_ share*），再做回归。图 4-4 显示，酒店入住率具有明显的时间特性，春节、清明、端午等节假日入住率较高，为此，本章在回归中控制了每日的时间固定效应。

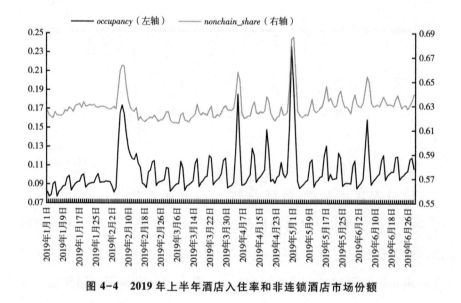

图 4-4　2019 年上半年酒店入住率和非连锁酒店市场份额

4. 线上声誉

使用酒店在样本的期初评分（*reputation*1）和每日评分（*reputation*2）来衡量线上声誉。一方面，评分由长期积累而形成，用户凭借这个积累值来选择酒店而看不到每日评分变化，且样本期间评分变化不大，因此期初评分代表性较强；另一方面，每日评分也捕捉了一些零星的动态变化，故同时使用这两个变量。携程网上对酒店的评分取值为 0~5，精确到一位小数，如 3.8、4.9 等。将每个分值处的酒店数量作图，如图 4-5 所示，酒店评分集中在 4~5，低于 3 的酒店较少。

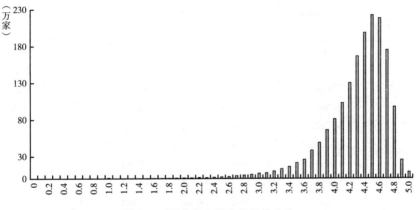

图 4-5　酒店线上评分的数量分布

（四）描述性统计

主要变量的描述性统计见表 4-1。样本期间由携程网三个平台实现的酒店入住率（*occupancy*）平均值为 10.5%，非连锁酒店市场份额（*nonchain_ share*）平均值为 63.0%，而非连锁酒店的数量占比（*nonchain*）均值为 70.8%。主要解释变量是否特牌酒店（*platform*）均值为 0.058%，机制变量期初评分（*reputation*1）均值为 4.294、每日评分（*reputation*2）均值为 4.327。入住房间的平均价格为 244 元，其中标准间的均价为 238 元，二者相差不大且都比较低，这与酒店星级（*star*）平均仅为 2.533 是相一致的。而且，可以发现民宿数量占比（*homestay*）为 7.9%。其他变量的描述性统计结果见表 4-1，不再赘述。

表 4-1 主要变量的描述性统计

变量类型	变量名	观察值	平均值	标准差	最小值	最大值
被解释变量	*occupancy*	17157641	0.105	0.131	0	1
	nonchain_share	52413	0.630	0.170	0	1
解释变量	*platform*	17157641	0.058	0.234	0	1
	nonchain	17157641	0.708	0.455	0	1
机制变量	*reputation*1	17157641	4.294	0.452	0.9	5
	*reputation*2	17157641	4.327	0.461	0.9	5
控制变量	*reputation_mean*	17157641	4.326	0.133	1	5
	*price*1	17157641	244.352	254.761	0	73865
	*price*2	17157641	238.428	248.080	0	34500
	clients	17157641	4.714	6.883	1	569
	mobile	17157641	0.409	0.358	0	1
	prepay	17157641	0.373	0.363	0	1
	actual	17157641	0.367	0.357	0	1
	rooms	17157641	82.056	82.915	0	4001
	establish	17157641	6.206	5.995	1	157
	star	17157641	2.533	0.830	2	5
	nonchain_city	52413	0.708	0.144	0	1
	homestay	17157641	0.079	0.270	0	1

注：*price*1 和 *price*2 的单位为元，*clients* 的单位为人，*rooms* 的单位为间，*establish* 的单位为年。

五 平台接入影响市场竞争格局的实证检验

（一）平台接入提升酒店入住率

使用酒店入住率（*occupancy*）作为被解释变量，平台接入程度（*platform*）作为主要解释变量，做面板固定效应回归，结果如表 4-2 所示。表 4-2 第（1）列是 *occupancy* 对 *platform* 直接做回归，第（2）列加入了价格等控制变量，第（3）列进一步加入了星级等不随时间变化的控制变量，第（4）列在第（2）列基础上控制了城市时间联合固定效应。容易发现，表 4-2 中 *platform* 的系数都显著为正，且显著性水平都在 1% 以上。

从系数大小来看，以第（4）列回归结果为例，代表平台接入程度较高的特牌酒店相比其他酒店而言，入住率提高 4.5 个百分点。假如平台接入程度（*platform*）在其均值上翻一番（即增加 0.058），那么入住率普遍上涨约 0.3 个百分点；如果平台接入程度提高一个标准差 0.234，那么入住率普遍上涨约 1 个百分点。而且，近年来酒店数字化程度大幅提高，很多酒店的平台接入实现了从 0 到 1 的跃升。可见，平台接入对入住率的促进作用较大。控制变量的回归结果详见表 4-2，不再赘述。

表 4-2　平台接入对酒店入住率的影响

	（1）	（2）	（3）	（4）
	occupancy	*occupancy*	*occupancy*	*occupancy*
platform	0.0853 ***	0.0467 ***	0.0347 ***	0.0451 ***
	（0.0000）	（0.0001）	（0.0001）	（0.0001）
reputation_mean		0.0868 ***	0.0771 ***	0.0810 ***
		（0.0002）	（0.0002）	（0.0003）
*price*1		−0.000009 ***	0.00005 ***	−0.00007 ***
		（0.0000）	（0.0000）	（0.0000）
*price*2		−0.00002 ***	−0.00002 ***	−0.00001 ***
		（0.0000）	（0.0000）	（0.0000）
clients		0.0043 ***	0.0084 ***	0.0112 ***
		（0.0000）	（0.0000）	（0.0001）
mobile		−0.0633 ***	−0.0678 ***	−0.0601 ***
		（0.0002）	（0.0001）	（0.0001）
prepay		0.0081 ***	−0.0288 ***	0.0041 ***
		（0.0002）	（0.0001）	（0.0001）
actual		−0.0355 ***	−0.0206 ***	−0.0049 ***
		（0.0002）	（0.0001）	（0.0003）

	（1）	（2）	（3）	（4）
	occupancy	*occupancy*	*occupancy*	*occupancy*
			（0.0000）	
establish			−0.0009 ***	
			（0.0000）	
star			−0.0051 ***	
			（0.0000）	
cons	0.1012 ***	−2.4843 ***	−0.1607 ***	−2.0246 ***
	（0.0001）	（0.0009）	（0.0011）	（0.0065）
酒店	是	是	否	是
城市	否	否	是	否
时间	是	是	是	是
城市×时间	否	否	否	是
N	17157641	17157641	17157641	17157641
R^2	0.0234	0.1805	0.4374	0.2067

注：括号内为聚类到城市层面的稳健标准误；"是"表示控制相关变量；*、**、***分别表示10%、5%和1%的显著性水平。当控制酒店固定效应时，不能控制 *rooms*、*establish*、*star* 三个变量，下同。

（二）平台接入改变市场竞争格局

1. 平台接入对非连锁酒店入住率的提升程度更大

首先，在表4-2第（4）列中加入是否连锁酒店（*nonchain*）与平台接入程度（*platform*）的交互项（*nonchain*×*platform*），通过交互项系数判断平台接入是否对非连锁酒店入住率的提升程度更大。然后，将样本分为连锁酒店和非连锁酒店两个子样本进行分样本检验，观察 *platform* 的系数显著性和大小差异。

实证结果如表4-3所示，前两列全样本回归结果中交互项 *nonchain*×*platform* 的系数显著为正，说明平台接入对非连锁酒店入住率的提升程度更大。第（3）列和第（4）列分别使用非连锁和连锁酒店样本进行固定效应回归，*platform* 的系数均显著为正，其在第（3）列的系数值大于表 4-2 第（4）列的结果，在第（4）列的系数值小于表 4-2 第（4）列的结果。这说明，平台接入对非连锁酒店作用大于对全样本的作用，更大于对连锁酒店样本的作用。第（3）列和第（4）列结果比较显示，成为特牌酒店可使非连锁酒店入住率提高 5.2 个百分点，比连锁酒店提高程度高 2.3 个百分点，表明较高程度的平台接入能够更大地提升非连锁酒店的入住率。

表 4-3　平台接入对非连锁酒店入住率及市场份额的影响

	(1)	(2)	(3)	(4)	(5)	(6)
	occupancy	occupancy	occupancy	occupancy	nonchain_share	nonchain_share
	全样本	全样本	非连锁样本	连锁样本	城市样本	城市样本
platform	0.0843***	0.0232***	0.0519***	0.0286***		
	(0.0000)	(0.0002)	(0.0002)	(0.0002)		
nonchain×platform	0.0006**	0.0311***				
	(0.0003)	(0.0003)				
nonchain_city					1.0936***	1.0815***
					(0.0001)	(0.0001)
platform_city						0.0041***
						(0.0001)
控制变量	否	是	是	是	是	是
酒店	是	是	是	是	是	否
城市	否	否	否	否	是	是
时间	是	是	是	是	是	是
城市×时间	是	是	是	是	否	否
N	17157641	17157641	12146674	5010967	52413	52413
R²	0.0235	0.2070	0.2539	0.1834	0.8498	0.8498

注：括号内为聚类到城市层面的稳健标准误；"是"表示控制相关变量；*、**、*** 分别表示 10%、5% 和 1% 的显著性水平。

2.平台接入提高非连锁酒店市场份额

连锁与非连锁酒店的竞争格局变化情况，可用它们的市场份额变化来体现。使用非连锁酒店市场份额（*nonchain_ share*）作为被解释变量，并把主要解释变量平台接入程度（*platform*）加总到城市层面，得到各城市平台接入程度平均值变量（*platform_ city*），控制变量也相应加总到城市层面。进而，使用城市日度面板数据做回归，实证结果如表4-3后两列所示。

表4-3第（5）列显示城市非连锁酒店数量占比（*nonchain_ city*）每提高1个百分点，非连锁酒店市场份额（*nonchain_ share*）的扩大超过1个百分点，说明非连锁酒店的市场竞争力在增强，证明酒店行业市场竞争格局确实在发生变化。第（6）列结果表明，特牌酒店相对其他酒店，会使非连锁酒店市场份额提高0.41个百分点，且 *nonchain_ city* 的系数有所下降，说明平台接入是解释非连锁酒店竞争力提高的重要原因。

（三）线上声誉机制

使用期初评分（*reputation*1）截面数据和每日评分（*reputation*2）面板数据来度量酒店的线上声誉，检验线上声誉机制在平台接入提高入住率、改变市场竞争格局中的作用。在回归中加入线上声誉与平台接入程度的交互项（*reputation*1×*platform* 和 *reputation*2×*platform*），据此判断对于那些平台接入程度较高的酒店（即特牌酒店），线上声誉对它们的入住率和市场份额的提升作用是否更大。

实证结果如表4-4所示，线上声誉 *reputation*1 和 *reputation*2 的系数都显著为正，且它们与平台接入程度的交互项的系数也显著为正。更重要的是，第（3）列和第（4）列使用非连锁酒店样本的回归结果中，两个交互项的系数明显大于前两列使用全样本的回归系数，表明线上声誉机制对非连锁酒店入住率的提升作用更大。第（5）列和第（6）列延续表4-3第（5）列和第（6）列的做法从城市层面做出检验，$reputation1\_city$ 和 $reputation2\_city$ 为两个声誉变量的城市层面均值。结果显示，平台接入可以提高非连锁酒店市场份额，且线上声誉是其中的重要机制。

表4-4　线上声誉对酒店入住率及市场竞争格局的影响

	（1）	（2）	（3）	（4）	（5）	（6）
	occupancy	occupancy	occupancy	occupancy	nonchain _share	nonchain _share
	全样本	全样本	非连锁样本	非连锁样本	城市样本	城市样本
platform	0.0255***	0.0397***	0.0306***	0.00312***		
	（0.0000）	（0.0003）	（0.0002）	（0.0004）		
reputation1	0.0028***		0.0040***			
	（0.0004）		（0.0002）			
reputation1×platform	0.0415***		0.0461***			
	（0.0006）		（0.0005）			
reputation2		0.0074***		0.0128***		
		（0.0005）		（0.0001）		
reputation2×platform		0.0504***		0.0933***		
		（0.0010）		（0.0002）		
platform_city					0.0016***	0.0015***
					（0.0001）	（0.0003）
reputation1_city× platform_city					0.0007***	
					（0.0001）	
reputation2_city× platform_city						0.0008***
						（0.0000）
控制变量	是	是	是	是	是	是
酒店	否	是	否	是	否	否
城市	否	否	否	否	是	是

续表

	（1）	（2）	（3）	（4）	（5）	（6）
	occupancy	*occupancy*	*occupancy*	*occupancy*	*nonchain _share*	*nonchain _share*
	全样本	全样本	非连锁样本	非连锁样本	城市样本	城市样本
时间	否	是	否	是	是	是
城市×时间	是	是	是	是	否	否
N	17157641	17157641	12146674	12146674	52413	52413
R^2	0.4403	0.2088	0.5612	0.2517	0.8511	0.8513

注：括号内为聚类到城市层面的稳健标准误；"是"表示控制相关变量；*、**、***分别表示10%、5%和1%的显著性水平。

（四）内生性讨论

使用工具变量方法处理可能的内生性问题。第一个工具变量是不含酒店自身的各城市平台接入程度均值（*platform_ city2*）。把企业数据加总到地区或行业层面，有助于缓解企业层面存在的内生性问题（李春涛和宋敏，2010）。第二个是 Bartik 工具变量（*digital_ bartik*）。其构造方式为，借鉴 Bartik（1991）的做法，在 *platform_ city* 初始值基础上乘以每日全国酒店平台接入变化程度。该工具变量在控制城市和时间固定效应后，可较好满足排他性要求（王永钦和董雯，2020；赵奎等，2021）。此外，考虑到连锁和非连锁酒店的差异性，构造了第三个工具变量 *platform_ chain2*，其取值方式是：若酒店是连锁店，它取值为酒店所在城市连锁店的 *platform* 均值；若酒店是非连锁店，则取值为酒店所在城市非连锁店的 *platform* 均值。

实证结果如表4-5所示，平台接入程度变量 *platform* 依然显著为正，表明平台接入可以提高酒店入住率。交互项 *reputation2×platform* 也显著为正，验证了线上声誉机制。并且，所有回归中 *platform*、 *reputation*2×*platform* 的系数都在 1% 水平上显著。这与上文结果一致，证明了研究结论的稳健性。而且，第一阶段回归结果的 F 值非常大，证明了三个工具变量与平台接入程度变量的相关性。Kleibergen-Paap rk Wald F 统计量、Hansen J 检验的 P 值分别显示，不存在弱工具变量问题且工具变量具有较好的外生性。

表 4-5　工具变量 2SLS 回归结果

	（1）	（2）	（3）	（4）	（5）
	occupancy	*occupancy*	*occupancy*	*occupancy*	*occupancy*
	全样本	全样本	全样本	全样本	非连锁样本本
platform	0.0420***	0.0510***	0.0037***	0.0727***	0.0620***
	（0.0000）	（0.0002）	（0.0005）	（0.0000）	（0.0002）
*reputation*2	0.0326***	0.0241***	0.0504***	0.0322***	0.0528***
	（0.0001）	（0.0003）	（0.0001）	（0.0001）	（0.0004）
*reputation*2×*platform*	0.0834***	0.1102***	0.0621***	0.0982***	0.1339***
	（0.0002）	（0.0002）	（0.0001）	（0.0006）	（0.0056）
控制变量	是	是	是	是	是
IV：*platform_city*2	是	否	否	是	是
platform_bartik	否	是	否	是	是
*platform_chain*2	否	否	是	是	是
酒店	是	是	是	是	是
时间	是	是	是	是	是
城市×时间	是	是	是	是	是
N	17157641	17157641	17157641	17157641	12146674
R^2	0.1809	0.1823	0.1765	0.1830	0.2032
F 值（第一阶段）	78.60	389.55	1143.91	477.02	477.02
Kleibergen-Paap rk Wald F	321.09	643.24	269.00	432.38	374.25
Hansen J 检验的 P 值				0.3561	0.2239

注：括号内为聚类到城市层面的稳健标准误；"是"表示控制相关变量；*、**、*** 分别表示 10%、5% 和 1% 的显著性水平。Kleibergen-Paap rk Wald 检验的原假设是存在弱工具变量，若 F 统计量大于该检验 10% 临界值则拒绝原假设。Hansen J 检验的原假设是不存在 IV 过度识别，若 P 值大于 0.1 表示不能拒绝原假设。

（五）稳健性检验

1.排除酒店质量和规模的干扰

现实中，高档和低档两类酒店在入住率和平台接入等方面可能有独特表现。对于高档酒店，潜在用户群体较小且价格敏感度低，从事数字化建设的能力强但选择较高平台接入程度的必要性弱；对于低档酒店，情况可能正好相反。因此，这可能产生对作用机制的另一种解释：平台接入通过酒店质量而影响市场竞争格局，故须控制酒店质量对线上声誉机制的干扰。而且，把连锁作为具有线下竞争优势酒店的识别方式存在一定的偏差，北京饭店等部分非连锁酒店也具有很强的线下优势。为此，本章进一步控制酒店规模变量，以减少连锁以外的线下竞争优势对结论的影响。

本章以星级（*star*）刻画质量、以房间总数（*rooms*）刻画规模，对二星级及以下、五星级、5%以上规模的三组酒店分别做分样本检验。实证结果如表4-6所示，不论对于高档的五星级酒店，还是低档的二星级及以下酒店，抑或那些较大规模的酒店，较高的平台接入程度都会提升其入住率，且对非连锁酒店的提升作用更大，也都存在显著的线上声誉机制。这证明了平台接入改变市场竞争格局的结论具有普遍性，未受质量和规模等酒店特征的干扰。

表4-6　对不同质量和规模酒店样本的检验结果

	（1）	（2）	（3）	（4）	（5）	（6）
	occupancy	*occupancy*	*occupancy*	*occupancy*	*occupancy*	*occupancy*
	二星级及以下样本	二星级及以下样本	五星级样本	五星级样本	5%以上规模样本	5%以上规模样本
platform	0.0542 ***	0.0640 ***	0.0453 ***	0.0426 ***	0.0314 ***	0.0317 ***
	（0.0011）	（0.0008）	（0.0004）	（0.0008）	（0.0003）	（0.0002）

续表

	（1）	（2）	（3）	（4）	（5）	（6）
	occupancy	*occupancy*	*occupancy*	*occupancy*	*occupancy*	*occupancy*
	二星级及以下样本	二星级及以下样本	五星级样本	五星级样本	5%以上规模样本	5%以上规模样本
nonchain×platform	0.0361 ***		0.0011 **		0.0008 **	
	（0.0012）		（0.0004）		（0.0004）	
reputation2		0.0037 ***		0.0019 ***		0.0012 ***
		（0.0007）		（0.0006）		（0.0004）
reputation2×platform		0.1583 ***		0.1011 ***		0.0502 ***
		（0.0017）		（0.0017）		（0.0005）
控制变量	是	是	是	是	是	是
酒店	是	是	是	是	是	是
时间	是	是	是	是	是	是
城市×时间	是	是	是	是	是	是
N	11145783	11145783	635320	635320	857882	857882
R^2	0.2229	0.2370	0.3173	0.3217	0.1410	0.1273

注：括号内为聚类到城市层面的稳健标准误；"是"表示控制相关变量；*、**、*** 分别表示 10%、5% 和 1% 的显著性水平。

2. 对关键分值的进一步检验

线上评分的准确性是验证线上声誉机制的重要前提。事实上，全球各大数字平台或多或少存在数据操纵问题，也引起了相关学术研究的重视，但普遍认为这不影响评分的重要作用（Luca，2016），且该问题的危害性会随着用户交易经验的积累以及数字技术的提升而下降（马钦海等，2012；Catalini and Gans，2020）。为此，本章从关键分值处入手进一步做稳健性检验。

如果酒店存在一定的数据操纵问题，那么关键分值上的操纵行为将比其他分值处更加明显。例如，Zhong（2022）通过理论模型和淘宝数据证实，卖家会在评分达到特定的阈值之前降低价格随后再提高价格。所以，如果在关键分值前后，本章结论能够保持稳健，那么在所有分值上很可能都是稳健的，这就有效增强了线上声誉机制的稳健性。

选择了线上评分的三组关键分值临界点（4.9 和 5.0、4.4 和 4.5、3.9 和 4.0），并设置 *highscore* 虚拟变量，当评分为 5.0 或 4.5 或 4.0 时 *highscore* 取值为 1，否则为 0。将 *highscore* 及其与 *platform* 的交互项作为解释变量。回归结果如表 4-7 所示，第（1）列、第（3）列和第（5）列 *platform* 的系数显著为正，说明在关键分值临界点平台接入仍可以显著提升入住率，其他三列加入了交互项 *highscore×platform*，其系数也显著为正，表明线上声誉机制仍显著存在。

表 4-7 关键分值处的回归结果

	（1）	（2）	（3）	（4）	（5）	（6）
	occupancy	*occupancy*	*occupancy*	*occupancy*	*occupancy*	*occupancy*
	[4.9,5.0]区间样本		[4.4,4.5]区间样本		[3.9,4.0]区间样本	
platform	0.0428 ***	0.0053 ***	0.0453 ***	0.0039 ***	0.0460 ***	0.0032 ***
	（0.0001）	（0.0005）	（0.0000）	（0.0002）	（0.0001）	（0.0009）
highscore		0.0005 ***		0.0002 ***		0.0004 ***
		（0.0001）		（0.0000）		（0.0001）
highscore×platform		0.0022 ***		0.0011 ***		0.0016 ***
		（0.0002）		（0.0000）		（0.0001）
控制变量	是	是	是	是	是	是
酒店	是	是	是	是	是	是
时间	是	是	是	是	是	是
城市×时间	是	是	是	是	是	是
N	335140	335140	4198842	4198842	1464513	1464513
R^2	0.2408	0.2412	0.2351	0.2353	0.2405	0.2406

注：括号内为聚类到城市层面的稳健标准误；"是"表示控制相关变量；*、**、*** 分别表示 10%、5% 和 1% 的显著性水平。

3.用民宿替换非连锁酒店检验市场竞争格局变化

本章对平台接入影响市场竞争格局的研究，主要基于连锁和非连锁酒店的比较视角，其理论逻辑是平台接入促使酒店依靠线上声誉展开竞争从而降低了连锁品牌这个传统竞争优势。实际上，平台接入对竞争格局的改变表现在对各种传统竞争力的扬弃上，除了连锁品牌的价值下降，常见的现实情形还包括民宿的兴起。这里，从民宿视角进一步做实证检验。

对民宿样本的检验，采用与非连锁酒店相似的做法，实证结果如表4-8所示。第（1）列通过交互项 $homestay \times platform$ 的系数观察特牌酒店对民宿入住率的提升作用是否更大；第（2）列使用民宿样本检验线上声誉机制；第（3）列和第（4）列在构造城市层面民宿的市场份额变量 $homestay\_share$ 基础上检验平台接入和线上声誉对民宿市场份额的作用。检验都得出了与上文一致的结论：与非连锁酒店相似，不具备传统竞争优势的民宿，在平台接入后获益更多，即单个民宿入住率提升、城市民宿市场份额提高。

表 4-8　线上声誉对民宿的入住率及市场竞争格局的影响

	（1）	（2）	（3）	（4）
	$occupancy$	$occupancy$	$homestay\_share$	$homestay\_share$
	全样本	民宿样本	城市样本	城市样本
$platform$	0. 0271 ***	0. 0095 ***		
	（0. 0001）	（0. 0002）		
$homestay \times platform$	0. 0290 ***			
	（0. 0000）			
$reputation2$		0. 0835 ***		
		（0. 0001）		
$reputation2 \times platform$		0. 0159 ***		
		（0. 0002）		

	（1）	（2）	（3）	（4）
	occupancy	*occupancy*	*homestay_share*	*homestay_share*
	全样本	民宿样本	城市样本	城市样本
platform_city			0.0005 ***	0.0002 ***
			（0.0000）	（0.0000）
reputation2_city×platform_city				0.0001 ***
				（0.0000）
控制变量	是	是	是	是
酒店	是	是	否	否
城市	否	否	是	是
时间	是	是	是	是
城市×时间	是	是	否	否
N	17157641	1360837	52413	52413
R^2	0.2053	0.2076	0.7257	0.7259

注：括号内为聚类到城市层面的稳健标准误；"是"表示控制相关变量；＊、＊＊、＊＊＊分别表示 10%、5% 和 1% 的显著性水平。

六　结论与政策启示

本章对平台接入如何影响酒店入住率及其市场竞争格局进行了理论分析和实证检验。通过空间价格歧视模型发现，平台接入可以通过提高酒店的线上声誉，实现提高入住率的效果；相比连锁酒店，非连锁酒店平台接入的收益更大，这改变了酒店行业的市场竞争格局。通过使用携程网上 26 万家酒店 2019 年 1 月 1 日至 6 月 30 日的酒店日度面板数据，检验平台接入对入住率及市场竞争格局的影响；使用各酒店的线上评分表示线上声誉，检验了线上声誉的机制作用。这些检验都得到了与理论命题相一致的结论：平台接入可以通过线上声誉机制改变不同类型酒店的市场竞争格局。本章研究具有较强的现实意义和政策启示，具体包括四个方面：

第一，鼓励企业以平台接入的方式推进数字化转型。由政府直接出资或与科技公司共同出资建立一些公共数字平台，降低企业上云等平台接入行为的制度壁垒和成本。允许企业以特牌店、高级会员等方式与平台建立深度合作关系，推动企业业务流程数字化，以提高企业产品或服务质量，但要保持平台服务的非歧视。因此，特牌等深度合作模式要建立在数字技术提高和业务流程优化基础上，而不能建立在牺牲其他企业利益基础上。

第二，建立更加合理有序的线上评分系统。倡导线上企业从长期声誉视角保证自身评分的可信度，打击虚假评分行为。放权给平台一定的监管权力，通过平台自治及时甄别入驻企业的刷分行为，并以罚款、退出平台等方式予以制裁。政府对平台的监管行为进行监管，对平台未发现的企业刷分行为追究连带责任，对平台直接实施的刷分行为进行更加严厉的制裁。鼓励平台和入驻企业依靠评分反馈系统，改进产品和服务质量。

第三，打造低成本高效率的线上营商环境。加快建立线上信用体系，提供一种保障线上交易的承诺、担保和追责机制。以线上声誉及其他大数据为依据，消费者选择合适的产品或服务，金融机构为企业提供信贷和上市服务，政府则实施针对性监管，形成一个良性循环的线上市场环境。

第四，以数字化手段促进市场竞争。在线上经济活动中建立合理市场秩序，更好地发挥市场优胜劣汰的竞争机制作用，倒逼企业提升产品质量，引导人们理性消费，从而提高供需匹配效率以及全社会的资源配置效率。对于在平台接入后受损的企业，提供一定的线上声誉教育引导机制，一方面让他们摒弃投机行为而专注产品和服务质量，另一方面培训他们将生产经营活动与线上市场相融合，真正做到"酒香不怕巷子深"。

展望未来，平台和数字化对经济社会发展的作用将成为一个重要的理论和现实问题，值得今后深入探讨，主要包括三个方面。一是线上声誉机制的全面衡量。本章使用的线上评分只是线上声誉机制的一部分，还应包括交易数据本身内含的交易量、交易价格等信息，以及入驻企业与平台之间的评价和信用数据。虽然扩大线上声誉机制范畴不影响本章的研究结论，但可将研究选题延伸到金融担保、信用监管等其他经济社会领域，深化对平台接入影响经济社会发展的相关认识。二是制造业企业平台接入的影响。对于制造业的相关研究，不能限于价格、市场份额和商业模式，更须关注人工智能、机器学习、云计算及平台创新生态对企业生产和供应活动的技术改造。例如，工业互联网平台赋予制造业企业人工智能技术，提高了企业的生产效率和产品质量，对企业市场竞争格局也产生了深刻影响。三是消费者福利的分析。本章侧重对酒店入住率的理论分析和实证检验，未分析消费者福利。一般而言，更充分的市场竞争和更多样化的产品选择将提高消费者福利，但也存在"大数据杀熟"等价格歧视问题，仍须对此进行专门细致的分析。

参考文献

柏培文、喻理：《数字经济发展与企业价格加成：理论机制与经验事实》，《中国工业经济》2021 年第 11 期。

陈冬梅、王俐珍、陈安霓：《数字化与战略管理理论——回顾、挑战与展望》，《管理世界》2020 年第 5 期。

陈威如、王节祥：《依附式升级：平台生态系统中参与者的数字化转型战略》，《管理世界》2021 年第 10 期。

姜婷凤、汤珂、刘涛雄：《基于在线大数据的中国商品价格粘性研究》，《经济研究》2020 年第 6 期。

寇宗来、李三希：《线上线下厂商竞争：理论和政策分析》，《世界经济》2018 年第 6 期。

赖胜强、朱敏：《网络口碑研究述评》，《财贸经济》2009 年第 6 期。

李兵、李柔：《互联网与企业出口：来自中国工业企业的微观经验证据》，《世界经济》2017 年第 7 期。

李春涛、宋敏：《中国制造业企业的创新活动：所有制和 CEO 激励的作用》，《经济研究》2010 年第 5 期。

李唐、李青、陈楚霞：《数据管理能力对企业生产率的影响效应——来自中国企业—劳动力匹配调查的新发现》，《中国工业经济》2020 年第 6 期。

李维安、吴德胜、徐皓：《网上交易中的声誉机制——来自淘宝网的证据》，《南开管理评论》2007 年第 5 期。

李勇、钱晔：《数字化酒店：技术赋能+运营变革+营销升级+管理转型》，人民邮电出版社，2021。

刘向东、何明钦、刘雨诗：《数字化零售能否提升匹配效率？——基于交易需求异质性的实证研究》，《南开管理评论》2022 年知网网络首发。

刘洋、董久钰、魏江：《数字创新管理：理论框架与未来研究》，《管理世界》2020 年第 7 期。

刘政、姚雨秀、张国胜、匡慧姝：《企业数字化、专用知识与组织授权》，《中国工业经济》2020 年第 9 期。

马虹、李杰：《战略性的企业社会责任投资与市场竞争——基于 Hotelling 模型的分析框架》，《经济学动态》2014 年第 8 期。

马钦海、赵佳、张跃先、郝金锦：《C2C 环境下顾客初始信任的影响机制研究：网上购物经验的调节作用》，《管理评论》2012 年第 7 期。

马述忠、房超：《线下市场分割是否促进了企业线上销售——对中国电子商务扩张的一种解释》，《经济研究》2020 年第 7 期。

倪克金、刘修岩：《数字化转型与企业成长：理论逻辑与中国实践》，《经济管理》2021 年第 12 期。

邵文波、李坤望：《信息技术、团队合作与劳动力需求结构的差异性》，《世界经济》2014 年第 11 期。

施炳展、李建桐：《互联网是否促进了分工：来自中国制造业企业的证据》，

《管理世界》2020 年第 4 期。

石大千、李格、刘建江：《信息化冲击、交易成本与企业 TFP——基于国家智慧城市建设的自然实验》，《财贸经济》2020 年第 3 期。

孙浦阳、张靖佳、姜小雨：《电子商务、搜寻成本与消费价格变化》，《经济研究》2017 年第 7 期。

王世强、陈逸豪、叶光亮：《数字经济中企业歧视性定价与质量竞争》，《经济研究》2020 年第 12 期。

王永钦、董雯：《机器人的兴起如何影响中国劳动力市场？——来自制造业上市公司的证据》，《经济研究》2020 年第 10 期。

吴德胜：《网上交易中的私人秩序——社区、声誉与第三方中介》，《经济学（季刊）》2007 年第 3 期。

谢富胜、吴越、王生升：《平台经济全球化的政治经济学分析》，《中国社会科学》2019 年第 12 期。

谢康、夏正豪、肖静华：《大数据成为现实生产要素的企业实现机制》，《中国工业经济》2020 年第 5 期。

薛成、孟庆玺、何贤杰：《网络基础设施建设与企业技术知识扩散——来自"宽带中国"战略的准自然实验》，《财经研究》2020 年第 4 期。

杨德明、刘泳文：《"互联网+"为什么加出了业绩》，《中国工业经济》2018 年第 5 期。

叶光亮、王世强：《转售价格维持与批发价格决策的组合效应——基于空间价格歧视模型的研究》，《经济学（季刊）》2021 年第 1 期。

袁淳、肖土盛、耿春晓、盛誉：《数字化转型与企业分工：专业化还是纵向一体化》，《中国工业经济》2021 年第 9 期。

岳云嵩、李兵：《电子商务平台应用与中国制造业企业出口绩效——基于"阿里巴巴"大数据的经验研究》，《中国工业经济》2018 年第 8 期。

赵奎、后青松、李巍：《省会城市经济发展的溢出效应——基于工业企业数据的分析》，《经济研究》2021 年第 3 期。

周黎安、张维迎、顾全林：《信誉的价值：以网上拍卖交易为例》，《经济研究》2006 年第 12 期。

周潇：《数字平台、行业重组与群体生计——以公路货运市场车货匹配模式的变迁为例》，《社会学研究》2021 年第 5 期。

Acemoglu, D., L. Fergusson, and S. Johnson, "Population and Conflict", *Review of Economic Studies*, 2020, 87 (4).

Alyakoob, M., and M. S. Rahman, "Shared Prosperity (or Lack Thereof) in the Sharing Economy", *Information Systems Research*, 2022, Forthcoming.

Bartik, T. J., "Who Benefits from State and Local Economic Development

Policies?", Books from Upjohn Press, W. E. Upjohn Institute for Employment Research, 1991.

Catalini, C. , and J. S. Gans, "Some Simple Economics of the Blockchain", *Communications of the ACM*, 2020, 63 (7).

Cavallo, A. , "Are Online and Offline Prices Similar? Evidence from Large Multi-Channel Retailers", *American Economic Review*, 2017, 107 (1).

Chen, Y. , Z. Li, and T. Zhang, "Experience Goods and Consumer Search", *American Economic Journals: Microeconomics*, 2022, Forthcoming.

Dai, W. , and M. Luca, "Digitizing Disclosure: The Case of Restaurant Hygiene Scores", *American Economic Journal: Microeconomics*, 2020, 12 (2).

Dana, J. , and E. Orlov, "Internet Penetration and Capacity Utilization in the US Airline Industry", *American Economic Journal: Microeconomics*, 2014, 6 (4).

DeStefano, T. , R. Kneller, and J. Timmis, "Cloud Computing and Firm Growth", CESifo Working Paper Series 8306, 2020.

Fang, L. , "The Effects of Online Review Platforms on Restaurant Revenue, Consumer Learning, and Welfare", *Management Science*, 2022, Forthcoming.

Freeman, C. , and F. Louca, *As Time Goes By: The Information Revolution and the Industrial Revolutions in Historical Perspective*, Oxford University Press, 2001.

Goldmanis, M. , A. Hortacsu, C. Syverson, and O. Emre, "E-Commerce and the Market Structure of Retail Industries", *Economic Journal*, 2010, 120 (545).

Goodman-Bacon, A. , "Difference-in-Differences with Variation in Treatment Timing", *Journal of Econometrics*, 2021, 225 (2).

Hollenbeck, B. , "Online Reputation Mechanisms and the Decreasing Value of Chain Affiliation", *Journal of Marketing Research*, 2018, 55 (5).

Hubbard, T. N. , "Information, Decisions, and Productivity: On-Board Computers and Capacity Utilization in Trucking", *American Economic Review*, 2003, 93 (4).

Koopman, C. , M. D. Mitchell, and A. D. Thierer, "The Sharing Economy and Consumer Protection Regulation: The Case for Policy Change", *Journal of Business, Entrepreneurship & the Law*, 2015, 8 (2).

Krasnokutskaya, E. , K. Song, and X. Tang, "The Role of Quality in Internet Service Markets", *Journal of Political Economy*, 2020, 128 (1).

Kreps, D. M. , and R. Wilson, "Reputation and Imperfect Information", *Journal of Economic Theory*, 1982, 27 (2).

Luca, M. , "Reviews, Reputation, and Revenue: The Case of Yelp. com", Harvard Business School Working Papers, 2016.

Rochet, J. C. , and J. Tirole, "Two-Sided Markets: A Progress Report", *The RAND*

Journal of Economics, 2006, 37 (3).

Tadelis, S. , " Reputation and Feedback Systems in Online Platform Markets ", *Annual Review of Economics*, 2016, 8 (1).

Thisse, J. F. , and X. Vives, " On the Strategic Choice of Spatial Price Policy ", *American Economic Review*, 1988, 78 (1).

Tsang, A. , and G. Prendergast, " Is a ' Star ' Worth a Thousand Words? The Interplay Between Product-review Texts and Rating Valences ", *European Journal of Marketing*, 2009, 43 (11-12).

Zhong, Z. , " Chasing Diamonds and Crowns: Consumer Limited Attention and Seller Response ", *Management Science*, 2022, 68 (6).

第五章　数字化进程提升市场配置效率

数字化进程助推中国进入数字经济时代，资源配置场所逐渐从线下转到线上。与传统的线下市场相比，线上市场的运行模式有较大差异，主要表现在数据流动和线上匹配两个方面，这影响了市场配置效率。本章亦使用携程数据做出实证检验。通过第四章和第五章实证分析，论证数字经济或数字化进程对中国市场经济体制及其效率的深层次影响，为本书分析提供扎实的理论和实证基础。

一　数字化时代的资源配置

中国数字化进程已经过半。近年来，基于数字技术进步、相关设备成本下降、企业数字化投资增多以及互联网平台积极推广等因素，企业数字应用场景不断拓展和深化，数字化进程加速。截至 2021 年 12 月，中国网民规模达 10.32 亿人，互联网普及率达 73%，形成了全球最为庞大、生机勃勃的数字社会[①]，这为各行业快速推进数字化

---

① 参见中国互联网络信息中心：第 49 次《中国互联网络发展状况统计报告》，2022 年 2 月。

转型提供了良好社会环境和强大市场动力。埃森哲调查发现，中国各行业数字转型指数从 2018 年的 37 分上升到 2021 年的 54 分，数字化能力建设整体行程已然过半。[①]

数字化进程中资源配置场所发生了相应变化。市场对资源配置起决定性作用，在数字化使经济活动从线下转到线上的同时，线上市场对资源的配置能力不断提高。一方面，平台经济形成了一个相对独立的线上市场，成为中国市场体系的重要组成部分，比如"双十一"就是典型的线上市场盛会，2021 年"双十一"中国全网交易额达9600 亿元。另一方面，线上市场不仅包括电子商务，也已成为搜索、通信、网游、金融支付等各种线上经济资源的配置场所，甚至一些线下市场的组织活动也卷入了平台的运行逻辑（谢富胜等，2019）。截至 2021 年 12 月，中国网络购物、网络支付、网上外卖、在线办公和在线医疗的用户规模分别达到 8.42 亿人、9.04 亿人、5.44 亿人、4.69 亿人和 2.98 亿人。[②] 今后，随着数字化进程从消费端向产业端延伸，线上市场将在生产、消费、交易、流通等市场体系全部环节的资源配置过程中发挥更大作用。

那么，数字化之后线上市场的配置效率如何？这正是本章要研究的核心问题。从理论上讲，市场配置资源的效率取决于市场结构和市场竞争，完全竞争的市场最有效率。但现实中，数字化形成的线上市场与传统的线下市场有很大不同。数字化是企业自身的投资建设事项，企业可以付费接入第三方数字平台，可以自建平台，也可以决定采用数字化的业务范围和程度，这不改变市场竞争结构，故不是通过

---

① 参见埃森哲：《2021 中国企业数字转型指数》，2021 年 9 月。
② 参见中国互联网络信息中心：第 49 次《中国互联网络发展状况统计报告》，2022 年2 月。

市场结构变化而影响资源配置效率。实际上，数字化对线上市场配置效率的影响主要来自线上市场特殊的运行模式，例如部分直播人员一天可以销售上百亿元的商品，超过大型百货商场一年的营业额。周潇（2021）以货运市场为例研究发现，车货交易场所从货运站的"小黑板"转向云端之后，货车司机、货运中介以及物流企业的境遇都发生了深刻变化。

为此，需要深入洞察数字化之后形成的线上市场的运行模式，并找出影响资源配置的作用机制。数字化进程不是把线下经济活动简单地搬到线上，不是线下产业链供应链在线上的完美镜像，而是线上对线下的优化、重塑、改造和颠覆，改变生产关系和生产方式，从而改变资源配置效率（Krasnokutskaya et al.，2020；Jullien and Sand-Zantman，2021）。究其本质，可以归结为数据流动和线上匹配两个方面，这是数字化改变线上市场配置效率的主要作用机制。一方面，线上经济活动形成了一个庞大的数据市场，成为决定经济资源配置的重要力量。2020年3月，中共中央、国务院发布《关于构建更加完善的要素市场化配置体制机制的意见》，将数据与劳动、资本、土地等一并列入生产要素。市场配置效率对一国或地区的经济发展至关重要，Hsieh和Klenow（2009）计算发现如果中国消除资源误配则生产率会上升86%~115%，Baqaee和Farhi（2020）研究发现美国1997~2015年TFP增长总量的一半来自配置效率的提升。大量文献研究了劳动（Cai et al.，2002）、资本（林毅夫等，2004）、土地（李力行等，2016）等要素对资源配置的影响，但对数据要素如何影响资源配置的研究明显不足。有文献强调了数据流动是线上市场的本质特征，认为线上市场是一套通过数据和算法在线上建构经济社会活动的组织形式（Kenney and Zysman，2016），其主要特征是商业活动从实体场所向虚拟场所迁移，资本投资、雇佣关系、生产消费等领域的市场安排的流动性激增（Orbach，2021）。另一方面，线上市场可以更方便地实现跨区域、跨制度、跨时间的资源匹配。Hubbard（2003）、Dana 和 Orlov（2014）的两篇经典文献分别以美国卡车和航空数据实证发现，车载电脑和网上购票的普及每年可为美国增加数十亿美元收入。也有文献研究了数字化对床位和药物等医疗资源配置的影响（Freedman，2016；Arrow et al.，2020）。可以说，数据流动效应和线上匹配效应已成为线上市场区别于线下市场的重要资源配置方式。然而，目前仍鲜有对中国线上市场配置效率的微观检验。

本章选取酒店客房预订交易作为线上市场的代表，对上述理论假说进行了严格的实证检验。酒店行业的线上交易数据在各大平台上都有公开记录，我们获取了携程网上 30 万家酒店 2020 年 1 月 1 日至 5 月 10 日的日度数据，约 3500 万个样本点。在变量识别上，通过酒店入住率体现线上市场的配置效率，观察各个酒店在各日期数字化进程的不同是否对其入住率产生显著影响。酒店的数字化进程通过移动端订单占比来表示，其含义是，手机移动端、电脑网络、电话预订方式体现了数字化的不同阶段和不同使用程度，那些移动端订单占比较高的酒店相对而言数字化进程更深。数据流动和线上匹配，分别通过网上评分和提前预订天数来表示。简言之，我们检验数字化进程对酒店入住率的影响，进而检验网上评分带来的数据流动效应和提前预订带来的线上匹配效应。研究发现，数字化进程每增加 1 个百分点，可提升酒店入住率 0.03 个百分点，每年可带来 15 亿元客房收入。

特别说明的是，选择酒店这样的数字化进程较深入、线上市场较成熟的行业进行实证检验具有代表性和长期现实意义。在数字化初期，基于各地区"宽带中国"等数字化战略的准自然实验的方法，来比较数字化与非数字化企业的结果差异，可为企业或地区是否进行数字化建设提供决策依据。但在中国经济已经进入数字时代的大背景下，数字化转型已不再是"选择题"而是"必修课"（肖亚庆，2021），上述准自然实验的实证做法已经难以准确识别。因此，本章不是基于是否数字化的准自然实验将数字化与非数字化的酒店入住率进行对比，而是在大多数酒店已经或多或少进行数字化的背景下，检验数字化进程越深是否带来市场配置效率越高。而且，酒店行业本身是国民经济的重要组成部分，与旅游、商务、会展等诸多行业有着紧密联系，故对酒店行业微观数据的检验可以一定程度上反映数字化进程对市场资源配置的总体影响。从中得出的结论，对当下餐饮、商贸、物流、金融等数字化较成熟的服务业具有普遍适用性，对制造业和农业等当前数字化程度相对较低行业的数字化进程也具有一定的长期参考意义。正如 Haltiwanger 和 Jarmin（1999）指出，对数字化进程的经济结果的检验，需要丰富的数据来支撑，那些数字化较早的行业可以为其他行业提供经验证据。

本章的边际贡献体现在以下三点。第一，以酒店入住率为切入点，探究线上市场的配置效率。尽管线上市场的规模和市场影响力不断壮大，逐渐与线下市场相当，但仍鲜有对线上市场配置效率的研究，本章试图对此进行实证检验。第二，使用约 3500 万个大样本数据，对酒店数字化进程进行了测量。在借鉴李兵和李柔（2017）、刘政等（2020）、施炳展和李建桐（2020）、马述忠和房超（2020）等通过电脑使用率、是否接入互联网、是否使用邮件来衡量数字化进程的基础上，结合数字化最新进展，首次使用手机 App 订单占比来量化微观企业的数字化进程。第三，考察了线上市场的数据流动效应和线上匹配效应。对于数字化推动经济增长的具体机制，已有文献主要从制度经济学的交易费用和搜寻成本入手分析，认为线上交易突破了地理界线（Krasnokutskaya et al.，2020）、制度限制（马述忠和房超，2020）和委托代理问题（Hubbard，2003），使产品和服务可以低成本地覆盖更多用户。而本章立足线上市场与线下市场的本质差异，从数据流动和线上匹配视角来检验线上市场的资源配置效率。而且，已有文献对线上匹配效应的实证检验往往关注到商品或服务在地理空间上的供需匹配（Hubbard，2003；Forman et al.，2009；Krasnokutskaya et al.，2020；马述忠和房超，2020）。本章与之不同，将线上匹配效应的研究重点放到时间匹配上，这在一定程度上拓展了对匹配效应的理论认识。

本章余下部分安排如下：第二部分在梳理相关文献的基础上，进行一定的理论分析，并提出研究假说；第三部分是实证设计，介绍变量识别、计量方程和描述性统计；第四部分给出基本回归结果，使用工具变量法进行内生性讨论，并对疫情冲击、酒店质量等其他可能的影响因素进行研究拓展；第五部分是机制分析，检验数据流动效应和线上匹配效应；第六部分是结论与政策建议。

二 相关文献与理论分析

信息通信技术的飞速发展促使企业加大数字化投入，诱使组织产生适用性变革（Furr and Shipilov，2019；Goldfarb and Tucker，2019），推动企业加快数字化进程（袁淳等，2021）。本章着重分析和检验数字化进程对市场资源配置效率的影响。

（一）数字化的经济效率

数字化可以提高生产率，逐渐成为研究共识。在数字化早期，

Solow（1987）提出了著名的"生产率悖论"，他指出，"你可以在任何别的地方看到计算机时代，但在生产率统计中看不到。"随着数字技术进步和数字化进程加快，后来的一系列研究大都肯定了数字化对生产率的贡献。Haltiwanger 和 Jarmin（1999）认为"生产率悖论"很可能是可用数据不足所导致的，随着数字经济的发展，这一数据局限将得到缓解。Basu 和 Fernald（2007）研究发现，数字化投资与生产率提升存在相当长时滞，美国 1990 年代的生产率增长主要来自当时已经应用数字化的行业（ICT-using industries）而不是正在产生数字化的行业（ICT-producing industries），而且 1990 年代的数字化投资到 21 世纪初才开始拉动生产率。Van Ark（2016）认为，相比数字化的安装阶段（installation phase），数字化对经济增长的长期贡献将在应用阶段（deployment phase）更加明显地释放出来。Freeman 和 Louca（2001）认为，数字经济的激进创新带来了通用技术的更替，导致全要素生产率出现跨越式增长。Kim 和 Heshmati（2014）认为，与工业经济存在规模报酬递减不同，数字经济表现出规模报酬递增的性质。Cette 等（2021）通过对法国制造业企业的实证研究发现，数字化可以提高 23% 的劳动生产率、17% 的全要素生产率。Acemoglu 和 Restrepo（2019）发现数字技术使经济增加值从制造环节流向服务环节，带来生产率结构性提升。袁淳等（2021）研究发现，数字化转型可以促进企业专业化分工，进而提高企业全要素生产率。

但这类文献主要基于对技术的论证或实证检验，确切地说，它们是对数字技术的研究，而不是对数字化形成的线上市场的研究；它们证明的是数字经济的技术效率，而不是市场配置效率。那么市场配置效率到底如何呢？这就需要在数字技术因素之外，识别数字化进程对线上市场配置效率的影响。酒店行业的样本就较好地满足了这样的研究条件。一是酒店行业较好体现市场配置效率。酒店行业数字化进程较快，但仅以数字应用场景的拓展和深化为主，很少有酒店专门对数字技术进行研发创新，所以酒店行业数字化进程带来的经济效率主要是市场配置效率。[①] 二是可以直接计算线上市场的配置效率。酒店入住率数据可得性较强，相比制造业的产能利用率、卡车和网约车的利用率等数据，酒店数据可以剥离线下市场的影响，准确识别出在线上实现的入住率。鉴于此，本章以酒店行业数据对数字化进程的线上市场配置效率做出实证检验。

目前已有文献关注了平台或线上市场对资源配置的权力。这类研究表明，平台具备了传统企业所没有的一些市场权力和"准行政权力"（李广乾和陶涛，2018），企业之间的实时数据传输使它们能够控制跨越企业边界的经济活动（Cepa and Schildt，2022），例如耐克、阿迪达斯等线下大品牌也在积极搭建数字平台，以期增强线上市场的资源配置能力（Wichmann et al.，2022）。跟本章主题更近的一类文献则专门讨论了线上市场配置资源的机制或路径，主要包括两方面。一是数据流动效应。其核心观点是，线上数据更加丰富且便于累积，线上市场可以基于历史数据提供"自动"交易机会，这远远超出了线下交易数据的累积数量和应用范畴。二是线上匹配效应。其核心观点是，数字化提高了供需之间的匹配度，包括地理空间上的匹配和时间上的匹配。下文将对这两类文献进行详述。这里，提出研究假说5-1。

---

① 酒店数字化进程中采购和应用先进数字设备等做法，也内生包含了数字技术的因素，但相比通信技术和大数据等以数字技术研发为主的产业、工业互联网和机器学习等较依赖数字技术从事生产的制造业产业而言，酒店对数字技术的应用属性更强、技术研发属性更弱，从而因果识别中反映出的市场配置效率更直观。

假说 5-1：数字化能够提高酒店入住率，可作为数字化提升线上市场配置效率的一个实证证据。

（二）数据流动效应

数据是数字化的核心内容。数据成为新的生产要素，它可以像资金那样在市场上自由流动，链接上下游产业链以及买卖双方，贯通生产、流通和分配各个环节，降低复杂经济系统的不确定性，提高资源配置的效率。Farboodi 和 Veldkamp（2021）研究发现，数字经济时代的很多企业更倾向于积累数据而不是资本。

线上数据的优势集中表现为"流动性强"。一方面，快速、高频累积的交易数据在细节上对现实情境具有较高还原度（Simsek et al.，2019；Krasnokutskaya et al.，2020），例如许多用户对酒店口碑、声誉、品牌等信息一无所知，却可以通过线上交易和评价获得酒店舒适度、地理位置、价格、早餐质量等信息。另一方面，线上数据可以被平台、商家和用户等各类主体，以低成本甚至零成本检索和使用。尽管部分线下交易数据可以通过口碑、信誉、商誉以及老字号等累积和流传（Kreps and Wilson，1982；Fama and Jensen，1983），但更新速度较慢，传递范围较小，买方依然要付出较高的搜寻成本。从延伸意义上看，线上数据的流动性还可以推动形成信用评级和担保体系，进一步为线上市场资源配置提供规范性指引。陈冬梅等（2020）研究认为，数据已成为企业的重要战略资源，很大程度上决定了企业的资源配置水平和市场竞争力。李唐等（2020）研究发现，数据管理能力得分每提高 1 个标准差，企业全要素生产率将提高 18.15%。

对于数据流动效应的实证检验，现有文献主要集中于数字化较早的电商、电影、酒店及餐饮行业。考虑到评分是各类线上数据的综合

的外在的评价，且易于观察和获取，已有研究大都使用网上评分作为
数据流动的代理变量。Chong 等（2016）基于亚马逊网站的数据，建
立了产品销量、折扣、免运费，以及用户好评、差评等变量间的神经
网络预测模型，发现上述变量均能引导消费者的购买行为，但用户评
论的作用最突出。Tsang 和 Prendergast（2009）发现，影评会深刻影
响人们的观影倾向。Jin 和 Leslie（2003）的研究发现消费者可以凭
借好评率来获取酒店信息，识别酒店质量。Luca（2016）发现，美
国点评网 Yelp 上面的评级每增加一星，将显著提升餐馆收入 5% ~
9%。Dai 和 Luca（2020）研究发现，将餐厅卫生评分在美国点评网
Yelp 上显示之后，那些低评分餐厅的消费需求降低了 13%。Wang 和
Nicolau（2017）、Zervas 等（2017）发现爱彼迎（Airbnb）对民宿、
公寓、短租领域的平台接入和评分反馈服务，推动了民宿相对于传统
酒店的市场份额快速上升。

当然，网上评分存在数据偏误和数据操纵问题，但总体而言比线
下口口相传的数据失真更少，且会随着平台治理、用户经验（马钦
海等，2012）和区块链技术（Catalini and Gans，2020）等因素的改
善而越来越可信，这在实证研究中也得到了验证（Luca，2016；
Fang，2022；Yang，2022）。综合上述分析，得出研究假说 5-2。

**假说 5-2：数字化进程可以通过数据流动效应提高线上市场配置
效率。**

（三）线上匹配效应

本章语境下的匹配主要指供需匹配，即实现了卖方向需要的人卖
出特定产品、买方买到满意产品的交易。Jullien 和 Sand-Zantman
（2021）认为，数字化可以帮助供需双方在线上实现匹配，找到让他

们利润或效用最大化的交易方。那么，买卖双方的何种交易才算是体现了"匹配效应"呢？根据已有文献，数字化的线上匹配效应主要体现在三个方面：搜寻成本降低、制度便利、产品地域范围广且种类多。

信息经济对匹配的相关研究，关注最多的是搜寻成本，对线上匹配的研究自然也不例外。Forman 等（2009）研究发现，线上书城的一大优势在于它去除了传统书店的物流、仓储以及消费者通勤成本。Goldfarb 和 Tucker（2019）认为，网络为消费者提供更多的产品特征信息和更低的交易成本。马述忠和房超（2020）研究发现，线上市场是相对统一完整的，可以打破线下市场的地区分割。搜寻成本的降低和制度便利性的提高，都将导致线上产品范围的扩大。Krasnokutskaya 等（2020）发现，全球线上交易可以借助互联网扩大商品选择范围，从而帮助消费者在更多元化的商品中选择价格更低廉的商品，最终提高消费者福利 73%（相对于本地线下交易时的收益）。

不难看出，上述文献探讨搜寻成本、制度壁垒和产品范围时主要是从地理空间的角度来分析供需匹配效应。也有少数文献关注了时间上的匹配效应。Dana 和 Orlov（2014）研究美国航班互联网订票数据时发现，航空公司通过订票时间改变票价这一策略显著提高了航班上座率。本章对线上匹配效应的研究也侧重时间上的匹配。一般而言，通过线上远程操作，人们可以随时购得自己心仪的产品，且酒店预订越早价格往往越低，可挑选房间范围也更大，故可跨期实现效用最大化。同时，较早达成交易可降低酒店的营销推广等后续营业成本并扩大营业收入，即线上交易可以通过时间匹配增加供需双方的收益，从而提升线上市场配置效率。根据以上分析，提出假说 5-3。

假说 5-3：数字化进程可以通过线上匹配效应提高线上市场配置效率。

三　使用携程数据的样本介绍和实证策略

（一）研究样本

本章使用的数据来自携程网。酒店行业数字化程度高、覆盖广、时间早，绝大多数酒店或多或少进行了数字化建设，这对于检验数字化进程如何影响线上市场配置效率提供了绝佳的微观样本。携程网是中国酒店行业数字化的主要服务商，其线上交易额连续多年居全球在线旅游行业第一名。[①] 实际上，不论规模大小和细分类型（如大型连锁酒店、公寓、民宿等）如何，中国大多数酒店把接入携程网旗下的酒店服务平台作为其数字化的重要方式（如改变营销和支付方式、从平台购买流量、参与竞价排名、在平台推出特价房等）。因此，该研究样本的覆盖面较广、样本点较多、代表性较强。而且，对代表性平台的研究具有一定的普适性和广泛的文献支撑，大量文献使用携程网（Bloom et al.，2015）、Yelp（Luca，2016）、爱彼迎（Zervas et al.，2017）、淘宝网（Zhong，2022）等单个平台数据开展实证研究。

我们通过爬虫技术获取了携程网旗下携程、艺龙和去哪儿三个平台上的 30 万家酒店 2020 年 1 月 1 日至 5 月 10 日的日度数据，删除空缺值后共 34638825 个样本点。主要指标包括：酒店位置、房间总数、

[①] 参见《携程发布 2020 年财报：全年交易额 3950 亿元　连续三年稳居全球旅企第一》，证券日报网，2021 年 3 月 4 日，http://www.zqrb.cn/tmt/tmthangye/2021-03-04/A1614825378431.html。

星级、连锁品牌、评分、入住率、订单来源（电话网络 App 等）、预付订单占比等。当然，由于加密技术和商业机密等原因，我们并未取得个人姓名、身份证号等敏感信息，也未获取具体酒店名称，只是用酒店代码来识别酒店个体。样本总体上为酒店每日的面板数据，其中酒店位置和星级等部分指标为截面数据。

（二）实证方程

本章主要探讨数字化进程对线上市场配置效率的影响，并以酒店行业的相关样本和变量进行实证检验，基本回归方程如下：

$$occupancy_{ijt} = \alpha_1 + \alpha_2 digital_{ijt} + \theta X_{it} + \varepsilon_i + \lambda_t + \mu_{jt} + \varphi_{ijt} \qquad (5-1)$$

其中，下角标 i、j 和 t 表示第 t 日城市 j（全国所有地级及以上城市，不包括港澳台）的酒店 i。occupancy 是线上市场配置效率，用酒店每日的线上订单实现的入住率来衡量，具体包括入住率数值 occupancy_ rate 和是否开业 occupancy_ dum 两个变量。digital 表示数字化进程。尽管数字化是一个长期过程，但近年来中国企业数字化较快，尤其是新冠疫情之后，可以说是日新月异，所以，为精准识别数字化进程，digital 也是一个酒店日度面板数据。ε 表示酒店固定效应，由于部分控制变量不随时间变化，所以当引入这些变量时不能控制酒店固定效应，此时控制城市固定效应。λ 代表每日的时间固定效应，μ 表示城市时间联合固定效应。

X 表示可能影响线上市场配置效率（酒店入住率）的机制变量和控制变量，包括：（1）数据流动程度（score），用网上评分来衡量（由于评分是长期累积而成，取值相对稳定，每日变动微乎其微，故使用 2020 年 1 月 1 日的评分来测算，是一个截面数据）；（2）线上匹配程度（*leadtime*），用当日入住客房的平均提前预订天数来刻画[①]；（3）当日入住客房的平均预付比例（*prepay*），等于预付客房数量除以入住客房数；（4）预约订单在当日的实际成行率（*actual*），等于入住客房数除以预订客房数；（5）是否城区（*district_ dum*），用以刻画酒店的地理区位，这是因为城区酒店与县镇酒店的入住率可能具有一定差异；（6）房间总数（*rooms*），用以衡量酒店的规模；（7）星级（*star*），根据酒店实际情况取值；（8）是否连锁品牌（*brand_ dum*），因为连锁品牌在口碑、营销等方面具有传统优势，故须对该变量进行控制。

由于是较为微观的数据，可获取的指标较少，我们尽量通过城市固定效应、酒店固定效应、时间固定效应以及城市时间联合固定效应来控制城市、时间层面的相关变量。在一定程度上，多维固定效应可以作为控制变量完备集合的替代（Fisman et al.，2017）。特别说明的是，新冠疫情对本章的影响主要来自城市和日期层面，多维固定效应已在较大程度上捕获了疫情的影响，保证了结论的可靠性。

（三）变量识别

1. 线上市场配置效率：线上订单实现的酒店入住率

一些文献通过全要素生产率（TFP）来衡量市场配置效率或资源错配程度（Olley and Pakes，1996；聂辉华等，2012）。正如前文所述，本章试图尽量排除技术因素来考量市场自身的配置效率，故不采用 TFP 这种测算方式。本章借鉴卡车使用率（Hubbard，2003）、航班上座率（Dana and Orlov，2014）、床位使用率（Freedman，2016）、

---

① 严格来说，当日预订的订单也可能比实际入住时间提前了若干小时，但由于本章数据只能具体到日，所以将当日预订订单 *leadtime* 取值为 0。

产能利用率（董敏杰等，2015）、企业开工率（魏下海等，2015）等
文献的做法，采用企业资源的使用效率来衡量市场配置效率。

鉴于使用的是酒店样本，故而用酒店线上订单实现的入住率来衡
量线上市场配置效率。本章不区分房型和价格，使用线上订单入住房
间数/房间总数表示酒店入住率（*occupancy_ rate*）。特别指出的是，
这一酒店入住率仅表示通过携程网平台这个线上市场达成的订单交易
在酒店所有房间中的占比，不包括现场订房等线下订单，这就相对准
确地识别出线上市场对酒店资源使用效率的影响。而且，样本期间
2020 年 1 月至 5 月经历了新冠疫情冲击，大量酒店停业，*occupancy_
rate* 为 0 的样本较多，故构建了另一个表示酒店入住率的变量——是
否开业（*occupancy_ rate*），反映疫情冲击之下酒店是否复工复产。

2. 数字化进程：手机 App 订单占比

一些文献从地区层面测算数字化进程。例如，石大千等
（2020）、薛成等（2020）分别使用"国家智慧城市"和"宽带中
国"准自然实验，以虚拟变量的形式测算各城市的数字化进程。

识别微观主体的数字化进程，要以信息通信技术（ICT）投资为
基础（邵文波和李坤望，2014；刘政等，2020），而 ICT 投资又以信
息设备为主要内容。以往文献主要基于信息设备的使用情况来衡量数
字化进程，例如企业从业人员电脑使用率（刘政等，2020）、是否接
入互联网（施炳展和李建桐，2020）、上市公司年报提及"互联网+"
文本频率（袁淳等，2021）、是否有网址和电子邮箱（李兵和李柔，
2017）、是否采用互联网和电子邮件来销售商品（马述忠和房超，
2020）、是否阿里巴巴中国站付费会员（岳云嵩和李兵，2018）、是
否使用云服务（DeStefano et al.，2020；Cette et al.，2021）等。然
而，随着互联网的普及和酒店行业数字化进程的加深，几乎所有酒店

都已使用电脑、接入互联网、使用电子邮件，并且大部分酒店已经接入携程、艺龙、去哪儿等互联网平台。所以，上述指标已很难准确区分当前酒店行业数字化进程的实际差异，需要结合现实情况探寻更加精准的识别指标。

我们从酒店行业订单所依托的信息媒介角度，探究其数字化进程。观察酒店订单依托媒介的演变趋势，不难发现，大致经历了现场无媒介、电话、电脑网络和邮件、手机 App 四个阶段，尤其是手机 App 已成为快速发展的主要订房方式，这也大致概括了酒店行业数字化进程的深化过程。在个人电脑开始普及时，互联网主要起到信息传递和交互的作用，此时的数据大多扮演信息的角色；进入移动阶段后，各类数据在平台和终端实现汇聚，手机 App 订单的附加服务越来越多，即数字化赋能程度更高。对于携程平台而言，手机 App 的数字化进程确实比电脑网络上要高，例如通过用户地理位置和历史消费数据精准推送广告，与飞机火车预订 App 和网约车接送 App 绑定，提供微信支付宝等支付方式的多样选择，专门针对 App 里程积分提供房价优惠、房型升级、延时退房、赠送早餐等兑换活动。刘向东等（2022）研究发现，入驻商户与平台深度分工、高效协同，二者联合提供的商品展示、信息触达和履约交付三项服务均有助于吸引消费者。

从宏观上来说，手机 App 的使用是数字技术普及的过程，但从微观企业 App 订单比例的差异来看，主要是企业数字化投入不同所导致的。也就是说，各酒店 App 订单比例是它们数字化进程的较好映射。Chong 等（2012）发现，移动端使用的便利性是影响消费者采纳移动商务的关键因素。Kim 等（2021）研究发现，相比有线网络，移动网络对发展中国家经济增长的作用更大更显著。平台固然是移动端普及的重要推手，但平台的使用一般情况是付费的，企业在是否采用平台服务、采用哪些平台服务、多大程度上采用平台服务的决策上占据主导地位。例如，数字化进程较高的企业，可以在平台上展示文字、图片、视频信息，可以利用平台进行在线咨询、点评回复、直播带货，也可以从事特卖、砍价、旅拍等个性化活动，而且有的企业直接向平台付费成为特牌酒店、在算法和检索排名上更加凸显、以各种方式购买流量，还有的企业专门设置在线服务人员以处理平台推广业务。也就是说，企业在平台上吸引的 App 订单流量多寡，表面上是取决于平台的推广，实际上是企业自身数字化应用的结果。陈威如和王节祥（2021）也认为，传统企业大都采取了依靠平台主动推进数字化转型的"依附式升级"战略。可能有人质疑企业在平台上的这些推广活动算不算数字化；我们认为，依赖于计算机及通信技术高度的通用性、开放性和标准化，对于大多数行业和企业来说，数字化进程不是做云计算、5G 等技术研发，也不是开发一套自己的平台，而是接入第三方平台来优化业务流程，如实现宣传、推广、销售、支付、评价互动等从线下转到线上。所以，手机 App 的逐渐普及既得益于平台的推广，更是各个酒店将营销、广告等业务内生嵌入平台的结果。[1] 因此，我们以酒店日度订单中来自手机 App 的订单占比（*digital*）作为酒店数字化进程的代理变量。[2] 这样既传承了已有文献做法，又紧密结合了数字化发展趋势。

---

[1] App 使用不仅是酒店数字化的结果，也受到用户消费习惯等需求端因素影响。本章对需求端因素的控制主要通过酒店位置、品牌、星级等变量来体现（假定相同层次的酒店目标用户相对稳定，用户特征也相对稳定）。对于酒店而言，数字化提高手机 App 使用比例的外生环境是相同的，而酒店自身的数字化进程是有差异的，一般情况下 App 使用比例高可以反映酒店数字化进程深。

[2] 该变量是入住订单数的结构性占比，与入住率并无线性关系，入住率较高的酒店也可能非 App 订单较多。

3.数据流动程度：网上评分

本章衡量的数据流动，不是界定数据能否流动，也不是判断数据流动的限制程度，而是要探究"流动的数据"作为一种生产要素对市场资源的配置作用。数字化就是把数据要素内生到企业生产和经营过程中，数字化带来的线上市场配置效率主要是数据要素的配置效率。实际上，线上数据的自由流动盘活了各类历史数据，为市场资源配置提供翔实的数据依据。数据的流动是全方位的，商品或服务的价格、品牌、信号、厂家、交易量、质量等各类数据均可以被记录和传播。

用网上评分来衡量数据流动是一个巧妙的设计（Tsang and Prendergast，2009；Luca，2016；Dai and Luca，2020）。因为评分往往概括了线上各类数据的综合内容，且在长期中累积形成并不断更新，所以它对数据流动变量的代理性较好。我们使用携程网上对每个酒店的评分来衡量数据流动程度（$score$），并据此检验数据流动效应。该评分是大量用户基于客房等价格产品信息日积月累形成的，取值为 0~5，具体到一位小数，如 3.8、4.9 等。将每个分值处的酒店数量作图可知，酒店评分集中在 4~5，低于 3 的酒店非常少（见图 5-1）。

通过图 5-1，我们还可以简单观察有无数据操纵问题。美国 Yelp 点评网上的评分是以 0.5 为界线跳跃式显示的，例如两家酒店实际得分为 3.24 和 3.25，那么在 Yelp 点评网对外显示的得分则分别为 3.0 和 3.5。可见，在部分关键分值处的 0.01 的实际差异，对外显示得分差别为 0.5，这给酒店人为操纵评分提供了较强激励。Luca（2016）利用这些关键分值处得分是否明显跳跃来判断评分是否存在数据操纵，结论是并不存在统计上显著的操纵行为。由于携程网对外显示评

分不存在 0.5 的界线，故不能按照 Luca（2016）的做法来判断是否
存在数据操纵问题。但一般而言，酒店和用户往往会较为看重 5.0、
4.5、4.0 等关键分值，这很可能是酒店数据操纵的关键点。我们通
过图 5-1 发现，各分值点并不存在明显跳跃，即不存在明显的数据
操纵。实际上，尽管难以完全杜绝刷分现象，但政府和平台都会对此
严厉打击，线上入驻企业也会出于长期声誉考虑而减少刷分。例如，
携程实施了限制最低评论字数和鼓励上传图片等措施，这被证明可以
有效排除一些低信息的和虚假的评论（Hollenbeck，2018）。因此，
总体上网上评分的准确性是较高的，不会对本章实证结论产生较大
影响。

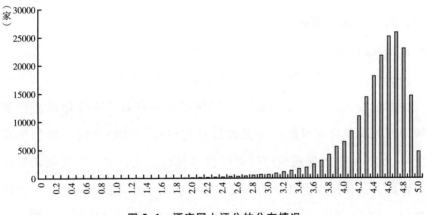

图 5-1　酒店网上评分的分布情况

4. 线上匹配程度：提前预订天数

与已有文献侧重地理空间上的供需匹配不同，本章从时间角度衡
量线上匹配程度，这表现为线上市场更容易提前达成交易。而且，相
对于零售、餐饮等行业，酒店入住必然需要近距离接触，疫情期间地
理上的匹配效应并不明显，这为准确识别时间上的匹配效应提供了可

能。由于酒店入住不能线上进行，新冠疫情期间数字化的地理匹配效应不仅没有被放大反而被缩小了，因此使用这段时期的酒店样本进行检验一定程度上排除了地理匹配效应的干扰，可以较好地从时间上识别线上匹配效应。

提前预订有助于买卖双方较早达成交易，降低成本并提高满意度。相比现场预订、熟人介绍、电话预订等传统方式，线上预订可以做到快速便捷下单，随时随地匹配人们的出行计划。不同于可随时补充库存的一般商品，酒店房间数在特定时间的供应量是固定的，那么潜在用户的提前预订天数越长，则越容易选到价格、质量等各方面较满意的房间。对于酒店而言，房间较早被预订，可及早锁定交易，故可降低之后的营销推广等交易成本。而且时间对于消费者也非常重要，Kahneman（1986）指出，时间是一个比价格更能公平地衡量消费者福利的指标。

提前预订不是固化交易，它允许动态调整优化订单，随时与人们变化的行程相匹配。提前预订时间较长的用户可更方便做出多次更改，而较晚预订则可能错失更改订单的机会（或须支付一定的担保金）。也就是说，提前预订既可以做到提前匹配，也可以做到动态调整匹配，这都是线上匹配的体现。因此，线上提前预订可以做到提前规划、零成本调整、快速实时匹配，规避时间上不确定性的冲击。我们使用酒店当日入住客房的平均提前预订天数来度量线上匹配程度（*leadtime*），据此检验线上匹配效应。

图 5-2 显示了样本期间酒店的每日平均入住率、开业率、数字化进程、提前预订天数的走势。可以发现，入住率、开业率、数字化进程及提前预订天数的变化呈现相似趋势，2020 年 1 月中上旬受春节返乡等因素影响四个数值保持平稳中略有下降，1 月下旬受到疫情

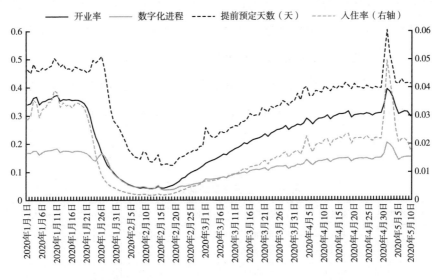

图 5-2　2020 年 1 月 1 日至 5 月 10 日酒店数字化、入住率等情况

冲击大幅下跌，直到 2 月底反弹，到五一小长假时各项数据基本恢复。比较来看，数字化进程相对稳定，波动较小。

（四）描述性统计

本章所使用的主要变量的描述性统计如表 5-1 所示。用线上订单实现的酒店入住率（*occupancy_ rate*）衡量的线上市场配置效率较低，平均仅为 1.7%，这一方面是因为仅表示了线上市场的订单情况而未包括线下市场，另一方面则是因为疫情导致酒店停业较多、开业酒店入住率不高。我们通过控制时间和城市固定效应及其联合固定效应来排除疫情对酒店入住的差异化影响，同时，还通过是否开业（*occupancy_ dum*）这个变量来进一步观察入住情况。在计量方法上，除了使用面板数据固定效应模型，还使用 tobit 模型处理入住率取值为 0 较多的问题，使用 probit 模型检验是否开业，以较全面检验数字化进程对入住率的影响。数字化进程（*digital*）平均值为 0.120，并不是特别高，一定程度上也是由大量酒店未开业导致手机 App 订单量为 0 造成的。衡量数据流动程度的酒店网上评分（*score*）的平均值为 4.410，处于 0~5 中的偏高位置。用以体现线上匹配程度的提前预订天数这一变量（*leadtime*）的平均值为 0.342，表明总体上大约提前 8 个小时预订。

表 5-1　主要变量的描述性统计

变量类型	变量名	观察值	平均值	标准差	最小值	最大值
被解释变量	*occupancy_rate*	34638825	0.017	0.055	0	1
	occupancy_dum	34638825	0.226	0.418	0	1
解释变量	*digital*	34638825	0.120	0.278	0	1
机制变量	*score*	23661208	4.410	0.462	1	5
	leadtime	34638825	0.342	0.674	0	61
控制变量	*prepay*	34638825	0.247	0.421	0	1
	actual	34638825	0.223	0.399	0	1
	district_dum	34638825	0.559	0.497	0	1
	rooms	34638825	49.717	60.672	1	2268
	star	34638825	2.263	0.622	2	5
	brand_dum	34638825	0.145	0.353	0	1

注：*leadtime* 的单位为天，*rooms* 的单位为间。

四　数字化进程影响市场配置效率的实证检验

（一）基本回归结果

使用酒店入住率（*occupancy_ rate*）作为被解释变量，数字化进程（*digital*）作为主要解释变量，做面板固定效应回归，结果如表

5-2 所示。容易发现，表 5-2 的四列回归结果中数字化进程（*digital*）的系数都显著为正，且显著水平大都在 1% 以上。从系数大小来看，数字化进程每增加 1 个百分点，酒店入住率提高约 0.03 个百分点，约是其均值 1.7% 的 2%。假如数字化进程在均值上翻一番（即增加 12 个百分点），那么入住率普遍上涨约 0.36 个百分点。如果数字化进程提高一个标准差（即增加 27.8 个百分点），那么入住率普遍上涨约 1 个百分点。而且，近年来酒店数字化进程大幅加快，部分酒店的数字化进程实现了从 0 到 1 的飞跃。可见，数字化进程对线上市场配置效率的促进作用非常大。

以酒店客房收入简单估算数字化对经济增长的影响。文化和旅游部每季度发布一期全国星级饭店统计报告（以下简称"文旅部季度报告"），其中 2020 年第一季度报告获取了 7101 家酒店样本，其数据显示，入住率每提高 1 个百分点，大约可使每季度客房收入增加 3 亿元。[①] 本章研究样本涉及的企业数量约是文旅部季度报告企业数量的 42 倍，据此简单推算，每提高入住率 1 个百分点，酒店每季度客房收入约增加 126 亿元。数字化进程每增加 1 个百分点，按入住率均值约提高 0.03 个百分点计算，则年度客房收入增加约 15 亿元。当然，文旅部季度报告样本酒店的平均规模可能大于携程网上酒店的平均规模，所以该数值可能被高估。但携程网之外，仍存在大量酒店，且酒店入住率提高带来的收益不仅是客房收入，还包括餐饮、旅游、会展等其他直接和间接收入。因此，数字化进程通过提高酒店配置效率而带来的经济增长效益是非常大的。

观察表 5-2，可以发现控制变量方面也得到了一些有意思的结

---

① 参见文化和旅游部市场管理司：《2020 年第一季度全国星级饭店统计报告》，2020 年 9 月 4 日。

果。预约订单在当日的实际成行率（*actual*）越高则入住率越高，房间总数（*rooms*）与入住率显著负相关，这两个结果与现实相吻合。酒店是否位于城区（*district_ dum*）与入住率没有显著关系，表明城区酒店入住率不一定比郊区或县城更高，这可能是因为非城区酒店密度相对较低且部分酒店位于景区等原因。星级（*star*）与入住率正相关，但是否连锁品牌（*brand_ dum*）与入住率负相关，这表明数字化时代星级为代表的线下声誉机制仍然可以吸引旅客，但连锁酒店在市场中的地位总体上处于下滑态势。有趣的是，当日入住客房的平均预付比例（*prepay*）在不同回归中得到的系数符号不同却都显著，所以预付是否有助于提升入住率需要进一步更加细致地分析，本章对此不再赘述。

表 5-2 数字化对酒店入住率的影响

	（1）	（2）	（3）	（4）
	occupancy_rate	*occupancy_rate*	*occupancy_rate*	*occupancy_rate*
	FE	FE	FE	FE
digital	0.0576 ***	0.0276 **	0.0314 ***	0.0339 ***
	(0.0015)	(0.0011)	(0.0014)	(0.0014)
prepay		−0.0041 ***	0.0020 ***	0.0016 ***
		(0.0006)	(0.0006)	(0.0006)
actual		0.0590 ***	0.0556 ***	0.0593 ***
		(0.0015)	(0.0012)	(0.0013)
district_dum				0.0001
				(0.0003)
rooms				−0.0001 ***
				(0.0000)
star				0.0047 ***
				(0.0003)
brand_dum				−0.0032 ***
				(0.0003)

续表

	（1）	（2）	（3）	（4）
	occupancy_rate	*occupancy_rate*	*occupancy_rate*	*occupancy_rate*
	FE	FE	FE	FE
cons	0. 0106 ***	0. 0014 ***	0. 0002	− 0. 0050 ***
	（0. 0002）	（0. 0003）	（0. 0003）	（0. 0001）
酒店	是	是	否	否
城市	否	否	是	是
时间	是	是	是	是
城市×时间	是	是	是	是
N	34638825	34638825	34638825	34638825
R^2	0. 0852	0. 1854	0. 1853	0. 1855

注：括号内为聚类到城市层面的稳健标准误；"是"表示控制相关变量；*、**、*** 分别表示 10%、5% 和 1% 的显著性水平。

由于 *occupancy_ rate* 取值为 0 的样本较多，故亦采用了 tobit 回归方法，结果如表 5-3 前两列所示。同时，把是否开业（*occupancy_ dum*）作为被解释变量做 probit 回归，结果如表 5-3 后两列所示。表 5-3 的四列结果中数字化进程（*digital*）的系数都显著为正，且显著水平都在 1% 以上。

表 5-3　数字化对酒店入住率的 tobit 和 probit 回归结果

	（1）	（2）	（3）	（4）
	occupancy_rate	*occupancy_rate*	*occupancy_dum*	*occupancy_dum*
	tobit	tobit	probit	probit
digital	0. 1468 ***	0. 1023 ***	0. 2539 ***	0. 2004 ***
	（0. 0160）	（0. 0154）	（0. 0492）	（0. 0435）
prepay	0. 0049 ***	0. 0018 ***	0. 0023 ***	0. 0017 ***
	（0. 0006）	（0. 0006）	（0. 0006）	（0. 0006）
actual	0. 0533 ***	0. 0567 ***	0. 0542 ***	0. 0541 ***
	（0. 0016）	（0. 0014）	（0. 0015）	（0. 0018）

续表

	（1）	（2）	（3）	（4）
	occupancy_rate	occupancy_rate	occupancy_dum	occupancy_dum
	tobit	tobit	probit	probit
district_dum		0.0002		0.0002
		（0.0004）		（0.0003）
rooms		−0.0001 ***		−0.0001 ***
		（0.0000）		（0.0000）
star		0.0049 ***		0.0041 ***
		（0.0003）		（0.0003）
brand_dum		−0.0040 ***		−0.0039 ***
		（0.0004）		（0.0004）
cons	0.1123 ***	0.1030 ***	0.0890 ***	0.0944 ***
	（0.0019）	（0.0018）	（0.0104）	（0.0211）
酒店	是	否	是	否
城市	否	是	否	是
时间	是	是	是	是
N	34638825	34638825	34638825	34638825
R^2	0.1071	0.1934	0.1292	0.1296

注：括号内为聚类到城市层面的稳健标准误；"是"表示控制相关变量；*、**、*** 分别表示 10%、5% 和 1% 的显著性水平。

（二）内生性讨论

人们采用线上还是线下预订方式，外生于酒店入住率（Dana and Orlov，2014），因此，本章使用手机 App 订单占比衡量的数字化进程变量的外生性较强。当然，由于遗漏变量等难以回避的问题，仍可能存在一定的内生性。本章使用三个工具变量（Ⅳ）来处理内生性问题。

第一个工具变量是不含酒店自身的各城市数字化均值（leave-one-out mean）。Fisman 和 Svensson（2007）、Lin（2011）认为，企业数据加总到地区或行业层面，有助于缓解企业层面存在的内生性问题。但简单加总后的工具变量不能体现个体上的差异，为此，本章参照 Blanchard 和 Katz（1992）的做法，将不含酒店自身的城市均值（*digital_ city*）作为工具变量。Cette 等（2021）也使用这种方式，用不含企业自身的行业均值构造了企业数字化的工具变量，并认为，行业数字化变量若要影响企业绩效只能通过企业自身的数字化进程这一唯一渠道起作用，所以该工具变量满足排他性。

在第一个工具变量基础上进一步构造 Bartik 工具变量，借鉴 Bartik（1991）的做法，用 *digital_ city* 初始值乘以每日全国酒店数字化率变化程度，得到第二个工具变量（*digital_ bartik*）。

第三个工具变量是各城市的邮局数量。邮局是古今中外通信枢纽，是数字化建设的前身。Ploeckl（2015）使用德国邮政（邮件、电报、包裹和汇票）数据构建地区间以及地区内的信息交换指标——信息强度（information intensity），表示信息交换的本地密度。而且，中国的邮局原本与电信产业是一体的，邮局数量多的地方，电信网点也较多，政府信息化建设的基础设施较为充足。Gao 和 Lei（2021）以 19 世纪末电报在中国清朝的发展为准自然实验，研究发现电报能够通过提供及时的信息而稳定粮食供应。施炳展和建桐（2020）、刘诚等（2020）使用邮局或信件情况作为各地区互联网普及率和信息化程度的工具变量。参考这些文献的做法，本章使用 2019 年各城市每万人的邮局数量（*post*）作为 *digital* 的工具变量。

实证结果如表 5-4 所示，使用三个工具变量后，前四列数字化进程变量（*digital*）的系数依然显著为正，系数值明显增大，表明数字化可以提高酒店入住率。第（5）列和第（6）列分别使用 ivtobit 和 ivprobit 方法，*digital* 的系数也显著为正。并且，所有回归中 *digital* 的系数都在 1% 水平上显著。这与上文结果整体一致，证明了研究结论的稳健性。而且，第一阶段回归结果的 F 值非常大，证明了三个工具变量与数字化进程变量的相关性。Kleibergen-Paap rk Wald F 统计量、Hansen J 检验的 P 值分别显示，不存在弱工具变量和过度识别问题。

表 5-4　工具变量回归结果

	（1）	（2）	（3）	（4）	（5）	（6）
	occupancy _rate	occupancy _rate	occupancy _rate	occupancy _rate	occupancy _rate	occupancy _dum
	2sls	2sls	2sls	2sls	ivtobit	ivprobit
digital	0.1198 ***	0.1185 ***	0.1206 ***	0.1245 ***	0.4397 ***	0.5602 ***
	（0.0109）	（0.0152）	（0.0114）	（0.0208）	（0.0850）	（0.0856）
控制变量	是	是	是	是	是	是
IV：digital_city	√			√	√	√
digital_bartik		√		√	√	√
post			√	√	√	√
城市	是	是	是	是	是	是
时间	是	是	是	是	是	是
城市×时间	是	是	是	是	否	否
N	34638825	34638825	34638825	34638825	34638825	34638825
R^2	0.1620	0.2810	0.1673	0.1681	0.1413	0.1173
第一阶段 F 值	545.34	176.22	327.61	896.38	366.29	173.16
Kleibergen-Paap rk Wald F	1240.63	397.04	1862.49	1899.30	644.25	265.07
Hansen J 检验的 P 值				0.2463	0.1628	0.1705

注：括号内为聚类到城市层面的稳健标准误；"是"表示控制相关变量；*、**、*** 分别表示 10%、5% 和 1% 的显著性水平。Kleibergen-Paap rk Wald 检验的原假设是存在弱工具变量，若 F 统计量大于该检验 10% 临界值则拒绝原假设。Hansen J 检验的原假设是回归方程不存在 IV 过度识别问题，若 P 值大于 0.1 表示不能拒绝原假设。当控制酒店和时间固定效应时，主要解释变量的回归结果也是显著的，为节省篇幅不再呈现。

（三）稳健性检验

1. 进一步排除疫情冲击的影响

2020 年 1 月 1 日~5 月 10 日的样本期间，恰是新冠疫情的暴发

期。大量酒店未开业的事实，给本章计量检验造成了一定困扰。上文
已经通过控制时间和城市固定效应及其联合固定效应的方式，以及
tobit 和 probit 等计量方法降低了大量酒店未开业对实证结论的影响。
为确保稳健性，这里仅使用开业样本进行回归，这些样本在特征上可
能更加相似，例如它们处于受疫情影响较小的城市或时期内，或者它
们本身具备较强的应对疫情的韧性。

实证结果如表 5-5 前两列所示，仅使用入住率大于零的那些开
业样本时，*digital* 的系数仍然显著为正，且系数明显增大。数字化进
程每增加 1 个百分点，入住率约提高 0.17 个百分点，约是全部样本
回归结果的 6 倍。这说明，样本期间大量酒店未开业的事实确实拉低
了数字化进程影响的估计结果，当然这不影响数字化提升线上市场配
置效率（酒店入住率）的基本结论。

2.控制酒店质量的影响

酒店质量可能同时影响入住率和数字化进程，会导致内生性问
题。而且，数字化对入住率的作用大小，可能依据酒店质量不同而呈
现较大差异。上文通过星级、是否城区、房间总数等变量，对酒店质
量进行了一定的控制。这里，仅使用三星级及以上样本做进一步检
验。实证结果如表 5-5 后三列所示，*digital* 的系数仍然显著为正，且
系数略有增大。这说明，三星级及以上酒店受到数字化的影响更大一
点，结合表 5-5 前两列结果综合来看，这可能是因为三星级及以上
酒店在样本期间的开业率较高。可以肯定的是，在酒店质量相当时
（都是中高档的三星级及以上酒店），数字化对入住率的促进作用依
然非常稳健。

表5-5　排除疫情冲击和酒店质量的影响

	（1）	（2）	（3）	（4）	（5）
	开业样本	开业样本	三星级及以上样本	三星级及以上样本	三星级及以上样本
	FE	FE	FE	tobit	probit
digital	0.1608***	0.1750***	0.0428***	0.1027***	0.2302***
	(0.0143)	(0.0209)	(0.0046)	(0.0213)	(0.0455)
控制变量	是	是	是	是	是
酒店	是	否	否	否	否
城市	否	是	是	是	是
时间	是	是	是	是	是
城市×时间	是	是	是	否	否
N	7838341	7838341	6235399	6235399	6235399
R^2	0.1946	0.2103	0.1962	0.1501	0.1358

注：括号内为聚类到城市层面的稳健标准误；"是"表示控制相关变量；*、**、*** 分别表示10%、5%和1%的显著性水平。第（1）列的控制变量仅包括当日入住客房的平均预付比例（*prepay*）和预约订单在当日的实际成行率（*actual*），不包括其他不随时间变量的控制变量，其他各列均包括所有控制变量。

3. 对提升市场配置效率普遍性的检验

面对数字化进程，不同类型酒店入住率变化可能具有异质性。如果数字化对入住率仅是作用程度上存在差异，那可以说从酒店行业的微观检验来看，数字化对线上市场配置效率的作用是普遍的；但如果数字化对不同酒店入住率的作用存在方向性差异，那么就应质疑数字化提升线上市场配置效率的结论。为此，需要做出进一步检验。

上文已经使用总体样本对数字化促进酒店入住率进行了检验，结论都非常稳健。从细分酒店类型（高档和低档两类酒店）来看，可能存在怀疑性观点。对于高档酒店，潜在用户群体较小且较固定，其对价格的敏感性、使用手机 App 的习惯、公费差旅可能性等方面都与低档酒店消费者存在一定差异，入住率对数字化的作用可能不敏感。对于低档酒店，潜在用户群体也有特殊性，而且酒店的位置、卫生条件、评分等可能不同于其他酒店，这类酒店过多地在平台上曝光后入住率可能受到负面冲击。为此，我们使用二星级及以下酒店、五星级酒店分别做分样本检验，实证结果如表 5-6 所示。可以发现，不论对于高档酒店还是低档酒店，数字化建设都会提高它们的入住率，这进一步验证了数字化提升线上市场配置效率的普遍性。

表 5-6　对低档和高档酒店样本的检验

	（1）	（2）	（3）	（4）	（5）	（6）
	二星级及以下样本	二星级及以下样本	二星级及以下样本	五星级样本	五星级样本	五星级样本
	FE	tobit	probit	FE	tobit	probit
digital	0.0349***	0.1562***	0.2890***	0.0207***	0.0810***	0.1191***
	（0.0070）	（0.0258）	（0.0877）	（0.0033）	（0.0129）	（0.0320）
控制变量	是	是	是	是	是	是
酒店	是	否	否	是	否	否
城市	否	是	是	否	是	是
时间	是	是	是	是	是	是
城市×时间	是	是	否	是	否	否
N	28403426	28403426	28403426	521238	521238	521238
R^2	0.2028	0.2310	0.2589	0.1655	0.1410	0.1273

注：括号内为聚类到城市层面的稳健标准误；"是"表示控制相关变量；*、**、*** 分别表示10%、5%和1%的显著性水平。第（1）列和第（4）列的控制变量仅包括当日入住客房的平均预付比例（*prepay*）和预约订单在当日的实际成行率（*actual*），不包括其他不随时间变量的控制变量，其他各列均包括所有控制变量。

五　对数字时代市场资源配置的机制探究

前文检验了数字化对酒店入住率的影响，为数字化提升线上市场配置效率提供了微观证据。实际上，随着酒店数字化建设的推进，尤其是对手机 App 的推广使用之后，潜在用户可以更加便利地依靠历

史累积数据评判和选择酒店，并提前预订房间。换言之，数字化可能
促进了数据流动效应和线上匹配效应，成为线上市场区别于线下市场
的重要资源配置方式。这里，我们进一步从这两个方面检验数字化进
程对线上市场配置效率的作用机制。

（一）数据流动效应

使用酒店的网上评分来衡量数据流动程度（*score*），并据此检验
数据流动效应。实证设计上，采用三种方式检验数据流动效应：一是
用酒店入住率对网上评分做回归，观察网上评分是否显著提高了酒店
入住率；二是在回归中加入网上评分与数字化进程的交互项，据此判
断对于那些数字化进程高的酒店，网上评分对酒店入住率的作用是否
更大；三是对关键分值进行专门检验，以排除关键分值前后可能存在
的数据操纵等因素的干扰。

实证结果如表 5-7 所示，前三列网上评分 *score* 的系数显著为正，
且经济显著性较大，以第（1）列回归结果为例，酒店网上评分每提
高 1 分则可提升入住率 0.23 个百分点，约等于数字化进程提高 8 个
百分点带来的效果。表 5-7 后三列显示交互项 *score×digital* 的系数显
著为正，表明对于网上评分较高的酒店，数字化提高入住率的作用更
大，验证了数据流动效应确实存在。

网上评分具有离散特性，这为更加精准地识别数据流动效应提供
了可能。关键分值前后可能伴随数据操纵、调整价格等特定行为。例
如，Zhong（2022）通过理论模型和淘宝数据证实，卖家会在评分达
到特定的阈值之前降低价格随后再提高价格。如果关键分值前后相关
结论都稳健则可表明，关键分值处交易方可能出现的一些特定行为未
对本章结论造成较大干扰。而且，在相邻评分之间的酒店，其性价

比、质量等较为接近（Luca，2016），入住率的差异更可能是由评分高低而引起的，可进一步排除酒店质量的影响。

表 5-7　数据流动效应的检验结果

	（1）	（2）	（3）	（4）	（5）	（6）
	occupancy _rate	occupancy _rate	occupancy _dum	occupancy _rate	occupancy _rate	occupancy _dum
	FE	tobit	probit	FE	tobit	probit
digital				0.0313***	0.0172***	0.0892***
				（0.0029）	（0.0043）	（0.0027）
score	0.0023***	0.0466***	0.0508***	0.0019***	0.0325***	0.0511***
	（0.0004）	（0.0071）	（0.0069）	（0.0004）	（0.0050）	（0.0045）
score×digital				0.0309***	0.1784***	0.3260***
				（0.0046）	（0.0204）	（0.0193）
控制变量	是	是	是	是	是	是
城市	是	是	是	是	是	是
时间	是	是	是	是	是	是
城市×时间	是	否	否	是	否	否
N	23661208	23661208	23661208	23661208	23661208	23661208
R^2	0.1012	0.1764	0.1533	0.1108	0.1770	0.1539

注：括号内为聚类到城市层面的稳健标准误；"是"表示控制相关变量；*、**、*** 分别表示10%、5%和1%的显著性水平。

我们选择了网上评分的三组关键分值临界点（4.9 和 5.0、4.4 和 4.5、3.9 和 4.0），并设置 highscore 虚拟变量，当评分为 5.0 或 4.5 或 4.0 时 highscore 取值为 1，否则为 0。将 highscore 及其与 digital 的交互项作为解释变量。回归结果如表 5-8 所示，第（1）列、第（3）列和第（5）列 highscore 的系数显著为正，说明在相近评分的关键分值临界点处网上评分高可以显著提升入住率，其他三列加入了交

互项 *highscore×digital*，其系数也显著为正，表明在控制交易方特定行为、酒店质量等网上评分可能内含的一些特征之后，仍然存在明显的数据流动效应。

表 5-8　关键分值处数据流动效应的检验结果

	（1）	（2）	（3）	（4）	（5）	（6）
	[4.9,5.0]区间样本		[4.4,4.5]区间样本		[3.9,4.0]区间样本	
	FE	FE	FE	FE	FE	FE
digital		0.0060 ***		0.0014		0.0103 ***
		（0.0007）		（0.0013）		（0.0009）
highscore	0.1425 ***	0.1039 ***	0.1337 ***	0.1018 ***	0.1459 ***	0.1261 ***
	（0.0136）	（0.0181）	（0.0138）	（0.0140）	（0.0123）	（0.0133）
highscore×digital		0.0255 ***		0.0308 ***		0.0201 ***
		（0.0022）		（0.0030）		（0.0031）
控制变量	是	是	是	是	是	是
城市	是	是	是	是	是	是
时间	是	是	是	是	是	是
城市×时间	是	是	是	是	是	是
N	2525418	2525418	5210394	5210394	1569904	1569904
R^2	0.3626	0.0656	0.0792	0.3626	0.0792	0.3626

注：括号内为聚类到城市层面的稳健标准误；"是"表示控制相关变量；*、**、*** 分别表示 10%、5%和1%的显著性水平。

（二）线上匹配效应

使用提前预订天数来度量线上匹配程度（*leadtime*），据此检验线上匹配效应。实证方法与数据流动效应类似。实证结果如表 5-9 所示，前三列线上匹配程度 *leadtime* 的系数显著为正，且经济显著性较大，以第（1）列回归结果为例，酒店订单平均每提前 1 天则可以提升入住率 0.18 个百分点。这表明，酒店通过吸引旅客做出长期旅行规划可以更好地抓住潜在市场份额，提高其每日入住率。数字化促进提前预订，这是基本事实，所以通过检验提前预订是否提高了入住率，就可以判断线上匹配效应是否存在，或者说可以判断线上匹配是否可成为数字化提升线上市场配置效率（酒店入住率）的一个作用机制。在回归中加入提前预订天数与数字化进程的交互项，也是检验作用机制的常用方式，表 5-9 后三列显示交互项 *leadtime×digital* 的系数显著为正，表明对于提前预订天数较长的酒店，数字化提高入住率的作用更大，再次验证了线上匹配效应确实存在。

表 5-9　线上匹配效应的检验结果

	（1）	（2）	（3）	（4）	（5）	（6）
	occupancy _rate	occupancy _rate	occupancy _dum	occupancy _rate	occupancy _rate	occupancy _dum
	FE	tobit	probit	FE	tobit	probit
digital				0.0211 ***	0.0399 ***	0.0687 ***
				（0.0030）	（0.0047）	（0.0035）
leadtime	0.0018 ***	0.0419 ***	0.0470 ***	0.0013 ***	0.0401 ***	0.0327 ***
	（0.0003）	（0.0098）	（0.0082）	（0.0003）	（0.0092）	（0.0068）
leadtime×digital				0.0922 ***	0.2409 ***	0.3383 ***
				（0.0012）	（0.0136）	（0.0150）
控制变量	是	是	是	是	是	是
城市	是	是	是	是	是	是
时间	是	是	是	是	是	是
城市×时间	是	否	否	是	否	否
N	34638825	34638825	34638825	34638825	34638825	34638825
R^2	0.1203	0.1450	0.1608	0.1210	0.1459	0.1612

注：括号内为聚类到城市层面的稳健标准误；"是"表示控制相关变量；*、**、*** 分别表示 10%、5% 和 1% 的显著性水平。

六　结论与政策启示

随着数字化进程深入，资源配置场所逐渐从线下转到线上，而线上市场的资源配置方式有较大差异，主要表现在数据流动和线上匹配两个方面，这影响了数字化之后中国的市场配置效率。本章以酒店行业数据进行实证检验，使用酒店入住率衡量线上市场配置效率，样本包括携程网上 30 万家酒店在 2020 年 1 月 1 日至 5 月 10 日的大约3500 万个日度面板数据。实证发现，数字化进程每增加 1 个百分点可提升酒店入住率约 0.03 个百分点，网上评分和提前预订可提升酒店入住率；这证明了数字化可通过数据流动效应和线上匹配效应提高线上市场配置效率。

展望未来，数字化对经济高质量发展的作用将成为一个重要的理论和现实问题，值得深入探讨，主要包括四个方面。一是数字化对制造业资源配置的影响。对于制造业的相关研究，不能限于价格、市场份额和商业模式，更须关注人工智能、机器学习、云计算及平台创新生态对企业生产和供应活动的技术改造。例如，工业互联网赋予企业的人工智能技术提高了企业的生产效率和产品质量，对企业资源配置效率也产生了深刻影响。二是数字技术对经济增长的影响。本章对数字化进程的测算，侧重数字化应用，而不是数字技术创新，因为大部分酒店在内的服务业企业从事数字技术研发的较少，数字化的价值更多体现在应用现有数字技术上。因此，对数字技术创新的相关检验是与本章不同但又非常重要的研究领域，今后可以着重研究数字技术对生产率、产品质量、产业结构升级以及生产过程中的资源配置效率（上下游产业链协同、零配件供应链）的影响。三是对宏观经济和社会福利的分析。本章以线上市场配置效率为出发点，落脚于酒店行业的微观证据和作用机制上，并对经济增长的影响进行了简单估算，但仍欠缺对经济和社会有关影响的全面深入探讨。今后需要从经济增长理论、经济均衡和社会福利等方面做进一步论述。四是对生产者、消费者行为和效益的具体研究。例如，企业进行数字化投资的最优数量、消费者的"数字鸿沟"、从业者的收入分配结构等，可能是未来的研究重点。

本章研究具有较强的现实意义和政策启示。本章虽以酒店入住率数据进行检验，但相关结论适用于经济数字化的各方面，包括工业、服务业、农业的数字化，以及政府治理方式的数字化。当然，限于研究样本的特性，本章相关结论对于那些以数字技术应用（而非研发）为主的领域借鉴意义可能更大。具体政策启示包括如下四个方面：

第一，创建良好的线上营商环境。维护公平公正的线上竞争秩序，形成一个低成本高效率的线上营商环境，推动构建统一开放竞争有序的线上市场体系。加快建立线上信用体系，提供一种保障线上交易的承诺、担保和追责机制。

第二，建立更加合理有序的网上评分系统。平台入驻企业以客观公正的网上评分形成长期可靠的声誉机制，消费者依据该声誉机制选择合适的产品或服务，金融机构依据该声誉机制为企业提供信贷和上市服务，政府依据该声誉机制实施针对性监管。放权给平台一定的监管权力，通过平台自治及时甄别入驻企业的刷分行为，并以罚款、退出平台等方式予以制裁。政府对平台的监管行为进行监管，对平台未发现的企业刷分行为追究连带责任，对平台直接实施的刷分行为进行更加严厉的制裁。鼓励平台和入驻企业依靠评分反馈系统，改进产品和服务质量。

第三，提升产品供需匹配效率。依靠数字化帮助打通各行业供应链、产业链和创新链的国内大循环，显著降低各种交易成本和信息成本，着力促进各类产品和服务的供需匹配，尤其是时间上的匹配，引导人们更加健康舒适地生活、更加高效灵活地生产。

第四，加快各行业数字化进程。加强数字基础设施和公共数据服务平台建设，由政府直接出资或与科技公司共同出资建立一些公共数字平台，降低企业上云等平台接入行为的制度壁垒和成本。以税收优惠或返还等方式，鼓励企业加大数字化投资、推动数字化进程，尤其要加快工业、制造业等数字化程度较低行业的数字化进程。

参考文献

陈冬梅、王俐珍、陈安霓：《数字化与战略管理理论——回顾、挑战与展望》，《管理世界》2020 年第 5 期。

陈威如、王节祥：《依附式升级：平台生态系统中参与者的数字化转型战略》，《管理世界》2021 年第 10 期。

董敏杰、梁泳梅、张其仔：《中国工业产能利用率：行业比较，地区差距及影响因素》，《经济研究》2015 年第 1 期。

李兵、李柔：《互联网与企业出口：来自中国工业企业的微观经验证据》，《世界经济》2017 年第 7 期。

李广乾、陶涛：《电子商务平台生态化与平台治理政策》，《管理世界》2018 年第 6 期。

李力行、黄佩媛、马光荣：《土地资源错配与中国工业企业生产率差异》，《管理世界》2016 年第 8 期。

李唐、李青、陈楚霞：《数据管理能力对企业生产率的影响效应——来自中国企业—劳动力匹配调查的新发现》，《中国工业经济》2020 年第 6 期。

林毅夫、刘明兴、章奇：《政策性负担与企业的预算软约束：来自中国的实证研究》，《管理世界》2004 年第 8 期。

刘诚、钟春平、郑国楠：《信息化提高了公共政策效率吗？——基于新冠疫情准自然实验对电子政务的实证分析》，《财经研究》2020 年第 9 期。

刘向东、何明钦、刘雨诗：《数字化零售能否提升匹配效率？——基于交易需求异质性的实证研究》，《南开管理评论》2022 年知网网络首发。

刘政、姚雨秀、张国胜、匡慧姝：《企业数字化、专用知识与组织授权》，《中国工业经济》2020 年第 9 期。

马钦海、赵佳、张跃先、郝金锦：《C2C 环境下顾客初始信任的影响机制研究：网上购物经验的调节作用》，《管理评论》2012 年第 7 期。

马述忠、房超：《线下市场分割是否促进了企业线上销售——对中国电子商务扩张的一种解释》，《经济研究》2020 年第 7 期。

聂辉华、江艇、杨汝岱：《中国工业企业数据库的使用现状和潜在问题》，《世界经济》2012 年第 5 期。

邵文波、李坤望：《信息技术、团队合作与劳动力需求结构的差异性》，《世界经济》2014 年第 11 期。

施炳展、李建桐：《互联网是否促进了分工：来自中国制造业企业的证据》，《管理世界》2020 年第 4 期。

石大千、李格、刘建江：《信息化冲击，交易成本与企业 TFP——基于国家智慧城市建设的自然实验》，《财贸经济》2020 年第 3 期。

魏下海、董志强、金钊：《腐败与企业生命力：寻租和抽租影响开工率的经验研究》，《世界经济》2015 年第 1 期。

夏杰长、刘诚：《契约精神、商事改革与创新水平》，《管理世界》2020 年第 6 期。

谢富胜、吴越、王生升：《平台经济全球化的政治经济学分析》，《中国社会科学》2019 年第 12 期。

肖亚庆：《大力推动数字经济高质量发展》，《学习时报》2021 年 7 月 16 日第 1 版。

薛成、孟庆玺、何贤杰：《网络基础设施建设与企业技术知识扩散——来自"宽带中国"战略的准自然实验》，《财经研究》2020 年第 4 期。

袁淳、肖土盛、耿春晓、盛誉：《数字化转型与企业分工：专业化还是纵向一体化》，《中国工业经济》2021 年第 6 期。

岳云嵩、李兵：《电子商务平台应用与中国制造业企业出口绩效——基于"阿里巴巴"大数据的经验研究》，《中国工业经济》2018 年第 8 期。

周潇：《数字平台、行业重组与群体生计——以公路货运市场车货匹配模式的变迁为例》，《社会学研究》2021 年第 5 期。

Acemoglu, D., and P. Restrepo, "Automation and New Tasks: How Technology Displaces and Reinstates Labor", *Journal of Economic Perspectives*, 2019, 33 (2).

Arrow, K. J., L. K. Bilir, and A. Sorensen, "The Impact of Information Technology on the Diffusion of New Pharmaceuticals", *American Economic Journal*: *Applied Economics*, 2020, 12 (3).

Baqaee, D. R., and E. Farhi, "Productivity and Misallocation in General Equilibrium", *Quarterly Journal of Economics*, 2020, 135 (1).

Berg, T., V. Burg, A. Gombovic, and M. Puri, "On the Rise of FinTechs: Credit Scoring Using Digital Footprints", *Review of Financial Studies*, 2020, 33 (7).

Bartik, T. J., "Who Benefits from State and Local Economic Development Policies?", Books from Upjohn Press, W. E. Upjohn Institute for Employment Research, 1991.

Basu, S., and J. Fernald, "Information and Communications Technology as a General-Purpose Technology: Evidence from US Industry Data", *German Economic Review*, 2007, 8 (2).

Blanchard, O. J., and L. F. Katz, "Regional Evolutions", *Brookings Papers on Economic Activity*, 1992, 23 (1).

Bloom, N., J. Liang, J. Roberts, and Z. J. Ying, "Does Working from Home Work? Evidence from a Chinese Experiment", *Quarterly Journal of Economics*, 2015, 130 (1).

Cai, F., D. Wang, and Y. Du, "Regional Disparity and Economic Growth in China: The Impact of Labor Market Distortions", *China Economic Review*, 2002, 13 (2-3).

Catalini, C., and J. S. Gans, "Some Simple Economics of the Blockchain", *Communications of the ACM*, 2020, 63 (7).

Chen, Y., Z. Li, and T. Zhang, "Experience Goods and Consumer Search", *American Economic Journal*: *Microeconomics*, 2022, Forthcoming.

Cepa, K., and H. Schildt, "Data-Induced Rationality and Unitary Spaces in Interfirm Collaboration", *Organization Science*, 2022, Forthcoming.

Cette, G., S. Nevoux and L. Py, "The Impact of ICTs and Digitalization on Productivity and Labor Share: Evidence from French Firms", Post-Print hal-03117558, HAL, 2021.

Chong, A., B. Li, E. Ngai, E. Ch'ng, and F. Lee, "Predicting Online Product Sales via Online Reviews, Sentiments, and Promotion Strategies: A Big Data Architecture and Neural Network Approach", *International Journal of Operations & Production Management*, 2016, 36 (4).

Chong, Y. L., F. Chan, and K. B. Ooi, "Predicting Consumer Decisions to Adopt Mobile Commerce: Cross Country Empirical Examination between China and Malaysia", *Decision Support Systems*, 2012, 53 (1).

Dai, W., and M. Luca, "Digitizing Disclosure: The Case of Restaurant Hygiene

Scores", *American Economic Journal*: *Microeconomics*, 2020, 12 (2).

Dana, J., and E. Orlov, "Internet Penetration and Capacity Utilization in the US Airline Industry", *American Economic Journal*: *Microeconomics*, 2014, 6 (4).

DeStefano, T., R. Kneller, and J. Timmis, "Cloud Computing and Firm Growth", CESifo Working Paper Series 8306, 2020.

Fama, E. F., and M. C. Jensen, "Separation of Ownership and Control", *Journal of Law and Economics*, 1983, 26 (2).

Fang, L., "The Effects of Online Review Platforms on Restaurant Revenue, Consumer Learning, and Welfare", *Management Science*, 2022, Forthcoming.

Farboodi, M., and L. Veldkamp, "A Growth Model of the Data Economy", NBER Working Papers, 2021.

Fisman, R., D. Paravisini, and V. Vig, "Cultural Proximity and Loan Outcomes", *American Economic Review*, 2017, 107 (2).

Fisman, R., and J. Svensson, "Are Corruption and Taxation Really Harmful to Growth? Firm Level Evidence", *Journal of Development Economics*, 2007, 83 (1).

Forman, C., A. Ghose, and A. Goldfarb, "Competition between Local and Electronic Markets: How the Benefit of Buying Online Depends on Where You Live", *Management Science*, 2009, 55 (1).

Freeman, C., and F. Louca, *As Time Goes By*: *The Information Revolution and the Industrial Revolutions in Historical Perspective*, Oxford University Press, 2001.

Freedman, S., "Capacity and Utilization in Health Care: The Effect of Empty Beds on Neonatal Intensive Care Admission", *American Economic Journal*: *Economic Policy*, 2016, 8 (2).

Furr, N., and A. Shipilov, "Digital Doesn't Have to Be Disruptive", *Harvard Business Review*, 2019, 97 (7-8).

Gao, P., and Y. H. Lei, "Communication Infrastructure and Stabilizing Food Prices: Evidence from the Telegraph Network in China", *American Economic Journal*: *Applied Economics*, 2021, 13 (3).

Goldfarb, A., and C. Tucker, "Digital Economics", *Journal of Economic Literature*, 2019, 57 (1).

Haltiwanger, J., and R. S. Jarmin, "Measuring the Digital Economy", NBER Chapters, 1999.

Hsieh, C. T, and P. J. Klenow, "Misallocation and Manufacturing TFP in China and India", *Quarterly Journal of Economics*, 2009, 124 (4).

Hollenbeck, B., "Online Reputation Mechanisms and the Decreasing Value of Chain Affiliation", *Journal of Marketing Research*, 2018, 55 (5).

Hubbard, T. N. , "Information, Decisions, and Productivity: On-Board Computers and Capacity Utilization in Trucking", *American Economic Review*, 2003, 93 (4).

Jin, G. , and P. Leslie, "The Effect of Information on Product Quality: Evidence from Restaurant Hygiene Grade Cards", *Quarterly Journal of Economics*, 2003, 118 (2).

Jullien, B. , and W. Sand-Zantman, "The Economics of Platforms: A Theory Guide for Competition Policy", *Information Economics and Policy*, 2021, 54.

Kahneman, D. , J. L. Knetsch, and R. H. Thaler, "Fairness as A Constraint on Profit Seeking: Entitlements in the Market", *American Economic Review*, 1986, 76 (4).

Kenney, M. , and J. Zysman, "The Rise of the Platform Economy", *Issues in Science and Technology*, 2016, 32 (3).

Kim, T. , and A. Heshmati, "Economic Growth: The New Perspectives for Theory and Policy", Berlin: Springer, 2014.

Kim, J. , J. C. Park , T. Komarek, "TheImpact of Mobile ICT on National Productivity in Developed and Developing Countries", *Information & Management*, 2021, 58 (3).

Krasnokutskaya, E. , K. Song, and X. Tang, "The Role of Quality in Internet Service Markets", *Journal of Political Economy*, 2020, 128 (1).

Kreps, D. M. , and R. Wilson, "Reputation and Imperfect Information", *Journal of Economic Theory*, 1982, 27 (2).

Lin, C. , P. Lin, F. M. Song, and C. Li, "Managerial Incentives, CEO Characteristics and Corporate Innovation in China's Private Sector", *Journal of Comparative Economics*, 2011, 39 (2).

Luca, M. , "Reviews, Reputation, and Revenue: The Case of Yelp. com", Harvard Business School Working Papers No. 12-016, 2016.

Olley, G. , and A. Pakes, "The Dynamics of Productivity in the Telecommunications Equipment Industry", *Econometrica*, 1996, 64 (6).

Orbach, B. , "Anything, Anytime, Anywhere: Is Antitrust Ready for Flexible Market Arrangements?", Arizona Legal Studies Discussion Paper No. 21-05, 2021.

Ploeckl, F. , "It's all in the Mail: The Economic Geography of the German Empire", University of Adelaide School of Economics Working Paper No. 2015-12, 2015.

Simsek, Z. , E. Vaara, S. Paruchuri, S. Nadkarni, and J. D. Shaw, "New Ways of Seeing Big Data", *Academy of Management*, 2019, 62 (4).

Solow, R. , "We'd Better Watch Out", *New York Times Book Review*, July 12, 1987.

Tsang, A. , and G. Prendergast, "Is a ' Star ' Worth a Thousand Words? The Interplay Between Product-Review Texts and Rating Valences", *European Journal of Marketing*, 2009, 43 (11-12).

Van Ark, B., "The Productivity Paradox of the New Digital Economy", *International Productivity Monitor*, 2016, 31.

Wang, D., and J. L. Nicolau, "Price Determinants of Sharing Economy Based Accommodation Rental: A Study of Listings From 33 Cities on Airbnb. Com", *International Journal of Hospitality Management*, 2017, 62.

Wichmann, J., N. Wiegand, and W. J. Reinartz, "The Platformization of Brands", *Journal of Marketing*, 2022, 86 (1).

Yang, M., E. Zheng, and V. Mookerjee, "The Race for Online Reputation: Implications for Platforms, Firms, and Consumers", *Information Systems Research*, 2022, Forthcoming.

Zervas, G., D. Proserpio, and J. W. Byers, "The Rise of the Sharing Economy: Estimating the Impact of Airbnb on the Hotel Industry", *Journal of Marketing Research*, 2017, 54 (5).

Zhong, Z., "Chasing Diamonds and Crowns: Consumer Limited Attention and Seller Response", *Management Science*, 2022, Forthcoming.

Zhu, C., R. A. Lopez, and X. Liu, "Information Cost and Consumer Choices of Healthy Foods", *American Journal of Agricultural Economics*, 2016, 98 (1).

第六章 数据要素亟待建构基础制度体系

数据是数字经济发展和传统经济数字化转型的核心内容，已成为线上市场不同于线下市场的主要作用机制（刘诚，2022）。数据成为新的生产要素，它可以像资金那样在市场上自由流动，连接上下游产业链以及买卖双方，贯通生产、流通和分配各个环节，降低复杂经济系统的不确定性，提高资源配置的效率。

一 数据要素重要性凸显

传统的经济治理是对人和企业及其行为的管理，而数字经济的治理对象是平台及其数据，有效的数据治理可以促进线上市场规范发展。平台具有的市场力量，很大程度上来自其掌握的数据优势以及对数据机制的灵活运用。这一问题得到了社会各界的广泛关注。2022 年 6 月，全国人大常委会审议通过修订的《反垄断法》提出，"经营者不得利用数据和算法、技术、资本优势以及平台规则等从事垄断行为"。

实际上，数据治理内涵丰富，不仅是打破数据垄断，它贯穿数字经济发展的所有环节，需要全面建构数据基础制度体系。这包括数据生产者的所有权和隐私权、平台的收集使用和存储行为、数据市场的流通交易和共享规则、数据要素的价值分配以及政府机构的监管政策等，是一项涉及面广、复杂性高的工作（肖旭和戚聿东，2021）。近年来，我国数字经济规范发展的制度建构不断完善，出台了反垄断、安全、统计、社保以及司法等各领域的法律、规章制度以及产业发展规划，初步建构了较为完备的基础制度体系。其中，数据基础制度又可称为这些基础制度的基础。2022 年 6 月，中央全面深化改革委员会第 26 次会议提出加快构建数据基础制度体系，并审议通过了《关于构建数据基础制度更好发挥数据要素作用的意见》，对数据确权、流通、交易、分配、安全等方面做出部署。

本章基于数据这条研究主线，洞察数据在线上市场的运行机制，辨析数据机制与传统的市场竞争机制和价格机制的差异，并以此为理论基础剖析如何建构数据基础制度体系，之后总结了欧美的一些实践经验，最后提出了若干政策建议。本章的边际贡献体现在以下三点。第一，把数据作为线上市场和数字经济的主要运行机制，在学理上与价格竞争机制相提并论，并分析了价格竞争机制在数字经济时代的"变"与"不变"。这对深刻理解当下及今后的市场机制以及传统经济理论的适用性做出了初步的探索。第二，在肯定数据对线上市场运行重要地位的同时，从数据确权、流通、交易、分配、安全 5 个方面探究如何建构数据基础制度体系。本章分别阐述了它们对发挥数据机制的作用、存在的现实问题、制度约束瓶颈及其突破构想等内容。第三，论述了欧美对数据治理的最新经验。欧美在数字经济规则制定方面处于领先地位，而数据规则日新月异，数据基础制度不断完善，对中国具有一定的借鉴意义。本章并非一般性地介绍欧美数字经济发展情况，而是从数据机制的研究视角，深度挖掘欧美建构数据基础制度体系的相关动向和趋势。

二 线上市场形成数据机制

数据是线上市场不同于线下市场的主要作用机制。尽管市场竞争机制和价格机制仍然起到配置资源的作用，但它们变得更加复杂，譬如平台可以基于双边市场对一边市场降价而对另一边市场提价。与此同时，线上市场更加依赖平台及其数据（刘诚和夏杰长，2023），数据作为线上市场配置资源的方式越来越引发人们的关注。

（一）数据是线上市场规范发展的核心内容

数字经济在早期阶段只是数字化的经济活动，譬如门户网时代互联网企业使用的信息资料主要来自其他企业或机构，此时并没有表现为明显的数据经济（张文魁，2022）。而随着人工智能、云计算、大数据和智能终端的普及，数据能自动产生并集中处理，这大大提高了数据利用程度，并改变了人们的生产和生活方式，实现了从数字化到数据化的转变。

在数字经济时代，数据规模快速增长，数据产业及其衍生的新业态不断壮大。2017~2021 年，我国数据产量从 2.3ZB 增长至 6.6ZB，全球占比达 9.9%，位居世界第二。而且，大数据产业规模快速增长，从 2017 年的 4700 亿元增长至 2021 年的 1.3 万亿元[①]；在一些领域甚至出现爆发式增长，譬如 2021 年"双十一"交易额近万亿元、春晚高峰时访问量每分钟过亿人次、健康码记录管理着十几亿人的疫苗接种和核酸检测数据。仅从访问数据来看，电商、即时通信、短视频、在线办公、网上外卖、网约车等逐渐覆盖了全部潜在用户群体，活跃用

---

① 国家互联网信息办公室：《数字中国发展报告（2021 年）》，2022 年 7 月。

户数量大都在 5 亿~10 亿人。今后，数据将以更快的速度产生并以更强的方式影响人们的生产和生活。伴随智能产品和设备的广泛普及，未来所有的生产设备、感知设备、联网设备、联网终端，包括生产者本身都在源源不断地产生数据，这些数据将会渗透到产品设计、建模、工艺、维护等全生命周期，企业生产、运营、管理、服务等各个环节，以及供应商、合作伙伴、客户等全价值链。特别地，线上市场不仅数据量大，且数据维度更加丰富。例如，电视广告只能基于收视率推测观看人次数据，而社交媒体广告不仅可了解观看广告人次和时长，还可间接获取用户上传内容、社交圈、人口统计信息、互动行为等数据。国际数据公司（IDC）预计，到 2025 年我国数据产量将达 48.6ZB，占全球的 27.8%，对 GDP 增长的贡献率将达年均 1.5%~1.8%。

当前，数据多寡及其利用效率已成为企业能否获取竞争优势的关键。平台信息中介通过线上或线下多种渠道搜集、获取消费者和生产者数据，并输送给相关企业，借此提高生产效率以及攫取更多的消费者剩余（Bounie et al. ，2021）。Farboodi 和 Veldkamp（2021）研究发现数字经济时代的很多企业更倾向于积累数据而不是资本。所以说，数据已成为重要生产要素，可以赋能经济活动的每一个流程和环节，并创造新的价值链关系。例如，与线下市场不同，线上市场可以基于历史数据提供"自动"的交流和交易机会；在直播带货、网约车等领域，大数据和平台帮助供求双方实现"点对点"直接沟通。

良好的数据治理，可以发挥市场配置资源的效率优势，极大地促进数字经济的长期发展。数据要素具有规模报酬递增、正外部性等特征，在与其他生产要素的结合过程中共同驱动创新和技术进步，提高资源配置效率，进而推动经济增长（蔡继明，2022）。数据资源配置效率具有长期性。Tranos 等（2021）使用英国互联网档案馆数据发现，2000 年的在线内容创造对随后 16 年的地区生产力水平产生了持久的影响。世界银行发布的《2021 年世界发展报告：数据改善生活》指出，当前可用数据量远超过以往任何时期，但其价值在很大程度上尚未被开发，亟须订立一个社会契约，建立各方彼此的信任基础并防范数据滥用。而且，数据治理可以帮助理顺市场竞争机制和价格机制在数字经济领域出现的新问题，有效应对反竞争、不公平等问题。

（二）数据改变传统市场的价格竞争机制

线上市场配置的资源仍具有稀缺性，因此线上市场资源配置仍满足传统资源配置理论中的分析范式，仍然存在有效的市场结构和相应的价格体系，可以通过市场或非市场的策略提升其效率。但与传统市场的资源配置相比，数据对线上市场资源配置产生了较大冲击。

价格竞争机制作为传统市场最核心的作用机制，在以数据为主导的数字经济中出现一定的失灵问题。数字经济具有"平台—数据—算法"的三维竞争结构，不再适用传统的价格中心型分析框架（李三希等，2022）。Rochet 和 Tirole（2006）对平台的规模经济性和网络外部性进行了研究，并建立了一个双边市场模型，强调双边市场已无法用传统的竞争—垄断理论框架来分析。而且，市场集中度高、价格歧视等传统反竞争行为在平台经济中未必会损害社会福利，其经济结果变得更加模糊（Jullien and Sand-Zantman，2021）。还有研究发现，传统的资产资本定价模型无法适用于探究数据要素的"价值—价格"关系（金骋路和陈荣达，2022）。

线上市场依然策略性地使用价格机制（如引流），但价格机制的重要性下降。一些经典文献早已证实，价格折扣存在一个阈值（比如 10% 或 15%），过低的价格不仅不能激发销售，还可能成为"产品低劣"的不良信号（Gupta and Cooper，1992；Marshall and Leng，2002）。所以，线上市场并没有过度使用价格竞争手段，其只是在短期或少数平台上存在，或者出现于平台推出的初期以较低价格吸引流量和用户，或者长期存在于少数低端产品或服务平台。个别数字平台把低价作为自己的标签实施差异化竞争战略，并且消费者也明知其产品品质较低，即平台、商家和消费者心中达成了隐性契约，形成了配置低劣产品的一个场所，这对于品质要求较低的产品（如一次性雨披）以及收入水平不高的人群具有存在的必要性，但这种情况会随着人们收入和消费水平的提高、监管部门对质量监管和知识产权保护力度的加强而逐渐减少。对于长期稳定经营的平台，其线上产品的质量和价格与实体店差异不大。也有少数消费者在实体店体验产品，然后从线上购买，这可以节省线下线上价差，但也有相应的质量风险。质量风险越大的产品往往价差也越大，这已在线上线下竞争中形成了一个均衡。一些平台通过线上评分等机制增强消费者对其质量的信任，而随着这种信任水平的提高，平台商户也会随之缩小价差，以获取更大利润。因此，相比线下市场而言，随着线上市场的发展和成熟，价格竞争已不是其最主要的竞争方式。

而且，线上市场体验的效用与平台数据累积量以及算法成熟度等因素密切相关，人们很难在一次享用中就体验到所有的效用，因而表现出效用体验的分次性，并与共享性和稀缺性一起推动了线上市场资源的动态配置。

（三）数据机制如何发挥作用

线上市场的资源配置主要基于数据，从而表现出新式行为（张文魁，2022）。线上市场的数据可以自动抓取和生成，并得到隐秘处理和使用，导致资源配置从实体优化走向虚实结合优化，产生从传统的"试错法"到基于数字仿真的"模拟择优法"的演变。例如，张一林等（2021）研究发现，信贷市场有望形成以"数字匹配"为特征的银企匹配关系，大银行和互联网中小银行在应用数字贷款技术上占据优势，与数字足迹丰富的数字化中小企业形成匹配关系。刘向东等（2022）发现，从平台端发起的信息触达与从用户端发起的信息搜索均正向影响购买意愿，且彼此在互动中相互增强。Gurkan 和 Vericourt（2022）探讨了原本不具有机器学习能力的企业如何借助平台获得飞轮效应，这种效应意味着一个"产品被采用—用户数据增多—算法改进—产品被更多采用"的良性循环，即企业可以通过产品线上市场数据来提高利润。事实上，平台上的数字技术并非完全适用于每个企业，当数字应用程序适合于企业的生产系统或产品开发环境特定的补充性元素（策略、结构、过程等）时，企业将从中获得更多的价值，这就需要数据机制来引导和调节。

值得注意的是，数据机制发挥资源配置作用，主要通过算法来实现（Lash，2007）。与其他生产要素相比，数据具有可计算性，数据的价值与算法高度相关。同样的数据，用不同的算法开发，由不同使用方开发，能够释放的价值会有很大的不同。基于数据形成的算法具有对线上产品或服务做出选择、分类、整理、排序和排名的能力，已经演化为资源、商品、财产甚至社会的建构力量（谭九生和范晓韵，2021）。而且，平台权力在现代技术的作用下实现了"隐身"，通过数据和算法发挥市场支配权力作用的企业或个人往往隐藏在计算机代码之后，无须亲自出现在真实情境中来直接发布命令，只需要掌握算法的编写技术、运行规则或所有权就可以行使权力。例如，平台可以通过算法把消费者注意力更多地引导至佣金更高的企业，这扭曲了资源配置（Hagiu and Jullien, 2011）。

数据是线上市场资源配置的权力来源，也是一种配置方式，但归根结底它已成为与价格机制、竞争机制并列的市场机制。要发挥好数据机制的作用，必须加强数据治理，其核心是建构数据基础制度体系，主要包括确权、流通、交易（或开放共享）、分配、安全5个方面。其中，确权是数据要素化的前提，流通是数据广泛使用的表征，交易（或开放共享）是数据交互使用的主要方式，分配是数据机制产生的社会结果，安全则是促使数据机制健康有序发挥作用的基本保障。只有从这5个方面全面建构数据基础制度体系，数据机制才能切实发挥良性作用，引导线上市场以及线上线下整体市场经济更高效地配置资源。从制度经济和契约理论来看，上述5个方面涉及缔约（确权）、履约（交易和开放共享）、结果（分配）及契约环境（流通和安全）等制度设计和契约执行的全流程，并覆盖了数据要素参与生产经营活动的全过程。表6-1简单勾勒了数据机制5个方面的基础制度与传统市场机制的差异，下文将对其做出详细分析。

表6-1　数据机制的5个基础制度及其与传统市场机制的比较

	地位或作用	与传统市场机制的差异	规制手段
确权	数据机制起作用的前提条件	可无限复制，不具有完全的排他性，物权属性不足，但具备一定的自决权、知识产权和财产权	契约化、产权明晰化
流通	数据广泛使用的表征	可自由流动，内嵌于生产函数，但平台之间往往互设数据流通壁垒	自由流动、线上统一大市场
交易（或开放共享）	数据交互使用的主要方式	兼具私人属性和公共属性，交易和共享并存，价值和价格较难界定	交易、定价、开放、共享
分配	数据机制产生的社会结果	数据要素收益易被少数企业或个人垄断，存在算法等隐蔽性攫取手段	数据伦理、算法公平
安全	促使数据机制健康有序发挥作用的基本保障	个人隐私、商业秘密和国家经济安全问题凸显，存在"隐私悖论"	立法、分类分级管理

三　数据机制发挥作用的基础制度体系

我们从数据确权、流通、交易、分配、安全5个方面阐述数据基础制度体系，详细论述它们对数据机制的理论作用、存在的现实问题以及亟须突破的制度瓶颈等内容。

（一）数据确权

由于数据及其相关问题的诸多特殊属性，因此建构数据要素市场的难点首先是数据权属问题。数据权属，特别是数据收集权，是所有必要规制的基石（张文魁，2022）。从法理上讲，若将数据判断为可私有的客体，则可能存在一种数据所有权，尤其是个人对个人数据的所有权。但在现实中，数据无法与电子载体相分离，不具有物的独立性，且其可被无限复制、任意删除，不同的复制体亦可为不同人所控制，在支配上无法实现完全的排他性。因此，数据所有权的主张并不强调一种唯一的独占权利，而是强调数据访问和利用的权利，是个人对个人数据的自决权。

事实上，我国及西方国家的现行法律体系都没有赋予数据生产者相应的财产权或知识产权，但这不妨碍法律给予他们一定的具有财产权或知识产权特征的权利。例如，欧盟对数据库、版权和商业秘密保护等相关领域都规定了数据所有者的权利。目前，我国大量的线上数据被平台掌控，数据生产者的权益未能得到确认，例如不能跨平台转移自身数据（通讯录、购买记录、音乐播放列表等），甚至论文作者不能免费从知网下载自己的文章。

实现数据确权的有效方式是把数据契约化，在契约中明示各方权责利益关系。通过契约将数据产权明晰化，可以对数据产权进行一定程度的排他性保护制度安排，打破"数据换服务"这种潜规则的低效状态，并可以解决隐私外部性问题。表6-2简单勾勒了以契约化手段对不同数据进行确权的可行方式，其核心是明晰多个主体（数据生产者、收集者、持有者、使用者、加工者）对不同数据的多维权利（原始权利、以交易或共享获得授权后的权利、加工后的权利）。

表6-2　不同数据的权利归属及确权方式

数据类型	数据来源		可以拥有的权利		确权方式	
	企业	政府	企业	政府	企业	政府
自有数据	企业经营数据	政务数据	所有权	所有权	进一步明确归属、鼓励市场定价和交易、倡导共享	倡导共享
用户数据	个人信息	个人信息	使用权	使用权	明确用户对数据的所有权，建立企业与个人之间授权使用关系，明确授权方式、价格补偿以及使用范围	明确用户对数据的所有权，保护个人隐私，数据使用范围除收集数据的政府部门外限定于防疫、反恐、刑侦等领域
用户使用	电子痕迹	电子痕迹	收集权、使用权	收集权、使用权	明确用户对数据的所有权，建立企业与个人之间授权收集使用关系	明确用户对数据的所有权，除特定范围之外政府不宜主动收集此类数据
加工制造	衍生数据	衍生数据	使用权、所有权	使用权、所有权	在取得自有数据、用户个人信息和电子痕迹数据的使用权之后方可进行加工制造，企业对加工后数据享有所有权	在取得自有数据、用户个人信息和电子痕迹数据的使用权之后方可进行加工制造，政府对加工后数据享有所有权

而且，数据的契约化还有助于数字资产的专用性投资，促进技术创新。数据的采集和存储需要耗费大量的物力人力，出于鼓励企业和政府部门对数据进行开发利用的考虑，应该赋予数据开发主体一定的明确产权。尤其是，为维系数字生态系统的高效运行，平台做出了一些专用性投资，如地理定位、在线支付、云计算等，这都需要数据契约的保护。Li 和 Tomlin（2022）研究发现，制造商拥有数据时将更有可能采用耐用资产的状态监测设备，而用户拥有数据时会阻止厂商采用这些设备。Wu 和 Zhu（2022）探讨了作家与网络小说写作平台之间的契约关系，研究发现收入分成契约比按字付费契约更能提升作家的创作积极性以及创作内容的新颖性。

（二）数据流通

数据流通早已跨过技术障碍，数字化解决了"有数据"的问题，网络化解决了"能流动"的问题，智能化解决了"自动流动"的问题。因此，数据流通更加取决于相关的基础制度设计，即打破限制数据流通的制度壁垒、建立线上线下数据流通大市场、促使数据自由流动。

数据的自由流动逐渐成为一个企业的生命线，成为企业核心竞争力的来源。数据流通可以更方便地实现跨区域、跨制度、跨时间的资源匹配。一方面，快速、高频累积的线上数据在细节上对现实情境具有较高还原度（Simsek et al.，2019；Krasnokutskaya et al.，2020），譬如许多用户从未接触酒店的口碑、声誉、品牌等信息，却可以通过线上交易和评价获得酒店舒适度、地理位置、价格、早餐质量等信息。另一方面，平台、商家和用户等各类主体可以低成本甚至零成本检索和使用线上数据。从延伸意义上看，线上数据的流动性还可以推动形成信用评级和担保体系，进一步为线上市场资源配置提供规范性指引。

从市场建设来看，数据可以联通全国大市场。在数据流通的作用下，互联网可以将散布在全国的各类批发、零售市场整合起来，形成统一、规范、竞争、有序的商品和服务大市场。线上市场不仅包括电子商务，也已成为搜索、通信、网游、金融支付等各种线上经济资源的配置场所，甚至一些线下市场的组织活动也卷入了平台的运行逻辑（谢富胜等，2019）。而且，数据本身已在全国形成了跨区域流动和协作格局。2022 年 2 月，国家发展改革委、中央网信办等四部门联合印发通知，规划了 8 大国家算力枢纽节点与 10 个国家数据中心集群，初步完成了全国一体化大数据中心体系总体布局设计，"东数西算"工程正式全面启动。

数据流通还能助力线上线下市场的统一。一方面，传统企业通过自建或接入第三方平台等方式进行数字化转型，积极迎合数字经济发展机遇。譬如，耐克、阿迪达斯等老牌品牌建立了自己的平台，以维系与消费者的联系以及培养消费者的忠诚（Wichmann et al.，2022）。另一方面，数字企业凭借其掌控的数据优势，可以直接"复制"线下企业的产品和经营模式，部分数字平台收购或自建实体店，将线下商店变成"实体网站"，连接和整合线上线下两个数据库。

（三）数据交易或开放共享

数据交易可以提高资源配置效率。根据产权理论，权责明晰并可交易的制度设计，能够实现资源最优配置。然而，原始数据的供应与高度特定的数据产品需求之间往往存在信息不对称，抑制了潜在交易量。并且，数据交易可能出现"阿罗信息悖论"——买方希望事先了解或获取数据以便了解其价值，但卖方一旦披露就使买方免费获得数据的信息。这导致数据交易过程中存在法律、估值、竞争和所有权等方面的问题，有学者称之为"未完全契约化的数据交易"（Huang et al.，2021）。因此，只有完善数据交易市场，数据才能通过流通真正成为生产要素。国家工信安全中心测算数据显示，2020 年我国数据要素市场规模达到 545 亿元，预计 2025 年规模将突破 1749 亿元，整体上进入高速发展阶段。

与交易相似，数据流通过程中还存在免费的开放共享行为。数据的无限可利用特点使其具备非竞争性，所以数据的开放使用会带来巨大的经济社会收益（Jones and Tonetti，2020）。然而，大部分数字平台或企业分享数据的意愿并不强。Mosterd 等（2021）探讨了平台所有者决定向其他平台开放数据的影响因素，这包括一系列与直接收益和成本（如销售平台数据的收入）、间接收益（如中心平台对用户的吸引力）以及战略考虑（如提高对其他参与者的议价能力）相关的复杂因素，企业如何权衡这些因素取决于市场背景（如市场和标准的成熟度）和组织背景（如战略重点和业务目标）。当然，也要防止利益相关的多个平台之间利用数据共享进行合谋（Cong and Mayer，2022）。2022 年 7 月，阿里巴巴与蚂蚁集团终止《数据共享协议》。这表明，同一平台生态系统之间的数据整合利用将更加谨慎，它们"私产式"数据转移将受到更严格限制，转而采取对外开放共享的市场化和社会化的方式来实现数据流通。

当然，数据交易或开放共享过程中必须给予掌握数据的一方足够的经济激励，否则交易或共享将很难发生。尽管互联网可以有效降低协调成本，但在匹配需求和供给计划、执行交易等过程中成本仍然高昂，保证数字产品之间的交互性仍须耗费大量资源和时间，因此，只有为信息服务提供者提供适当激励，才能保证用户能够获得所需数据或知识（Brousseau and Penard，2007）。尽管学术界普遍认为数据是公共产品，应该在潜在用户中共享，但现实中除非法律规定数据成为一项公共基础设施，否则要求谷歌、苹果或阿里巴巴等企业免费共享其收集的数据相当于非法征收其投资资产。因此，基于数据基础制度体系，只有明确数据的归属和共享原则，才能把数据共享的理论假说转变成合理有效的政策实践。

（四）数据要素收益分配

数据要素在总体上使利益相关方均能获益，这主要通过更高的生产率和更便捷的服务来实现。Cohen 和 Zhang（2022）基于网约车行业的研究发现，平台通过签订联合服务契约，并设计良好的利润分享机制，将使市场中的每一方（平台、乘客和司机）受益，特别是平台在需求侧面临激烈竞争之时。

然而，多数平台企业在借助用户生成数据获利的过程中，不向用户分配任何收益，出现了"平台成为数据收割者"这一倾向，为数字经济各参与主体间的数据利益冲突埋下了隐患。甚至在一些领域，数据成为平台企业间争夺掌控的"私产"，数字技术沦为服务于企业利益、以盈利为目标的庞大的数据提取工具。

数据引致的分配问题还表现在不同行业、不同岗位和不同人群基于新业态新模式的获益差异。"众筹"办企业、"零工经济"、互联网社群协作，都颠覆了传统的资本雇佣劳动关系（Vallas and Schor，2020；刘诚，2022），其劳动组织和管理方式不同于传统企业，一定程度上规避了企业对劳动者承担的社会责任（李胜蓝和江立华，2020）。Koch 等（2021）使用 1990～2016 年西班牙制造业企业数据实证发现，机器人的采用在四年内创造了 20%～25% 的产出收益，并创造了 10% 的就业机会；没有采用机器人的企业流失了大量工作岗位，使企业间的劳动力重新分配，即从不采用机器人的企业流向采用机器人的企业。Larsson（2021）以挪威发放儿童福利的自动化系统为例研究发现，政府登记册数据和自动化计算机系统不能够平等地惠及所有人，低收入者更有可能进行手动申请。

数据算法以效率为标准亦是分配失衡的诱因。一些看似"客观"的算法设计，事实上将带来差别化、歧视性的后果（刘善仕等，2022）。例如，外卖平台算法的"送达时间"这一"客观指标"的不断强化，会导致外卖员的过量劳动以及对不同劳动者的差别待遇。

而且，数字企业可以从公益事业中适度获益，但不应假借公益的名义大肆敛财。例如，一些金融产品以普惠金融的名义收取高额利息。再比如，网盘下载速度故意放慢，成为会员后才可以提速，这种做法也违背了科技向善的原则。

（五）数据安全

数据安全已成为数字经济的基础性制度，需要为数字企业规范发展营造良好的可预期的营商环境。国际上比较有代表性的制度安排是欧盟于 2018 年实施的《通用数据保护条例》以及 2022 年公布的《数据法案》。2021 年，中国通过了《数据安全法》和《个人信息保护法》两部重要法律。

对数据安全的有效规制有利于数字经济发展。Kozlenkova 等（2021）使用跨国数据研究发现，政府对平台做出的包括审查、背景调查、监控等在内的一系列安全治理措施，有助于建立平台、企业与用户之间的关系规范，从而增加人们对平台的接受度和使用率。

De Matos和 Adjeri（2022） 利用一家欧洲电信运营商的实验发现，GDPR 有效加强了隐私保护，同时也允许企业以发放数据津贴等形式合法收集并利用数据改善经营状况。然而，数据安全的有关监管要求，在一定程度上会造成不公平竞争。大平台应对政府安全规则的能力较强，且可以通过为政府部门、中小平台和中小企业提供安全技术支撑而直接获益，或将导致企业竞争格局朝着更有利于大企业的方向发展（Peukert et al.，2022）。

认定重要数据进而实施分类分级管理，是数据安全治理的核心内容。由于国际形势变化和国家需求，现在对数据分类分级特别是在对重要数据识别问题上，应该更多强调数据的国家安全和公共利益属性。一个数据是否属于重要数据的判定依据，要突出它对国家安全的影响。比如说，用户地址、用户特征、用户画像等数据，可成为信息推送、舆论引导、社会动员的必备条件，应当属于重要数据。2022年 7 月，国家互联网信息办公室公布《数据出境安全评估办法》，明确了数据出境安全评估坚持事前评估和持续监督相结合、风险自评估与安全评估相结合等原则，并规定了应当申报数据出境安全评估的情形。

数据安全治理中的一个关键问题是如何平衡用户的隐私偏好和为满足特定服务需求的数据分享。Jones 和 Tonetti（2020）证实了当企业拥有数据时，它们会过度使用数据，而不顾及消费者的隐私。现实中，可能存在"隐私悖论"①。Chen 等（2021）通过对支付宝用户的调查和行为数据分析发现，受访者自称的隐私问题并没有影响他们在支付宝第三方小程序上大量分享数据的行为。其原因可能是，有更多

---

① 隐私悖论泛指消费者自称的隐私偏好和他们实际的隐私保护行为之间普遍脱节的现象，即消费者反复强调他们关心隐私，但同时又大量分享个人数据。

隐私考虑的用户在使用小程序的过程中可能受益更多。更根本的问题是，用户无法脱离数字应用。2022年7月，国家互联网信息办公室对滴滴公司处以80.26亿元罚款，认定滴滴存在收集用户手机截图信息、剪切板信息、人脸识别信息、年龄段信息、职业信息、亲情关系信息、"家"和"公司"打车地址信息等违法事实，并且存在过度分析乘客出行意图信息、频繁索取与乘车无关的"电话权限"等滥用数据问题。

四　欧美建立数据机制的经验做法

随着数据成为线上市场甚至线上线下整个市场经济运行的主要作用机制，其在世界各国的公共管理、科学研究与工商业等领域得到广泛应用。为引导数据机制在资源配置和公共治理中更好发挥作用，美国、英国、欧盟等国家或地区纷纷颁布围绕数据使用与保护的公共政策，形成了一些相对成熟的经验做法。

（一）强化数据使用规则

世界各国对数字经济的规则动向，已从反垄断监管转向制定新规则，其中数据是新规则的核心。实践表明，消费者福利标准已不完全适用于数字平台，全球许多国家或地区已将数字经济的监管重点从反垄断执法转向了制定更加适用于数字经济的新规则（Sokol et al.，2021），其基本内容是建构数据基础制度，规范数据使用权利。美国联邦贸易委员会、德国联邦卡特尔办公室都试图将隐私和数据保护目标纳入传统的滥用市场力量分析（Witt，2021）。美国制定数字隐私控制标准化实施指南，确保基于居民个人信息取得的数据安全

（Campbell et al.，2015）。德国政府通过建构全面的网络安全政策框架，注重保护德国企业的数据主权（Frank et al.，2019）。2022 年 2 月，欧盟委员会推出《数据法案》，规定包含数据共享、公共机构访问、国际数据传输、云转换和互操作性等方面，致力于解决那些阻碍数据利用的法律、经济和技术问题，据预计，新的规则将使更多的数据可以被重新使用，到 2028 年将创造 2700 亿欧元的额外 GDP。

欧美注重数据以及数据规则的透明性，界定数据权属从而健全数据规制政策。尽管数字经济仍存在很多模糊区域和灰色地带，但在全球范围内，相关政策正朝着这些模糊区域和灰色地带迈进，特别是试图强化数据采集的知情权和同意权，并在此基础上设置算法的透明度、可解释性、可选择性要求。欧盟公布的《数据法案》和美国国会提出的《过滤气泡透明度法（草案）》，都体现了这种趋势。

欧美往往以数据量较大、用户数较多等为标准认定部分大型平台，对其实施更加严格的监管。例如，美国将市值达到 6000 亿美元以上、在美国拥有超过 5000 万月活跃用户或 10 万月活跃商业用户并具有限制其他企业访问客户或服务能力的平台定义为"覆盖性平台"，其一旦被认定，就需要接受特殊监管。

不过，欧美一些重要法律草案仍然难以在社会上形成共识。这是因为数字经济发展本身也才拉开序幕，未来的数字场景、数据生态到底如何演化，特别是人类社会应该如何划分和配置与数据相关的权利、利益、责任，还远未有清晰而完整的体察。

（二）谋求数据确权与开放平衡

一方面，欧美强化数字资产的保护。近年来，欧美极力推动数字企业在对服务内容承担责任、尊重版权、获取牌照等方面的合规性。2022 年 6 月，欧盟决定实施地标性监管，试图针对欧盟境内的数字资产创造一个综合性的监管框架，以限制加密数字货币市场的"蛮荒"发展，促使其进入有序发展阶段。

另一方面，数据的确权固然重要，但为了更好地提高和增强数据的使用效率和普惠性，欧美在一些领域采取了"搁置争议，共同使用"的务实做法，即把大平台的数据作为公共品让中小平台和企业共享。例如，英国和欧盟在金融业等领域实施数据开放计划，要求银行、科技公司等公开用户金融数据，促进公平有序竞争。而且，欧美并非一味地保护数据所有者权利，在数据所有者违背竞争原则等特殊情形下，其他企业可以跳过专利和版权等法律条款，直接复制使用相关数据。早在二战时期，美国便做出规定允许出版商打破版权限制，自由复制敌对国德国的科学书籍，此举使相关图书价格下降 28%，引用这些图书的新研究增加了一倍以上（Biasi and Moser, 2021）。

与此同时，欧美注重处理监管权力合规性与企业创新的平衡，为创造性破坏的发生留足余地。2022 年 3 月，欧洲议会批准了一项为期 5 年的试点计划，将利用区块链技术测试股票、债券和基金的发行、交易及结算业务。借此，欧盟成员国将有机会测试新的加密应用程序，而按照原有的管理金融市场基础设施的法律，此类应用是被禁止的。该试点不仅能帮助现有金融法律适应数字化进程，也能展现对于推动金融市场更安全、更高效的新技术的开放态度。

（三）注重数据交易反垄断

数据交易可以作为平台企业垄断的判断依据和解决途径。由于数据是数字经济各种业务的核心内容或必备特征，基于数据对平台和企业行为进行甄别就可以事半功倍，并可以通过数据公开"釜底抽薪"解决反垄断问题。从欧美实践来看，基于区块链的智能合约有助于发现新垄断形式并授权监管机构及时做出管控（Massarotto，2022）。所以，欧美监管部门主张借助数据交易过程中的数据流向，判断企业反竞争行为，并对这些行为做出针对性监管。

欧美格外关注数字企业或平台在并购活动中形成的数据垄断优势。以往欧美政府对大型并购的审查主要基于并购后企业的市场占有率指标，以防止市场过度集中对其他企业造成不公平竞争。随着大量经济形态从线下转到线上，线上经济活动形成了一个庞大的用户数据市场，成为决定经济资源配置的重要力量。对数据的垄断则成为判断企业并购形成垄断势力的重要考量。例如，脸书并购 WhatsApp 时曾向欧盟表示，由于双方数据无法实现匹配，因此并购行为将很难影响到双方所在市场的竞争格局，但并购后脸书擅自将双方数据进行合并，对此欧盟以在并购调查中提供误导性信息为由，对脸书处以 1.1 亿欧元的罚款。

（四）加强数据流通监管专业性

鉴于数据与算法具有极强的专业性，一些国家或地区设立专门的数据法院和数据信托机构。2022 年 3 月，美国与欧盟达成的《跨大西洋数据隐私框架》提出，欧盟将设立一个独立的数据保护审查法院，来专门审理数据流动和利用中的诉讼问题并提供司法救济。而且，英国做出了数据信托的制度设计和实践探索，基于个人或企业的数据财产权益设立信托，通过第三方管理和隐私计算等技术手段，确保数据流通和交易过程中隐私和数据安全。数据信托独立于数据控者和使用者，独立第三方作为数据受托人，承担具有法律约束力的责任，确保数据的共享和使用有利于特定的人群、组织和利益相关者。

（五）在安全前提下推动数据跨境流动

安全是欧美利用数据要素和发挥数据机制作用过程中所考量的底线因素。随着互联网巨头企业在全球范围内进行业务布局，数据安全成为数字时代国家安全的全新内容，尤其是跨境数据流动因涉及国家安全而备受关注。2022年3月，美国总统拜登签署了一项名为"确保负责任地开发数字资产"的行政命令，呼吁美国政府机构评估数字资产的收益和风险，以确保美国在数字资产领域保持全球领先地位。2022年3月，欧盟委员会提出新的《网络安全条例》，旨在保护欧盟公共行政部门免受日益增加的网络威胁。根据该条例，所有欧盟机构、团体、办公室将被要求制定网络安全框架，进行定期评估，实施改进计划。

尽管都重视数据安全，但由于数字产业基础不同，欧美对数据跨境流动的态度存在显著差异。美国互联网企业具有先发优势，数据跨境流动会带来天然的数据本地化存储及全球数据管理权。美国虽然表面上鼓励跨境数据流动①，但实际上主要是吸引外国数据流向美国。例如，美国《澄清境外数据合法使用法案》（CLOUD Act）增强了美国执法机构获取境外数据的能力，采用"实际控制标准"代替"数据存储地标准"，设计了执法机构跨境访问、获取、调用数据的规则机制。欧盟则倾向于更严格的数据流动保护。2020年7月，欧盟最高法院驳回欧美签订的数据跨境传输协议，最高法认为"在美国的

---

① 美国《统一个人数据保护法》创设了一个"自愿共识标准"，只要当事人之间达成自愿的共识，做出契约安排，就可以进行数据交易和跨境流动。

服务器上存储欧盟居民的数据将有可能使欧洲人受到美国政府的监控，但欧洲人没有'可起诉权利'来应对这种监控"。

表6-3呈现了对美国、欧盟与中国数据治理路径的比较，可以发现，中美欧都在数据流动和数据安全保护之间寻找平衡点，但是其利益和立场差别较大，全球数字贸易体系仍较为初级。客观地说，虽然各国都在大力发展数字经济，但是全球化的市场和贸易体系尚未建立，数据更多地服务于本国市场①。

表6-3 中美欧三方数据治理路径比较

	美国	欧盟	中国
治理背景	先发强国、优势明显	转型强国、人文传统	后发国家、发展迅猛
治理路径	创新为主	监管为主	均衡发展
治理方式	分散立法、相对宽容	统一立法、立场严苛	雏形初现、细化优化
治理目标	维持主导	独立自主	弯道超车

资料来源：抖音集团数据与隐私法务团队、清华大学数据治理研究中心《全球数据要素治理研究报告》，2022年7月。

五 结论与政策启示

我国丰富的数据场景与规模庞大的数字规模，为数据要素的市场化流通提供了坚实的数据生态基础。数据是线上市场不同于线下市场的主要作用机制。而要发挥好数据机制的作用，必须加强数据治理，其核心是建构数据基础制度体系，主要包括确权、流通、交易（或开放共享）、分配、安全5个方面。从欧美的实践经验来看，它们正

---

① 美国和德国等欧美国家的数字经济产业参与世界贸易的比重均不高，无论是以前向联系计算还是以后向联系计算，其增加值中大部分源于本国。

在强化数据使用的规则、谋求数据确权与开放的平衡、注重数据交易中的反垄断、加强数据流通监管的专业性、在安全前提下推动数据的跨境流动。

本章对数据机制的理论分析、对全面建构数据基础制度体系的初步探究以及对欧美经验的相关总结，可为我国数字经济的制度建构和规范发展提供一定的政策启示，助力通过建构数据基础制度体系提升数据机制的资源配置效率。

第一，以数据契约化推进数据确权。加快建立与完善数据产权、交易流通、跨境传输、数据保护、网络安全等方面的制度标准和法律法规。进一步明晰政府、平台和企业等主体在数据采集、使用、交易等各环节的权责。明确用户个人对数据的所有权，只有在个人知悉与同意的情况下平台才可将数据用于广告等业务。平台获取用户同意，要以用户有足够的外部选择权为前提；用户拒绝平台获取数据时，不能影响用户实际享受的平台服务水平；用户同意平台获取数据时，平台也不能给予用户特殊的优待。个人具有数据转移的权利，在一个平台上的数据可以转移到另一个平台上，相应平台必须给予技术上的便利，例如微信通讯录可以导入支付宝通讯录。若要跨平台使用，则须事先征得用户同意，且要将此数据库对外开放，其他平台也可免费使用这些数据。发展数据确权标识技术来解决数据交易流通的权属问题。利用智能合约技术对数字经济的各类契约进行标准化，将复杂的契约条款转化为智能代码，自动生成、自动执行，以此提升契约的效率和可信度。

第二，构建数据全产业链流通、交易和共享的规范体系。把数据价值判断融入新业态新模式的业务流程，实现基于精神价值的"内循环"监管，确保数据资源优化配置到生产实践中。培育超大规模数据要素市场，形成多层次数据要素市场。培育一批数据服务商，开发和推广一批数据产品和服务，为中小企业的数字化转型搭建起一个完善的生态伙伴体系。探索数据资产定价机制，推动形成数据资产目录，逐步完善数据定价体系。发展隐私加密计算技术推动高价值数据在"可用不可见"的前提下实现交易。支持产业链上下游企业开放数据，推进数据开放利用技术应用和安全标准体系建设，加快研制工业数据交互等基础共性标准。通过区块链加密技术，把线上数据作为企业的资信证明，酌情应用于政府采购、项目申报、获取财政资助等场合，以替代政府部门认证、会计审计证明等。把信用监管扩展至工业生产领域，使用工业互联网平台实时采集的数据为金融机构提供企业生产经营状况的全景图，搭建基于生产运行数据的新型征信体系，缓解传统征信体系对中小企业不够友善的问题。把政务数据作为数据共享制度的试点领域，并逐步扩展至由企业提供的地图导航、健康管理等其他公共数据。建立数据信托制度，组建数据银行和公共数据池。

第三，加强数据反垄断监管。要加强监管平台和企业基于数据形成垄断势力的行为。借助数据应用追踪技术，将数据治理嵌入数字经济监管的各环节，更多地依靠区块链、机器学习等先进算法来监管数字经济，洞察那些微妙而隐蔽的反竞争行为。参照欧美的做法，基于数据量和活跃用户数认定少数大型平台，对它们进行专门规制和针对性治理。加强平台企业沉淀数据监管，对不同类型平台的数据垄断进行分类监管：对商业平台的数据垄断要加强监管，特别是由事后监管向事前事中监管转变，提高政策的前瞻性；对公共平台的数据垄断要给予优化利用，使其更大程度发挥公共效能而不是攫取垄断利润；对平台之间以及平台与实体店之间的并购，要特别关注数据整合形成的新的市场势力。

第四，通过数据伦理道德推动平等分配。寻求以效率为导向的数据管理与以人性为导向的伦理管理之间的平衡。对平台提供数字服务的算法加强管理，对劳动者权益保障、消费者保护、科技产品向善等做出细化规定。加强对算法设计者和应用者的技术伦理教育，使其认识到增进效率的同时可能导致社会负外部性，引导其在事前制度设计上嵌入对劳动者的关怀。合理分配数据要素收益，有效保障社会公众的数字资产权利，并确保公众有机会参与数字资本收益的分配，形成"人人都可以依靠数据增进生活便利度、改善工作条件和技能、提高劳动报酬"的数据要素分配格局。加强数据税法长期研究，形成合理的征税方案，借此形成稳定的预期，"净化"不合理避税和偷税漏税恶习，倒逼平台更加专注创新发展而非"钻营"制度漏洞，促使其更加合理地使用数据。

第五，平衡好数据跨境流动与数据安全的关系。对数据的包括所有者、使用者、管理者、投资者在内的各方的权益进行保护，做好数据权利保护与数据要素流转利用之间的平衡。加强数字企业并购和境外上市的风险管控。

参考文献

蔡继明、刘媛、高宏、陈臣：《数据要素参与价值创造的途径——基于广义价值论的一般均衡分析》，《管理世界》2022 年第 7 期。

金骎路、陈荣达：《数据要素价值化及其衍生的金融属性：形成逻辑与未来挑战》，《数量经济技术经济研究》2022 年第 7 期。

李三希、张明圣、陈煜：《中国平台经济反垄断：进展与展望》，《改革》2022

年第 6 期。

李胜蓝、江立华：《新型劳动时间控制与虚假自由——外卖骑手的劳动过程研究》，《社会学研究》2020 年第 6 期。

刘诚：《数字经济规范发展的制度突破与建构》，《中国特色社会主义研究》2022 年第 1 期。

刘诚：《数字经济与共同富裕：基于收入分配的理论分析》，《财经问题研究》2022 年第 4 期。

刘诚、夏杰长：《数字经济发展与营商环境重构：基于公平竞争的一般分析框架》，《经济学动态》2023 年第 4 期。

刘善仕、裴嘉良、葛淳棉、刘小浪、谌一璠：《在线劳动平台算法管理：理论探索与研究展望》，《管理世界》2022 年第 2 期。

刘向东、何明钦、刘雨诗：《数字化零售能否提升匹配效率？——基于交易需求异质性的实证研究》，《南开管理评论》2022 年知网网络首发。

谭九生、范晓韵：《"算法权力"的异议与证成》，《北京行政学院学报》2021 年第 6 期。

肖旭、戚聿东：《数据要素的价值属性》，《经济与管理研究》2021 年第 7 期。

谢富胜、吴越、王生升：《平台经济全球化的政治经济学分析》，《中国社会科学》2019 年第 12 期。

张文魁：《数字经济的内生特性与产业组织》，《管理世界》2022 年第 7 期。

张一林、郁芸君、陈珠明：《人工智能、中小企业融资与银行数字化转型》，《中国工业经济》2021 年第 12 期。

Biasi, B. , and P. Moser, "Effects of Copyrights on Science：Evidence from the WWII Book Republication Program", *American Economic Journal：Microeconomics*, 2021, 13 （4）.

Bounie, D. , A. Dubus, and P. Waelbroeck, "Selling Strategic Information in Digital Competitive Markets", *The RAND Journal of Economics*, 2021, 52 （2）.

Brousseau, E. , and T. Penard , "The Economics of Digital Business Models：A Framework for Analyzing the Economics of Platforms", *Review of Network Economics*, 2007, 6 （2）.

Campbell, J. , A. Goldfarb, and C. Tucker, "Privacy Regulation and Market Structure", *Journal of Economics & Management Strategy*, 2015, 24 （1）.

Chen, L. , Y. Huang, S. Ouyang, and W. Xiong, "The Data Privacy Paradox and Digital Demand", NBER Working Papers, 2021.

Cohen, M. , and R. Zhang, "Competition and Coopetition for Two-Sided Platforms", *Production and Operations Management*, 2022, 31 （5）.

Cong, L. W. , and S. Mayer, "Antitrust, Regulation, and User Union in the Era of

Digital Platforms and Big Data", Working Paper, 2022.

De Matos, M., and I. Adjeri, "Consumer Consent and Firm Targeting After GDPR: The Case of a Large Telecom Provider", *Management Science*, 2022, Forthcoming.

Farboodi, M., and L. Veldkamp, "A Growth Model of the Data Economy", NBER Working Papers 28427, 2021.

Frank, A. G., L. S. Dalenogare, and N. F. Ayala, "Industry 4.0 Technologies: Implementation Patterns in Manufacturing Companies", *International Journal of Production Economics*, 2019, 210.

Gupta, S., and L. G. Cooper, "The Discounting of Discounts and Promotion Thresholds", *Journal of Consumer Research*, 1992, 19 (3).

Gurkan, H., and F. Vericourt, "Contracting, Pricing, and Data Collection Under the AI Flywheel Effect", *Management Science*, 2022, 68 (12).

Hagiu, A., and B. Jullien, "Why Do Intermediaries Divert Search?", *The RAND Journal of Economics*, 2011, 42 (2).

Huang, L., Y. Dou, Y. Liu, J. Wang, G. Chen, X. Zhang, and R. Wang, "Toward A Research Framework to Conceptualize Data as A Factor of Production: The Data Marketplace Perspective", *Fundamental Research*, 2021, 1 (5).

Jones, C. I., and C. Tonetti, "Nonrivalry and the Economics of Data", *American Economic Review*, 2020, 110 (9).

Jullien, B., and W. Sand-Zantman, "The Economics of Platforms: A Theory Guide for Competition Policy", *Information Economics and Policy*, 2021, 54.

Koch, M., I. Manuylov, and M. Smolka, "Robots and Firms", *The Economic Journal*, 2021, 131 (638).

Kozlenkova, I., J. Lee, D. Xiang, and R. Palmatier, "Sharing Economy: International Marketing Strategies", *Journal of International Business Studies*, 2021, 52 (8).

Krasnokutskaya, E., K. Song, and X. Tang, "The Role of Quality in Internet Service Markets", *Journal of Political Economy*, 2020, 128 (1).

Larsson, K. K., "Digitization or Equality: When Government Automation Covers Some, but Not all Citizens", *Government Information Quarterly*, 2021, 38 (1).

Lash, S., "Power after Hegemony: Cultural Studies in Mutation", *Theory, Culture & Society*, 2007, 24 (3).

Li, C., and B. Tomlin, "After-Sales Service Contracting: Condition Monitoring and Data Ownership", *Manufacturing & Service Operations Management*, 2022, 24 (3).

Marshall, R., and S. B. Leng, "Price Threshold and Discount Saturation Point in Singapore", *Journal of Product & Brand Management*, 2002, 11 (3).

Massarotto, G. , "Using Blockchain-Based Smart Contracts to Enforce the Antitrust Consent", Working Paper, 2022.

Mosterd, L. , V. Sobota, G. Kaa, A. Ding, and M. Reuver, "Context Dependent Trade-Offs around Platform-to-Platform Openness: The Case of the Internet of Things", *Technovation*, 2021, 108.

Peukert, C. , S. Bechtold, M. Batikas, and T. Kretschmer, "Regulatory Spillovers and Data Governance: Evidence from the GDPR", *Marketing Science*, 2022, Forthcoming.

Rochet, J. C. , and J. Tirole, "Two-Sided Markets: A Progress Report", *The RAND Journal of Economics*, 2006, 37 (3).

Simsek, Z. , E. Vaara, S. Paruchuri, S. Nadkarni, and J. D. Shaw, "New Ways of Seeing Big Data", *Academy of Management*, 2019, 62 (4).

Sokol, D. , "A Framework for Digital Platform Regulation", *Competition Law International*, 2021, 17 (2).

Tranos, E. , T. Kitsos , and R. Ortega-Argiles, "Digital Economy in the UK: Regional Productivity Effects of Early Adoption", *Regional Studies*, 2021, 55 (12).

Vallas, S. , and J. B. , Schor, "What Do Platforms Do? Understanding the Gig Economy", *Annual Review of Sociology*, 2020, 46 (1).

Wichmann, J. , N. Wiegand, and W. J. Reinartz, "The Platformization of Brands", *Journal of Marketing*, 2022, 86 (1).

Witt, A. , "Data, Privacy and Competition Law", Graz Law Working Paper, 2021.

Wu, Y. , and F. Zhu, "Competition, Contracts, and Creativity: Evidence from Novel Writing in a Platform Market", *Management Science*, 2022, Forthcoming.

第七章　数字经济时代信用体系的重构

随着中国数字化转型的加速推进，社会信用体系的建构和完善面临重大机遇。征信机构广泛采用数字技术进行数据采集、存储、运算和使用，推动了信用数据"量"的增长，却未能跳出传统经济分析框架，对信用体系的"质"的提升作用较有限。因此，需要紧密结合数字经济时代特征，探究信用体系建设的新境遇，从而提出针对性的制度设计和政策建议。

一　信用与数字信用

党的二十大提出，"完善产权保护、市场准入、公平竞争、社会信用等市场经济基础制度，优化营商环境"。作为社会信用和数字经济的契合点，我国信用大数据社会已全面到来。大数据、人工智能等数字技术使"一切数据皆信用"成为可能，信用大数据在生产生活各个领域为市场主体提供服务并随之成为社会信用体系的重要内容。近年来，国务院办公厅印发了《关于加快推进社会信用体系建设构建以信用为基础的新型监管机制的指导意见》等文件，要求拓宽大数据在政务诚信、商务诚信、社会诚信、司法公信等领域的应用场景。

　　与此同时，各级政府利用信用数据实施经济社会监管的治理水平不断提升。中山大学营商环境课题组调查发现，2021 年使用国家企业信用信息公示系统的市场主体比例达 68%（徐现祥等，2022）。2022 年 8 月，世界银行发表文章《中国商事登记改革：成果与下一步》高度肯定了中国的商事制度改革成就，认为"通过收集、分享和公开企业的社会信用信息来建立和完善事中事后监管"是中国的一项重要改革经验。

　　然而，当前的信用体系建设仍未对数字经济做出充分回应，对新时代的新经济、新业态、新模式考量还不深入。随着中国数字化转型的加速推进，社会信用体系的构建和完善面临重大机遇（袁康，2022）。但囿于传统经济分析框架，政策实践往往仅把信用数据汇总成大数据，并采用数字技术进行采集、存储、运算和使用，其在实现信用数据量增长的同时，却未纳入线上评分和工业数据等鲜活数据，未改变实物抵押担保的信贷模式，也未对线上数据造假和滥用做出回应式监管。因此，数字经济时代的信用体系建设，应增加线上数据这条新"跑道"，使用新的抵押担保模式，提升数据可信性。这正是本章要研究的核心问题。

　　由于数字技术改变了传统交易的组织方式和市场信任的社会基础，故须对虚拟空间中的信用及其生产和维持做出理论上的重新认识。在数字经济时代，经济社会活动的场景、模式和关系结构向数字空间不断迁移，信用信息碎片化、数据化和网络化的特征更加突出，依托传统理念和路径构建的社会信用体系的局限日益凸显，深刻影响着社会信用体系的运行基础。从契约角度来看，数字经济时代的契约发生了变化，内生要求信用体系发生对应变革。经济社会中所有的交易都可以被视为一种契约，不同的契约对应于不同的治理结构，主要包括企业、市场、官僚组织、非营利组织等（夏杰长和刘诚，2020；刘诚和夏杰长，2021），但随着数字经济发展壮大，一些新业态新模式改变了企业和市场关系，也改变了各种经济社会组织结构及其治理效能。一方面，数字经济时代的信息成本更低。数字经济将数据要素作为关键生产要素，与传统的生产要素有所不同，数据要素的搜索、复制和传输成本几乎为零，能够通过数据开放和共享来解决信息不完全和信息不对称的问题，减少生产过程的边际成本以及市场交易费用（刘诚，2022）。在一些数字平台上，每个市场主体都能根据自身需求，以极小的代价甚至免费获取到相应的商业及生产信息，从而在决策中有效减少"走弯路"的风险，降低边际成本和交易成本（任保平和王思琛，2022）。另一方面，数字经济的信用构建更依赖虚拟空间的安全感。线上市场交易不具备线下交易所带来的现场体验和稳定预期，因此，在各种旨在积累用户和提高用户黏性的商业模式及经营策略中，获得消费者的信任是平台和商家的首要任务。当前，各大数字平台通过一系列的技术设置塑造了一种相对可靠的制度环境，以消除线上市场交易潜在的不确定性。这种技术设置主要是通过技术手段将平台、商家、消费者的权利和义务进行明确的设定，构建一套交易模式及固定流程，以确保交易结果符合各市场主体的预期。

已有文献对数字信用体系建设做了探讨。Putnam（1995）发现，电视使社交更广阔但也更浅显，看电视较多的人较少参加社交活动且往往不值得被信任。Larsen（2021）对二手车市场拍卖的研究发现，未达成的交易中超过一半其实是有利可图的，谈判失败导致市场总收益减少 12% ~ 23%。Jovanovic（2021）通过对产品召回的分析发现，声誉占公司价值的 8.3%，对公司最大收益或最优福利水平的影响高达 26%。Berg 等（2020）使用德国 25 万次采购数据实证发现，商务公司在引入用户的电子足迹（如购买使用的设备是电脑还是手机及其操作系统、邮箱是不是付费邮箱、填写信息是否出错等）之后，用户违约率大幅下降约 50%。张一林等（2021）研究发现，大银行和互联网中小银行在应用数字贷款技术上占据优势，与数字足迹丰富的数字化中小企业形成匹配关系。宋华等（2022）认为，数字技术可以有效促进金融服务提供商构建供应链金融网络信任关系。范小云等（2022）研究发现，新闻和社交媒体等"另类数据"可帮助银行从不同视角洞察市场状态，提高风险评估和预测准确性。但已有研究侧重线上数据所具有的信用价值，却未从信用体系建设角度审视将线上数据信用化时存在的现实问题及其制度优化思路。

本章可能的边际贡献体现在以下三点。一是分析了数字经济时代扩大征信范围和改变社会信用建构模式的现状、问题和制度设计。本章跳出传统征信系统依靠数字技术扩大数据量的思维方式，针对数字经济时代出现的新问题，着重分析如何利用线上数据建构数字信用，并使之成为信用体系的有机组成部分。二是对数据可信性这个线上征信的难点问题进行深入剖析。通过对数据操纵和滥用等问题的分析，探究线上数据不可信、线上信用难建构的问题根源，进而从数据开放、数据标准化、数实融合、算法透明度等方面提出了若干具体的制度设计。三是从学理上探究了线上信用可以扩大市场、发挥超大市场潜力的事实。在一个市场化程度不高、普遍缺乏信任的转型经济社会中，线上市场有助于形成线上信用并成为经济高效运行的重要润滑剂，激发市场活力，并催生大量二手市场和闲置市场。

二 数字经济时代信用体系建设的新境遇

中国信用体系建设在不断发展完善，并且适应数字经济发展要求而做出了一些制度变革，譬如将信用和大数据结合。但目前的变革仍囿于传统经济框架，未触及数字经济时代的一些新境遇，主要表现在数据范围的扩大可以开辟新"跑道"、抵押担保体系和运行模式需要变革、线上数据可信性亟待提升三个方面。

1. 局限于线下数据

线上数据在征信中已有应用，但依然相对不足。一方面，传统征信和数字化技术的交叉融合，显著提高全社会的信用水平。信用评级机构可以通过收集个人和企业特征信息及其行为数据，构建评价模型，对其资产、能力、抵押品、经济状况及其稳定性进行评估，并给出相应的信用评分。这种方式已超越银行信贷融资这个传统领域，延伸到网贷、网购、住宿、医疗、出行以及公共服务等广泛的生产生活场景。另一方面，征信系统以信贷数据为主，部分吸纳了数字金融领域的线上数据，但未能覆盖消费互联网和产业互联网领域的新业态新模式。没有利用数字技术手段获取和治理各种各样的数据，如文本、物联网数据、人脸识别数据，导致大量线上数据未被激活，与数据要素的地位不符。而且，由于蚂蚁金服、微信支付等大平台存在垄断问题，国家有关部门实施了"断直连"监管政策，禁止平台向金融机构直接提供用户数据，要求必须经过持牌征信机构来协调处理，这削弱了平台在金融机构和用户之间的双边市场地位，抑制了线上金融数据向信用数据的转化渠道。

征信仍以金融和商业数据为主，未掌握工业生产数据和供应链创新链数据。我国工业大数据资源规模庞大，但价值潜力还没有充分释放。2015 年《国务院关于印发促进大数据发展行动纲要的通知》提出要"发展工业大数据"。2020 年 3 月，工业和信息化部印发《工业数据分类分级指南（试行）》，着力指导企业提升工业数据管理能力，促进工业数据的使用、流动与共享，释放数据潜在价值。但包括生产数据、供应链数据、创新链数据等在内的工业大数据，与金融数据和商业数据相比，存在标准不统一、业务口径不一致、数据完整性欠缺、数据背后代表的经济金融价值难以量化等问题，这种多源异构的特点使其汇聚难度大，导致信用化处理的现实进展缓慢，仍未被纳入信用体系建设之中。

2. 传统信贷模式僵化

长期以来，信用市场重抵押担保，对中小企业不利。Laufer 和 Paciorek（2022）探究了抵押贷款机构的最低信用评分门槛值变化，研究发现达不到门槛值的个体或家庭会在 2~4 年时间内难以获得信贷支持。传统信用体系建设试图覆盖更多中小企业以增强信贷服务，但未有效缓解抵押担保模式僵化问题，且实际覆盖率不高。调查表明，中国人民银行征信系统收录的市场主体不及工商注册市场主体数量的一半，大部分市场主体由于信用记录缺失等问题，无法享受基本的金融服务（葛孟超，2021）。一些国家或地区曾经试图改变这一状况，例如发展小额信贷满足一部分潜在的信贷需求，其中比较有名的例子是 2006 年诺贝尔和平奖得主尤努斯创造的乡村银行模式，但实际作用较为有限（Meager，2019）。而随着数字经济的发展，利用大数据、人工智能等手段可以缓解中小企业因缺乏抵押物而面临的融资难问题，对促进金融服务实体经济尤其是服务小微和民营企业将起到重要作用。例如，互联网银行可以基于平台上中小商户的销售状况等指标，提高决策智能化水平，实现更为便捷、更低成本、更下沉客户的信贷发放。

数字经济时代可以实现信任创造模式从"抵押品"到"信任机制"的重构。实物担保的信用模式越来越与现实经济发展相抵牾，需要置于当下的数字经济时代来重新理解信用及其信用创造模式。线上数据可以被"资源化"为潜在的信用符号或等级，具有信用识别和信用创造功能。此时，数字经济时代信用机制发生了变化，信用不再过度依赖抵押品，而是通过大数据和评级反馈系统以及区块链等数字技术形成去中心化的信用机制。因此，基于大数据人工智能技术，通过鼓励市场化的金融科技机构健康规范发展，有利于填补市场主体需求和传统信用服务供给之间的巨大缺口，促进普惠金融发展。即便在传统征信产业发达的美国，随着数字经济的兴起，大数据征信也实现了快速发展，主要依靠复杂算法确定个体和企业信用水平。

线上声誉促进彼此形成无形的信任。早在中世纪，地中海的商人就通过声誉激励促进合作。在线上交易中，线上声誉（包括总评价数、好评率、差评数、评级内容以及声誉等级）是商家吸引用户注意力、建立信任、促使用户做出交易决策的重要依据（刘诚和夏杰长，2023）。eBay、爱彼迎等平台的兴起很大程度上归功于平台设计的声誉反馈机制：买家和卖家可以对交易行为进行评论，评论信息反馈在交易平台上，供其他用户浏览（Tadelis，2016）。Cai等（2014）发现声誉系统弱化了重复交易和成交率的关联，还能帮助好声誉卖家扩大市场。王勇等（2023）研究发现，个人数字信用作为声誉机制可以促进交易。作为线上市场的建构者，平台设置了"以用户体验为中心"的评价体系，从而推动了线上信用的生产和扩大再生产。换言之，商家通过既往交易积累的线上声誉吸引用户和取得用户的信任，并在当下交易中维持和提升线上声誉，以此吸引和推进后续交易。

在中国这样一个市场化程度不高、普遍缺乏信任的转型经济社会中，数字经济更有助于积累和公开信用数据并督促甚至强制各方按契约办事。开始时，人们只是对便宜的和标准化的商品（如日用品和文具）进行线上交易，慢慢地，人们越来越"敢于"仅凭借线上交易记录对贵重商品进行交易（如汽车、首饰和重型机械），人们对线上市场的信任度不断提升。从延伸意义上看，数字信用不仅有利于金融信贷和市场交易，还有助于在全社会形成积极向上的契约精神，为经济高质量发展提供规范性指引。例如，闲鱼平台推出碳账户业务，为每一位闲鱼用户建立了闲置交易的个人碳账户，让平台用户每一次闲置交易的减碳价值都可量化、可感知并且实现价值转化，有效助力绿色低碳社会建设。

而且，新的信用评价体系及其信贷模式对原本信息披露成本较高的企业更有利，可以打破"柠檬市场"困境。尽管现代经济逐渐从熟人扩展到陌生人，但市场主体间的社会不信任仍然存在，交易成本普遍较高，"柠檬市场"现象较为常见，超大规模市场的潜力没有充分发挥出来。平台对市场配置方式的改变，其中一个重要途径是解决信息不对称问题，在信号发射、委托代理等市场解决信息不对称的相关机制基础上，进一步形成了一个较为系统的线上信用体系，从根本上缓解了"柠檬市场"这个老问题。线下市场也存在信用体系，但信息收集、流通和使用成本较高且信息容易失真，在权衡成本收益后实际上形成了一个信用体系的边界，在信息成本等于收益时不再有效，使其没有覆盖二手车市场等信息不对称较严重的领域。而数字经济降低了交易成本，使线上市场形成的信用体系成本更低，从而扩大了市场规模。在传统经济范式之下，有些市场混乱不堪、缺乏市场公信力，导致人们的潜在需求被抑制，如民宿行业，而数字信用的存在使人们可以放心出行。同时，平台为双方提供交易的各种条件，如搜寻、推广、地理定位、支付等，这降低了交易双方"敲竹杠"风险，降低了资产专用性对企业投资的限制，企业可以更加专业化经营，其结果就是私人订制、个性化产品和服务的兴起。

3. 数据可信性存在较大争议

线上数据易被造假，这也是其未被充分纳入征信系统的重要原因。其中，主要问题在于平台和商家的利己动机过强，在缺乏监督情况下出现"刷分"等数据操纵行为。从媒体曝光的案件以及消费者的日常体验来看，"刷分"已成为一种普遍的网络失范，部分平台和商家存在不同程度的刷单以及虚假排名问题。人们可能被虚假的线上评分所蒙蔽，高估相关企业或个人的信用，但事后则会反向纠正这种认知偏差甚至对整个线上信用体系产生怀疑。研究表明，好评泛滥会降低平台上信息的多样性与有效性（Bolton et al.，2013；Nisar et al.，2020）。

影响数据可信性的另一个重要事实是数据滥用。数据滥用有很多具体表现，首要便是数据泄露。2018 年脸书曝出剑桥分析数据泄露事件，涉及 8700 万用户的个人数据以及可能不当使用相关数据的第三方。2022 年 12 月，脸书母公司 Meta 同意支付 7.25 亿美元的和解费来应对该集体诉讼，但不承认其任何不当行为。二是平台合谋。Cong 和 Mayer（2022）研究发现，数据反馈在提高服务质量的同时，可能会集中市场力量；多个平台可能通过数据共享进行合谋，共同对消费者、入驻企业、供应商等实施垄断行为。2022 年 7 月，蚂蚁集团和阿里巴巴暂停数据共享协议，以防止利益集团内部合谋损害消费者利益。三是过度收集数据。2022 年 7 月，国家网信办对滴滴公司处以 80.26 亿元罚款，认定滴滴存在收集用户手机截图信息、剪切板信息、人脸识别信息、年龄段信息、职业信息等滥用数据问题。四是使用公共数据过度牟利。2022 年 8 月，一家二手车销售公司对一家信息技术公司提起诉讼，控诉对方垄断使用公共数据，在提供车险信息查询时对会员单位与非会员单位采取不同收费标准。客观地说，尽管车险信息属于公共数据，但提供数据服务的平台有权收取一定的服务费，即公共数据可以采取商业化运营模式。不过，针对公共数据是否被平台独家垄断、收费是否合理等问题，有关部门须进一步明确，平台的收益权应建立在数据服务上（如相关设施投入、数据分类整理、专业化定制化客户服务等）而不是数据垄断上，更不能据此攫取"超额利润"。2022 年 12 月，知网滥用市场支配地位被罚 8760 万元，其中也涉及对公共数据使用权的界定和相关产品价格的制定等问题。五是数据污染。数据污染是对原始数据的扭曲，是对数据的原有内容和格式的破坏。伪造和篡改数据都会造成数据的污染和缺失，产生的虚假数据不仅损害了原始数据的完整性、准确性和真实性，还会间接影响到基于这些数据开展的其他工作，对被污染后的数据进行分析可能产生错误的结论，使得数据本身的价值和功能无法正常实现，甚至造成严重的经济损失和社会公共利益损失（马费成等，2022）。六是侵犯知识产权。在数据使用过程中往往伴随数字内容的知识产权和传输技术的专利等问题，越来越引发国际社会关注。例如，加州理工学院起诉苹果、三星、微软、戴尔和惠普等科技巨头侵犯了其数据传输专利。当然，还存在其他多种数据滥用问题，如平台并购过程中的数据合并问题，此处不一一罗列。并且，从行为的结果来看，各类数据滥用行为都会损害消费者利益（如侵害个人隐私），损害平台、商家和消费者之间的信任关系。

随着数字技术的加强，数据操纵、滥用和污染问题可以得到缓解。在互联网兴起之前，信誉具有局部性，失信人的社会活动基本不受地域限制，但现在数字平台可以做到"一处失信处处难行"，这对整个社会秩序的改善有重要影响。与此同时，隐私计算技术和区块链技术也有助于提升数据可信性。例如，分布式记账技术增强了去中心化验证的可行性，促进第三方征信机构的发展，为社会提供更多的信用资产。智能合约也是区块链技术的一种具有广泛用途的应用，它使用类似于比特币区块链的分布式数据库来执行合同条款。[①] 有研究表明，应用区块链技术可以显著提高债券的信誉度和安全性，从而降低资产支持证券（ABS）发行时的票面利率，且对于由信誉较差的信用评级机构从事的 ABS 发行活动的信誉加持效果更大（Chen et al.，2023）。而且，线上数据披露更多且监督更方便，提高了信息准确性。Greenstone 等（2022）研究发现，中国采用空气污染自动化监测技术后，实时收集、汇总、上报并公开污染数据，降低了地方政府篡改数据（如排除重污染时段的数据或者报告低于真实值的数据）的可能性，提升了数据质量和绿色发展动力。可以预见的是，随着数字技术的演进，数字信用正变得可搜索、可审计和可核实。例如，Catalini 和 Gans（2020）发现，区块链技术可以提高交易双方承诺的可信性，降低线上交易信息的验证成本，有助于消除数据操纵等问题。

综上所述，数字经济时代的信用体系建设与传统信用体系建设存

---

① 与传统合同不同的是，智能合约不需要由律师或公证员等"可信赖"的当事人起草或评估。相反，它们在协议各方之间建立互信，而不需要可信的中间人，为合同当事人提供了一种没有争论、没有文书工作、符合一定条件即可自动履约的高效契约环境。

在很大不同，具体表现在适用范围、信贷模式和可信性三个方面。并且，在运营过程中，二者表现出不同的运营特征和不同的组织结构，如表7-1所示。

表7-1　数字信用与传统信用的主要区别

要素	传统企业	数字化企业
适用范围	金融业为主，尤其是银行信贷	金融、商业、工业、公共服务
信贷模式	用实物抵押	以数据为凭据
可信性	抵押物标准化、可信性强	数据内容虚化、易造假、须依靠技术手段增强可信性
运营特征	高成本、低效率、低风险	自动化、数据化、可视化
组织结构	阶层化、规范、授权	平台化、敏捷、赋能

此外，中国在建立基于线上数据的事中事后监管机制方面也面临一些挑战。数字信用机制的实施可能增加企业的合规负担，引发数据隐私问题，并可能在落地中面临变形走样等问题。更难的是，平台收集的线上数据如何用于政府监管，其中涉及的"留后门"、商业秘密等问题面临合法性和国际通行规则等方面的争议。信用修复问题也较难处理，尽管相关部门出台了破产后企业进行信用修复的政策，但线上失信如何恢复仍是空白。如果可以通过事后的线上评分数据累加而冲淡事前的失信分数，或将使失信惩罚效力大减，如评分为2.0的酒店可能很容易通过刷分变成4.9甚至5.0；如果设置失信黑名单封杀相关平台和商家，或导致大量创新企业失去"改过自新"机会。

三　重构信用体系的制度设计

将线上数据纳入信用体系建设，重构信用体系的理论内涵和实践外延，既可以扩大征信范围、提高征信效率，又可以帮助解决线上市场信任塌陷、秩序缺失问题[①]。

1. 数据开放共享，信用范围扩展至线上

促进数字经济与社会信用体系融合发展。一方面，体现数字经济特征的数字信用体系能够实现信用信息采集的多维化、信用信息传递的平台化、信用产品供给的多元化、信用联合惩戒的精准化以及信用监管的智能化，进一步拓展信用体系的内涵和外延，丰富信用管理的手段和范围。另一方面，数字信用体系能够以信用监管和信用治理支撑数字经济规范发展，有效解决数字经济模式下的信息不对称和道德风险问题，有助于营造开放、健康、安全的数字经济生态。2022 年12 月，中共中央、国务院印发的《关于构建数据基础制度更好发挥数据要素作用的意见》提出，逐步完善数据交易失信行为认定、守信激励、失信惩戒、信用修复、异议处理等机制。从国际经验来看，欧洲的数字经济信用体系建设侧重制度规则，出台了《通用数据保护条例》《数字市场法》《数据法案》等较具全球影响力的数据法规，使市场主体在充分明晰的规则之下采集和使用数据；美国则以务实发展为导向，鼓励科技企业和征信机构基于市场逻辑自由探索大数据使用方式，并将违背数据安全和隐私保护的行为交由反垄断部门和法院调查审判，以确保监管底线。相同的是，欧美企业都在各自制度和政策框架下通过技术创新和商业模式创新，谋求以低成本促进线上数据信用化利用的最佳方式。

完善个人信息授权制度。由于实践中高度依赖具体场景，信息收集的"最小化"原则在不同类型应用中需要不同的解释。例如，导航类应用软件一般须收集用户的实时定位信息，外卖平台软件须收集

---

① 世界经济论坛认为，数字经济建立在信任和信任的产业化之上（Banon et al., 2022）。这也佐证了数字信用体系是数字经济做大做强的基础性制度规则。

用户的联系方式和地址信息，社交媒体类软件希望利用通讯录信息。因此，个人信息授权制度应进一步明确各领域平台收集使用个人数据的范围和方式以及个人所具有的权利。2022 年 11 月，国家发展改革委、中国人民银行等发布《中华人民共和国社会信用体系建设法（向社会公开征求意见稿）》，明确国家建设网络身份认证公共服务基础设施，为国家机关和社会提供网络身份认证公共服务。

加强数据及其产品和服务的标准化。麦肯锡研究发现，欧洲因为数据确权和标准化程度高，其数据开放共享层次也较高，而美国数据共享广泛却不深入（McKinsey Global Institute，2021）。2022 年 9 月，欧盟委员会建议制定"网络活力法"，要求所有在欧盟市场上销售的可以联网的数字化设备和软件在设计、生产、运营及维护等产品生命周期各环节都必须满足欧盟设定的强制性网络安全标准，生产商有义务向消费者及时告知安全风险并提供更新或升级。根据这部拟议中的法案，全球的软硬件数字产品在欧盟市场上市前要通过自查或第三方检查确认满足欧盟网络安全标准并签署承诺书，由欧盟颁发"CE"标志后才可上市销售。2023 年 1 月，中国首个国家级合规数字资产二级交易平台——中国数字资产交易平台在北京启动，将制定翔实规范的交易规则、流程和标准，以推动数字藏品、数字版权等标的物有序交易。另外，北京试图建设数据特区，上海、深圳、杭州、西安等则提出数字港设想，都不约而同地把数据产品和服务的标准化作为其中重要议题。

利用数字平台将金融数据有序开放。开放数据生态系统可以促进金融机构与消费者（个人和企业）之间的无摩擦互动，为双方创造价值。对于金融包容性水平相对不高、金融深度较低的新兴经济体，开放金融数据的获益将大于发达经济体。据麦肯锡估计，到 2030 年，欧盟、英国和美国广泛采用开放数据生态系统对经济的提振可能高达GDP 的 1.5%，印度可能高达 4%～5%（McKinsey Global Institute，2021）。当然，数据开放进程不能操之过急，要在安全可控前提下有序开展。胡滨（2022）研究认为，大数据、区块链等颠覆性技术创新扭曲了金融监管中的剩余权利配置，监管部门在禁止与放任之间难以抉择，而监管沙盒是一个折中务实的制度设计。何柯等（2021）提出"数据银行""数据使用审批平台""数据利用负面清单""数籍登记系统"等制度组件，便利数据开放式交易和商业化利用。这些政策设想都可以有条件地在各地逐步落实。Acemoglu 等（2022）研究发现，外部性降低了数据的价格，而低廉的价格导致了过度的数据共享，但平台竞争并不能解决数据价格过低和数据共享过多的问题，需要一种基于中介的数据共享方案。事实上，我国监管部门也在积极开展政策探索。2021 年，中国人民银行在北京等 14 个省份开展金融数据综合应用试点，旨在推进金融数据高效治理、安全共享，实现跨层级、跨机构、跨行业数据融合应用。

2. 促进数字经济与信用监管融合，推动数实融合

做实当前的信用监管。一方面，利用信用数据更早更准感知经济运行变化。经济数字化程度的提高，为利用大数据跟踪和分析经济运行状况提供了便利条件。另一方面，利用线上数据更快更深入推动政策落实并评估实施效果。特别地，许多城市推出了地方性的个人信用分，如杭州市"钱江分"、厦门市"白鹭分"。可以预见，城市信用分未来将被广泛应用到图书馆免押金借阅、乘车、约车、智慧医疗信用付、信用租房等各种民生信用服务，甚至可能用到社交、养老等领域，为市民生活的方方面面提供便利。

搭建基于平台数据和工业运行数据的征信体系。把信用监管扩

展至工业生产领域，将企业的日常生产经营数据进行可视化、透明化，能够使企业的日常经营数据和设备生产运营状态清晰地反馈给金融机构，从而让金融机构全面了解企业的真实情况，能够将企业的半成品作为有效资产进行盘活，大大改善企业的生产经营状况。并且，应将工业线上数据标准化，以便于提升数据的通用性和普及性。

鼓励平台作为第三方设计合理的评级激励机制。Cabral 和Hortacsu（2010）论证了积极反馈和消极反馈之间的区别，强调了评级系统如何在市场中发挥纪律力量的作用，并发现 eBay 上一些低评级卖家退出了该平台。2022 年 5 月阿里巴巴公布的《2022 阿里巴巴平台经营环境报告》显示，通过健全完善合规组织体系、开展业务风险自查自纠等举措，其平台营商环境明显优化，超过 90% 的受访商家表示满意。

推动抵押方式的数字化。目前，已有企业利用数字化的抵押方式，在一些中低收入群体中开展信贷业务。美国的一家金融科技公司 PayJoy，利用"闭锁技术（lockout-technology）+首付"的模式，将数字化设备销售给客户，然后客户得到设备提供的数字化服务，其间通过分期方式偿付剩余的借贷。如果客户违约，债权方则可以启动设备内嵌的闭锁技术，关闭数字服务，实现设备抵押品的"数字回收"。

3. 强化算法透明度，建立数字信用可信性的技术基础

算法在一定程度上决定了所获取信用数据的可信性。算法决定了什么人以什么样的方式获得什么数据，它虽然提高了线上数据的流通效率，提升了构建数字信用体系的工具效率，但也赋予了平台"操纵数据"的权力，给部分市场主体造成了信用歧视，降低了信用的

可信性。透明度与可解释性，是决定算法安全感、信任感、认同度的前提条件，是数字经济发展中无法回避的重要科技伦理问题。这就要求平台企业公开源代码等算法具体内容，并向用户解释算法如何做出决策，包括人工智能系统如何开发、训练和部署，以及披露人工智能相关活动，以便人们可以进行审查和监督。当然，因涉及知识产权、商业秘密等问题，且人们对计算机专业知识的缺乏，强化算法透明度和可解释性仍存在很大困难。当前，强化算法透明度的一个相对务实做法是第三方标记反馈机制，它允许人们针对人工智能系统提供使用上的反馈，常见的标记技术包括用户反馈渠道（"点击反馈"按钮）、漏洞奖励机制等，能够方便用户针对人工智能系统提供评价，从而形成一种有效的外部反馈与监督。另外，从人们对算法的接受程度来看，规则驱动型算法决策通常被认为比数据驱动型算法决策更公平、更容易接受（Wang et al.，2023）。[①] 这表明，算法设计过程中应更多地嵌入包括伦理道德和经济效率在内的人类主观规则，而不是完全由数据自发演变，方可获得更广泛的社会信任基础。

全球各国已对算法进行管理以提高其透明性。2018 年欧盟出台的《通用数据保护条例》首次在立法中提出和创设了算法解释权，并试图通过算法解释权来确保算法透明度原则的实现。2022 年 10 月，欧盟立法机构投票通过《加密资产市场监管法案》，首次尝试针对欧盟境内的数字资产创造一个综合性的监管框架，以清理加密数字货币市场的"蛮荒"行为。2022 年 10 月，欧盟理事会批准通过《数字服务法》，针对相关在线平台非法和有害内容事宜制定了追责新标

[①] 规则驱动型算法决策基于人类预先定义的一系列规则和明确指令，对数据进行分类以进行自动决策；而数据驱动型算法决策通过训练历史数据以推断数据之间的关系，无须接收人类明确的指令。

准，为在线平台创设了强有力的透明度要求和问责机制。2022 年 3 月，美国总统拜登签署了一项名为"确保负责任地开发数字资产"的行政命令，呼吁美国政府机构评估数字资产的收益和风险。2021 年，中国人民银行发布金融行业标准《人工智能算法金融应用评价规范》，针对算法黑箱、算法同质化等潜在风险问题建立了人工智能金融应用算法评价框架。2022 年 8 月，中国国家互联网信息办公室根据《互联网信息服务算法推荐管理规定》，公开发布境内互联网信息服务算法名称及备案编号。

四　结论与政策启示

随着中国数字化转型的加速推进，社会信用体系的构建和完善面临重大机遇。当前的信用体系建设仍未对数字经济做出充分回应，对新时代的新经济、新业态、新模式考量还不深入。仅把信用数据汇总成大数据，并采用数字技术进行采集、存储、运算和使用，尽管可以做到信用数据量的增长，但未能跳出传统经济分析框架。研究发现，数字经济时代信用体系建设面临一些新境遇，主要表现在数据范围的扩大可以开辟新"跑道"、抵押担保体系和运行模式需要变革、线上数据可信性亟待提升三个方面。在制度设计上，需要促进数据开放共享以将信用范围扩展至线上，促进数字经济与信用监管融合以及数实融合，并强化算法透明度提高公平性和可信性。

对平台视域社会信用体系的运行机制与治理逻辑展开研究，可为信用体系建设和数字经济健康有序发展奠定清晰的理论框架，相关研究结论具有一定的政策启示。

第一，推进数字信用体系建设。在社会信用体系数字化的基础上，扩大征信范围，不局限于金融信贷领域，更广泛吸纳各类平台的用户、商家、供应商和平台等市场主体之间的评价数据。推动形成线上信用评级和担保体系，并搭建基于生产运行数据的新型征信体系，将企业的日常生产经营数据进行可视化、透明化。支持产业链上下游企业开放数据，加快研制工业数据交互等基础共性标准。加快建立数据要素市场信用体系，推动并规范数据作为生产要素的交易、流通及使用行为。在数字经济发达地区，可以针对特定产业生态，建立"主体信用+交易信用"的多元化数字信用体系。加快培育高端数字服务行业工作岗位，例如数字律师、数字会计师、数字审计师和数字投行家等，培育数字信用体系建设的一流营商环境。此外，还可基于线上数据建立虚拟空间的信任关系，构建社会资本。

第二，有效对接正规征信系统。秉承开放理念，探索各类非传统的信用信息和大数据信用评级模型在征信行业的应用。将基于线上数据形成的数字信用体系与中国人民银行征信系统、全国信用信息共享平台、国家企业信用信息公示系统等既有信用平台进行合理对接，以丰富信用数据资源，加快推进社会信用体系建设。把线上金融数据作为数字信用体系建设的切入口，优化调整"断直连"监管政策，加快对平台金融业务的评估，以包容审慎为原则增发征信业务持牌，并鼓励平台与征信机构建立更紧密合作关系。基于数字人民币的推广使用构建相应的信用数据，纳入中国人民银行征信系统，精准促进消费、保障政策资金直达。①

第三，强化数字信用政策应用。积极运用各项数字技术，通过打造开放、共享、智慧、普惠的数字化银行，提升普惠金融服

---

① 当前，数字人民币在试点推广使用。2022 年 12 月，数字人民币 App 更新，上线专属头像、个人红包等新功能，拓展了数字人民币的流通场景。

务质量。把线上大数据列入征信内容、担保物和资质证明，为中小微企业、农户农民、城市居民提供全方位的信用服务。企业可以凭借工业互联网生产数据而非实物担保获得银行信贷，也可据此获得政府补贴以及其他政府扶持政策。通过区块链加密技术，把个人和企业线上数据作为自身的资信证明，酌情应用于政府采购、项目申报、获取财政资助等场景，减少政府公章、公信部门公信和认证、会计审计证明等认证方式。优化数字办税服务，健全信用承诺制度，推广"税银互动"服务模式，将税收信用信息推向各行业各领域。健全数字信用修复机制，以信用修复的透明度与便捷性最大限度保障市场主体的合法权益，确保信用风险分类管理工作的时效性。

第四，研究探索数据资产定价、金融化及风控机制。传统的资产资本定价模型无法适用于探究数据的"价值—价格"关系，可分别建立数据商品交易市场和数据金融交易市场来兼顾数据的商品属性和金融属性。可在电商平台采取试点，为用户设置专享的数据账户，存储用户个人注册信息、购买记录以及其他电子痕迹数据，用户可以将账户中的脱敏数据自愿赋权平台使用，相应获得消费抵用券甚至直接变现。设立数据银行和数据信托，提升数据所有者或生产者在数据收益分配中的地位。结合数据资产的特殊性，灵活应对源代码知识产权、数字内容版权、个人隐私保护、数据污染、跨境数据流动等问题，确保数据安全。鼓励地方开展试点探索，国家数字经济试点省市、国家自贸港自贸区、国家营商环境创新试点城市等都可以承担一定的试点探索任务，在试点中形成经验。

参考文献

何柯、陈悦之、陈家泽：《数据确权的理论逻辑与路径设计》，《财经科学》2021 年第 3 期。

范小云、王业东、王道平：《基于新闻大数据与机器学习的中国银行业系统性风险研究》，《世界经济》2022 年第 4 期。

葛孟超：《央行征信系统收录 11 亿自然人》，《人民日报》2021 年 1 月 26 日第 10 版。

胡滨：《金融科技、监管沙盒与体制创新：不完全契约视角》，《经济研究》2022 年第 6 期。

刘诚：《线上市场的数据机制及其基础制度体系》，《经济学家》2022 年第 12 期。

刘诚、夏杰长：《商事制度改革、人力资本与创业选择》，《财贸经济》2021 年第 8 期。

刘诚、夏杰长：《数字经济发展与营商环境重构：基于公平竞争的一般分析框架》，《经济学动态》2023 年第 4 期。

马费成、卢慧质、吴逸姝：《数据要素市场的发展及运行》，《信息资源管理学报》2022 年第 5 期。

任保平、王思琛：《新发展格局下我国数据要素市场培育的逻辑机理与推进策略》，《浙江工商大学学报》2022 年第 3 期。

宋华、韩思齐、刘文诣：《数字技术如何构建供应链金融网络信任关系？》，《管理世界》2022 年第 3 期。

王勇、靳开元、张玮艺、孙震：《数字信用与在线社交对共享经济发展的影响》，《数量经济技术经济研究》2023 年第 1 期。

夏杰长、刘诚：《契约精神、商事改革与创新水平》，《管理世界》2020 年第 6 期。

徐现祥、毕青苗、周荃：《中国营商环境调查报告（2022）》，社会科学文献出版社，2022。

袁康：《以社会信用体系数字化助力数字经济健康发展》，《光明日报》2022 年 9 月 12 日第 7 版。

张一林、郁芸君、陈珠明：《人工智能、中小企业融资与银行数字化转型》，《中国工业经济》2021 年第 12 期。

Acemoglu, D. , A. Makhdoumi, A. Malekian, and A. Ozdaglar, "Too Much Data: Prices and Inefficiencies in Data Markets", *American Economic Journal: Microeconomics*, 2022, 14 (4).

Berg, T. , V. Burg, A. Gombovic, and M. Puri, "On the Rise of FinTechs: Credit Scoring Using Digital Footprints", *Review of Financial Studies*, 2020, 33 (7).

Bolton, G. , B. Greiner, and A. Ockenfels, "Engineering Trust: Reciprocity in the Production of Reputation Information", *Management Science*, 2013, 59 (2).

Banon, J. , J. Potts, S. Davidson, and C. Berg, "Web3 Will Transform the Global Digital Economy", World Economic Forum, December 29, 2022.

Cabral, L. , and A. Hortaçsu, "The Dynamics of Seller Reputation: Evidence from eBay", *Journal of Industrial Economics*, 2010, 58 (1).

Cai, H. , G. Z. Jin, C. Liu, and L. Zhou, "Seller Reputation: From Word-of-Mouth to Centralized Feedback", *International Journal of Industrial Organization*, 2014, 34 (C).

Catalini, C. , and J. S. Gans, "Some Simple Economics of the Blockchain", *Communications of the ACM*, 2020, 63 (7).

Chen, X. , Q. Cheng, T. Luo, "The Economic Value of Blockchain Applications: Early Evidence from Asset-Backed Securities", *Management Science*, 2023, Forthcoming.

Cong, L. W. , and S. Mayer, "Antitrust, Regulation, and User Union in the Era of Digital Platforms and Big Data", Working Papers, 2022.

Greenstone, M. , G. He, R. Jia, and T. Liu, "Can Technology Solve the Principal-Agent Problem? Evidence from China's War on Air Pollution", *American Economic Review: Insights*, 2022, 4 (1).

Jovanovic, B. , "Product Recalls and Firm Reputation", *American Economic Journal: Microeconomics*, 2021, 13 (3).

Larsen, B. J. , "The Efficiency of Real-World Bargaining: Evidence from Wholesale Used-Auto Auctions", *Review of Economic Studies*, 2021, 88 (2).

Laufer, S. , and A. Paciorek, "The Effects of Mortgage Credit Availability: Evidence from Minimum Credit Score Lending Rules", *American Economic Journal: Economic Policy*, 2022, 14 (1).

Meager, R. , "Understanding the Average Impact of Microcredit Expansions: A Bayesian Hierarchical Analysis of Seven Randomized Experiments", *American Economic Journal: Applied Economics*, 2019, 11 (1).

McKinsey Global Institute, "Financial Data Unbound: The Value of Open Data for Individuals and Institutions", June 2021.

Nisar, T. M. , G. P. Prabhakar, P. V. Ilavarasan, and A. M. Baabdullah, "Up the Ante: Electronic Word of Mouth and its Effects on Firm Reputation and Performance", *Journal of Retailing and Consumer Services*, 2020, 53.

Putnam, R. D. , "Bowling Alone: America's Declining Social Capital", *Journal of Democracy*, 1995, 6 (1).

Tadelis, S. , "Reputation and Feedback Systems in Online Platform Markets", *Annual Review of Economics*, 2016, 8 (1).

Wang, G. , Y. Guo, W. Zhang, S. Xie, and Q. Chen, "What Type of Algorithm is Perceived as Fairer and more Acceptable? A Comparative Analysis of Rule-Driven versus Data-Driven Algorithmic Decision-Making in Public Affairs", *Government Information Quarterly*, 2023, Forthcoming.

第八章 数字时代迈向共同富裕

温饱、脱贫攻坚、全面小康，都是中国共产党适应时代发展、顺应人民期待所确立的战略目标。2020 年全面建成小康社会之后，我国开启了实现第二个百年奋斗目标新征程，其中共同富裕成为重要发展目标，将向 2035 年人均 GDP 达到中等发达国家水平、全体人民共同富裕迈出坚实步伐。我国推动共同富裕正好与迈入数字经济时代在时间上相吻合，在均衡共享等内涵上相契合，故其实现路径必然依托数字经济形态。

一 共同富裕背景下的数字经济分配问题

共同富裕是一种经济社会状态，必须依存于所处的经济阶段。当前及未来很长一段时期，我国的共同富裕必然是以数字经济为依托。实际上，数字经济在改变生产关系和商业模式的同时，也在重塑收入分配关系。随着数字经济在创造产值、吸纳就业、收入分配等方面的影响逐渐扩大，数字经济的发展速度一定程度上决定了共同富裕的蛋糕大小，数字经济的发展质量及其相应的分配结构决定了共同富裕的蛋糕分配。如何在数字经济发展过程中处理好收入分配问题，成为有效推动共同富裕的重要议题。

时间上，我国的共同富裕不是农业和工业经济社会形态下的共同富裕，而是嵌入数字经济时代的（夏杰长和刘诚，2021）。中国数字经济增加值从 2005 年的 2.6 万亿元增加到 2022 年的 50.2 万亿元，占 GDP 的比重从 14.2% 上升至 41.5%；中国基尼系数从 2005 年的 0.485 降至 2021 年的 0.474，略有下降。[①]

内涵上，数字经济的均衡、共享、扁平化等特征与共同富裕的发展要求高度契合。数字经济促进合作共享的扁平化组织结构、创业创新生态和地区发展态势，有利于普通工人、中小企业、中西部地区和乡村加快发展，从而有利于形成中间大、两头小的橄榄型就业结构和分配结构。根据波士顿咨询公司预测，2035 年我国整体数字经济规模接近 16 万亿美元，吸纳就业 4.15 亿人。[②]

国际经验上，数字经济有助于收入分配不平等程度拐点回落。在各国收入分配格局的经验统计方面，存在一个学界公认的"库兹涅茨倒 U 假说"，即"经济发展的初期阶段，收入分配的不平等程度高；而随着经济的不断发展，收入分配的不平等程度会降低"。那么，实践中最关键的问题是在经济发展水平较高时，适时使收入分配不平等程度从高点拐下来。目前，我国就处在这样一个拐点位置。有研究表明，收入不平等将对经济增长产生消极作用，且如果没有政府干预，收入分配将持续恶化，经济无法自发地实现"共同富裕"的目标（刘李华和孙早，2021）。从那些成功地使收入分配不平等程度随着经济发展而降低的国家（如北欧五国）来看，其都具有如下特

---

① 数字经济相关数据来自中国信息通信研究院《中国数字经济发展研究报告（2023年）》，2023 年 4 月；基尼系数数据来自中经数据库。

② 波士顿咨询公司：《迈向 2035：4 亿数字经济就业的未来》，2017 年 1 月。

征——劳动者技能较高、劳动者制度保障能力强、公共服务充足且质量高，即劳动者能够从工作中获得足够薪酬，并在社会上享受到体面的生活。实际上，数字经济如果能够规范发展，那么将比工业和农业更好地提升劳动者技能和人均产出，提高公共服务数量和均等化，并降低公共服务成本和价格。因此，依靠数字经济可以较好地缩小收入差距，稳步走上共同富裕之路。

然而，数字经济快速发展期一些国家的收入分配反而恶化了。在过去的十多年里，大多数经合组织国家的收入不平等现象有所加剧，特别是收入最高的 1% 的国家（Guellec and Paunov，2017）。自 1980年以来，美国处于分配底层 50% 的成年劳动人口的收入增长几乎为零（Piketty et al.，2016）。Acemoglu 和 Restrepo（2021）研究发现，在过去 40 年中，美国工资结构的 50%~70% 的变化是由在经历快速自动化的行业中专门从事日常工作的工人群体的相对工资下降造成的，究其原因，自动化技术促使资本取代了一些原本由劳动力完成的工作。

有人把数字经济恶化收入分配的原因归结为数字经济的劳资关系和市场结构。Andersson 等（2009）研究表明，美国软件行业向"明星"员工（尤其是程序员）支付了较高的薪酬。Karabbarbounis 和 Neiman（2014）发现，部分国家和行业引入大量 IT 投资，使这些领域的投资相对价格下降较快，进一步导致劳动力份额下降较大。Acemoglu 和 Restrepo（2017）指出，采用机器人对就业和工资产生了强烈的负面影响。Guellec 和 Paunov（2017）将数字经济与不断变化的市场结构联系起来研究收入分配格局的变化，发现数字经济具有赢者通吃的市场特征，这使得投资于数字经济的资本获得了超额利润，进而导致了收入不平等，且这些利润反过来又进一步影响了资本投资和收入分配。

尽管存在认知分歧，但毫无疑问，数字经济必将是决定整体收入分配的主要领域，将是推动共同富裕的重中之重。数字经济在增加值、创业和企业数量、就业数量、市场配置资源数量等方面都已经与传统经济并驾齐驱。并且，相比传统经济，数字经济是未来经济社会发展的主要"变"量，发展速度快，新业态、新模式和新分配关系更新快（刘诚，2020）。在这上面做文章，优化收入分配效果的产生将更快和更明显。所以，在数字经济发展过程中优化收入结构，应对可能出现的分配不均加剧问题，对我国的共同富裕事业具有重要现实意义，对理解认识全球各国收入分配也具有一定的理论意义。

本章的创新体现在以下三点。第一，直面数字经济改善还是恶化收入分配的分歧性问题，并给出可行的对策建议。尽管社会各界对共同富裕抱有很大信心，但实践过程肯定是艰辛的，需要很大的理论、实践和政策智慧。目前，对数字经济与收入分配二者关系的研究不多，一些宏观层面的直观研究出现了分歧性结论，欧美一些国家总体上看似乎是负相关关系，而我国呈现正相关关系（从基尼系数来看）[①]；一些微观的研究则比较侧重资本家、高管、明星员工、网红、骑手等群体的收入差距的个案分析，缺少对数字经济与收入分配的深层次理论关系辨析。本章试图建立一个数字经济分配的一般分析框架，主要关注数字经济发展过程中市场配置、分配关系等对最终的收入分配产生了什么影响。第二，从初次、二次和三次分配视角洞察数字经济的分配问题，进而为推动共同富裕提出针对性政策建议。已有研究针对数字经济和三次收入分配的关系，往往侧重论述其中一个方

[①] 如前文所述，在我国数字经济高速发展的近 20 年里，我国基尼系数从 2005 年的 0.485 降至 2021 年的 0.474。

面，本章则搁置初次、二次和三次分配"孰轻孰重"的争议性问题，从客观中性角度辨析数字经济中这三次分配活动分别起到了什么作用，且从长期视角提出存在的若干问题（如平台垄断数字红利）。第三，探讨数据要素的分配问题。本章从收入分配角度，遵循"按贡献参与分配"的政策宗旨，探讨数据成为现实生产要素过程影响数据资源参与收入分配的机制，如数据参与分配后在企业、个人等不同主体内和主体间的机制设计问题等。

二　数字经济收入分配的一般分析框架

2021~2035 年以及更长时期，共同富裕都是我国经济发展的重要主题。这期间，数字经济正在改变生产关系、商业组织方式和利益分享方式，必然对市场、企业和个人的分配关系构成较大冲击，既有积极向上的推动力量和结构优化的改善力量，也存在一定的潜在风险，需要趋利避害，同步推动数字经济增长和收入分配结构改善。

（一）坚持市场化原则，通过市场机制来分配资源

市场本身就是一个比较公平的分配机制。尽管数字经济出现了一些新业态新模式，但监管政策的核心思想在数字经济中仍然有效，即在日益数字化的经济中坚持市场化原则。没有自由竞争，收入分配不可能公平。坚持市场化原则，做大做强数字经济，可以让所有人或大多数人受益，有利于做大蛋糕，也有利于分配过程的公平，出现的一些分配问题也可以在市场化原则下得以缓解。

数字经济领域发挥市场机制的资源配置作用，关键在于处理好市场与平台的关系。一方面，要让平台和数字企业自主经营，减少政府

干预；另一方面，要加强数字反垄断，在平台替代市场成为资源配置主要场所之后，要谨防可能带来的分配不公问题。平台在当今资源配置中权力越来越大，很大程度上承担了市场的功能。由于市场竞争机制的存在，市场配置资源总体上是兼顾效率和公平的，至少在竞争机会上是公平的，但是竞争结果可能对部分企业和人群更有利。在平台上配置资源，平台与平台之间的竞争、企业与平台之间的竞争很难发挥出市场竞争那么大的作用，资源配置一边倒地利于平台。例如，平台可以通过算法降低缴纳佣金低同时在其他平台入驻的"不顺从"的企业的流量，使消费者很难在平台上搜到它们。

鉴于此，近年来各国政府纷纷致力于通过制度设计提高平台的竞争性。例如，欧盟正在设计一项新工具，专门针对数字市场的可竞争性和公平性制定数字市场法案。

我国也在研究和出台以强化数字经济的市场力量为目标的竞争政策。这首先表现为反垄断政策，直接打击平台出现的反竞争行为。数字经济出现了一些新的商业组织形式，而反垄断执法通常由这种偏离现状的行为和关系（即"非标准"的商业安排）引发。然而，这种应对方式有失偏颇，政府有关部门正从公平竞争营商环境层面进一步加大数字市场的竞争性。一方面，反垄断范围较窄，商业规则没有覆盖全部平台，或者说只有发生了严重事件（如集中度过高、从业人员或用户伤亡）才会被纳入反垄断，政府介入较晚、较被动、不系统。另一方面，有些问题不一定是垄断问题（如骑手的社会保障），反垄断方式效力过强可能扼杀创新。因此，我国正从更宽泛、更系统、更市场化的方式监管数字经济，一般情况下是规范和服务于企业，并在发现不当行为的苗头后及时制止，制止方式可以是反垄断，也可以是其他行政和法律手段。也就是说，反垄断主要是事后补救措施，是对已经形成垄断或做出反竞争行为的企业实施制裁，而不是常态化的监管措施。常态化监管的目标应该是规范企业行为、维系市场竞争和市场秩序、构建统一大市场，而这要依靠事前事中事后全周期的商事制度和营商环境建设（郑国楠和刘诚，2021），并对一些资质认定、进出口、支付、上市和重组等重要活动和项目实施必要的行业监管。

平台配置资源主要是指平台面向入驻企业制定规则、提供服务和收取租金的服务过程。平台为企业提供了服务，一些原本由企业自己干的事情转交给平台，如研发创新、广告营销、金融支付等经营活动。需要注意的是，平台应按照公平竞争原则提供服务，例如不能用收费高低来决定部分基本服务的质量，更不能歧视性对待平台上的入驻企业和消费者。要维系平台间公平竞争、企业与平台公平竞争、企业间公平竞争三个层面的公平竞争秩序。

总之，数字经济获得配置方式后仍然要让市场发挥决定性作用，这不仅体现在平台作为一家企业可以在市场上自由经营，更表现在平台作为一个资源配置场所要引入市场竞争机制，让平台的资源按照市场化原则来流动和配置，这样才能兼顾效率和公平。

（二）按劳动、资本、数据等要素贡献分配

与中国特色社会主义市场经济体制相适应，我国基本分配制度是按劳分配为主体、多种分配方式并存，并强调按要素分配的作用，让劳动、知识、资本、管理、技术、土地等要素的提供者都能按照其实际贡献获得合理的要素报酬。数字经济发展过程中，也依然遵照这些基本的分配制度。在突出按劳分配地位的同时，按要素贡献分配方式为我国数字经济提供了源源不断的创新活力，数字经济红利驱动各行

各业自发进行数字化转型发展，数字经济的蛋糕越做越大。

从按贡献分配的实际获益角度来看，凡是数字经济切实提高劳动技能、提高企业创新能力、提高资本配置效率的行业或地区，均可以看到人们收益普遍上涨的共同富裕景象。数字技术作为一个包容性的技术，正在提升劳动者的个人发展能力，这种技术路线是嵌入劳动生产过程的，而不是与后者脱节。这样有助于在一个人人都有参与机会、人人发展能力都有所提高的基础之上，稳步实现共同富裕。

也就是说，数字经济提高了人们在经济活动中的技能和贡献，在按贡献分配的原则下人们的收益也相应提高。从理论上来讲，这可以助推共同富裕的实现。库兹涅茨倒 U 形曲线假说的一个前提是，经济中存在工业和农业部门，工业部门的收入较高，收入差距一开始较大，但农业部门持续向工业部门转移劳动力，导致经济发展过程中的收入不平等程度呈现倒 U 形的变迁趋势。但随着欧美进入工业化后期，这一前提假设往往不再存在，使得大部分欧美国家近年来没有真正出现倒 U 形的拐点。不同于工业化时期，我国现在及未来要从传统经济向数字经济转移劳动力，并相应提高低收入者的收入，这将有助于顺利实现共同富裕。

当然，这是实现共同富裕的乐观场景，也是当前数字经济发展的一般情形。现实中可能面临一些潜在风险，最主要的是资本获取大多数数字经济收益，劳动、数据等要素并没有真正按照贡献获得相应收益。因此，收入分配改革要着重于进一步完善要素市场，尤其是数据要素的市场化改革要加快推进，构建数据要素分配等基础性制度，防止资方利用市场优势、信息优势侵占原本属于劳动者和消费者等其他利益相关者的数据红利。例如，骑手使用大数据提高了配送效率，相关收益不能全部归于资方；消费者使用大数据购买心仪的产品，若遭遇完全价格歧视，那么消费者买到心仪产品的这个福利改善收益就被平台盘剥走了；小企业获取从银行难以获得的信贷，却被"信用画像"后索取了较高的利息，使其从事创业的收益几乎刚好足够偿还利息，那么所谓的数字普惠金融的普惠性就不大了。

总之，当前收入分配制度适用于数字经济活动，但实践中要注意合理界定资本的贡献、保障劳动者应得的份额，并把数据要素的收益更多地分享给劳动者和消费者。因数字经济提高技术效率和配置效率而产生的收益，不能全部归资方所有，要在利益相关方间直接以更加市场化、更加公平化的方式分配。

（三）新业态新模式在财富创造过程中的新分配关系

生产关系改变分配关系，需要深入洞察这些新分配关系。数字化改变传统经济活动的生产和组织方式，人们在经济活动中所做的工作发生变化，所得的收益也发生变化。与传统信息化侧重"流程"的信息化不同，数字化侧重构建"业务数字化、数字资产化、资产服务化、服务业务化"闭环体系，主要负责部门从 IT 部门扩展到几乎所有业务部门。其结果就是，各行各业的人所从事职业的内涵和外延或多或少发生了变化，人们赚钱的来源和工具也发生了变化，这就改变了收入分配关系。

传统经济数字化是改变以往的分配关系，而新业态是建立全新的分配关系。数字经济发展过程中，涌现了大量新业态、新模式和新岗位，让更多的人具有勤劳致富的机会，加大社会流动性。数字经济导致的职业转换既是调整也是机遇，可以加强地区间和城乡间的横向流动，也可以不断扩大纵向流动，比如实现收入和社会地位的提高以及职业和岗位提升等。这些新业态、新模式、新岗位等新的生产组织方式本身就带来了新的分配关系，因为这些经济活动之前并不存在，其分配关系也就不存在，或者说以前它们的规模小而没有形成稳定的分配关系。这些分配关系依然要遵循市场机制和按贡献分配的原则，同时要强调公平性。

新分配关系还体现在人与人之间获益能力的差异上。数字经济时代，人们的获益能力出现差异，老年人、农村等接触数字设施不便利的人群和地区的利益相对受损。更重要的是，人们在互联网运用上的差别逐渐显现，受教育程度高和收入高的用户更倾向于用互联网"积累资本"，将互联网用于获取经济收益，而社会经济地位低的用户则更多地将互联网用于娱乐（Bonfadelli，2002）。

总之，伴随数字经济出现了新的分配关系，人与人之间、城乡之间也存在分配收益差异，需要对这些分配进行针对性监管和调节，将数字经济的监管由生产活动转向收益分配上，让人们通过数字工作场景、数字产品消费、数据使用等较为均等地获益。

三　数字经济过程中的收入分配

随着数字技术产业化、传统产业数字化以及政府治理活动数字化的不断深入，数字经济活动的领域已经覆盖经济社会的方方面面。在市场化原则、按要素分配和新分配关系的一般分析框架基础上，本章进一步从初次、二次、三次分配视角详细阐述数字经济过程中的收入分配问题。

（一）数字经济参与初次分配

在初次分配过程中，数字经济可以促进经济增长，带动中小企业创业，吸纳大量就业，既能做大蛋糕，又能惠及广大中小企业和劳动者。

1. 提高生产效率，使社会更加富裕

一个共同富裕的社会必须建立在"富裕"的基础上，要想在数字经济时代实现共同富裕必须要让数字经济长期健康发展。初次分配不仅要合理分配固有财富，更重要的是在经济总产值不断增长过程中实现增量优化调整，让中低收入者更快增收。所以，数字经济的初次分配要兼顾效率与公平，在效率提升过程中通过政策引导促进公平。

数字经济可以提高生产效率，已成为社会各界共识，且被大量文献证实。借助于物联网、人工智能、云计算等数字技术，企业在生产、经营以及内部管理各环节产生的数据，都将转化为辅助企业实现降本、提质、增效的生产要素，最终提升企业效率。严成樑（2012）基于我国 31 个省份 2001~2010 年的数据研究发现，互联网使用频率每增加 1%，实际产出可增加 0.074%。江小涓和罗立彬（2019）认为，数字化不仅可以提高工业生产率，还可以促进服务业高端化，服务业效率和增速低于工业的传统观点在数字经济时代已经过时。赵宸宇等（2021）研究发现，数字化转型显著提高了企业全要素生产率，已经成为数字经济时代提升制造业企业生产效率的强劲驱动力。还有一些文献对美国（Basu and Fernald，2007）、英国（Tranos et al.，2020）、非洲（Hjort and Poulsen，2019）等地区进行研究，也都得出了数字经济提高生产率的一致性结论。特别指出，数字经济领域的反垄断措施也被证明可以提高经济效率。Watzinger 等（2020）研究发现，作为应对 AT&T 市场垄断问题的一个重要举措，1956 年美国政府强制要求贝尔实验室对外公开专利技术，在此之后，贝尔专利的后续创新大幅增长，IBM、德州仪器、雷神等公司蜂拥而至，属于硅谷的半导体时代正式开启。

2. 营造良好创新创业生态，惠及广大中小企业

数字经济的一个重要存在形式是平台，它是数字产业化的主要外在形式，又是产业数字化的主要载体，还是线上资源的主要配置场所。数字经济以平台为中心，向入驻企业提供服务，形成了一个创新创业的数字生态系统。

在数字生态上，平台整合一套标准的技术、数据、支付等各类创新创业基本要素，降低了中小企业创新创业的门槛。企业只要有一个好的创新创业的想法，就可以很方便地在平台上建立店铺、发起项目、获得融资等，供应商和消费者也可以很方便地对接店铺产品和创新项目，从而都能参与进来并从中获益。特别值得一提的是，直播电商和二手电商在降低线上买卖门槛、推动闲置经济发展等方面发挥了积极作用，成为"地摊经济"的线上版本，提高了资源配置效率，也降低了城市管理压力。

在产业互联网时期，中小企业在数字生态中的获益将更大。我国经济已由高速增长阶段转向高质量发展阶段，数字经济也从消费互联网转向产业互联网。与过去"流量为王、赢者通吃"的消费互联网不同，产业互联网将更加注重"共建、共赢、共享"。产业互联网平台可以将建设者、开发者、用户、产业链上下游企业及其他利益相关者连接在一起，形成一个超大规模的创新协作、能力交易、价值共创的双边市场，在供应链上能够实现跟其他企业构建更好价值网络，更好地实现价值的共创，增强中小企业创新创业活力。比如，腾讯WeMake工业互联网平台将云计算、物联网、大数据、人工智能、5G等数字技术以平台化的方式输出给全行业，有助于降低制造业企业云

化、数字化、移动化与智能化的门槛。阿里云依托"人工智能 ET 工业大脑"平台，集聚江苏省内 30 家信息服务企业技术能力，为 300 家制造企业提供信息系统重构、全流程改造、业务服务化转型等系统解决方案服务。

3. 增加就业岗位和形态，提升社会流动性

数字经济可以促使产业升级与结构优化，创造更多中高收入就业岗位，进而促使"白领"与高级"蓝领"队伍不断壮大，以此奠定扩大中等收入群体的经济基础、就业基础与收入增长基础。

一方面，数字经济扩大了就业数量。李磊等（2021）研究发现，与普遍担忧不同，机器人的使用具有就业促进效应，这主要源于企业生产效率提高和产品市场份额提升导致产出规模扩张，从而扩大了劳动力需求。据测算，2018 年我国数字经济领域的就业岗位已达到 1.91 亿个。[①] 另一方面，数字经济增加了新型就业及其收入。数字经济的发展催生了大量的新型就业岗位，例如网约车司机、外卖骑手、数字化运营师等，其收入均高于同等或类似技能劳动力从事其他行业获得的平均收入水平，而且其中很大一部分还是劳动者的兼职收入。

数字经济对收入分配的改善作用还在于数字技术降低了许多职业的就业门槛。数字技术的发展极大地改变了许多行业的生产流程和运营规则，从而降低了相关职业对所需劳动力的技能要求。如阿里巴巴的"云客服"这一职业，通过互联网技术远程为客户提供咨询服务，打破了传统职业对于工作时间和地点的限定，从而降低了残疾人就业的门槛，并帮助大量残疾人获得了收入。

---

① 中国信息通信研究院：《中国数字经济发展与就业白皮书 2019》，2019 年 4 月。

当然，在初次分配过程中，数字经济也存在平台过度占有数字红利等不合理不合法问题，将在后文详细论述其长期潜在危害。

（二）数字经济参与二次分配

二次分配要增强对分配差距的调节功能，鼓励勤劳致富。二次分配的主要任务是"调节"，通过税收和转移支付调节收入差距，包括初次分配形成的收入分配差距以及存量的财富分配差距。客观地说，我国数字经济对二次分配的贡献并不突出，纳税总额及其增速有待提高。

做到不偷税漏税是二次分配的底线和红线，否则再好的分配制度也会在实践中被"打折"。偷税漏税虽然是个别现象，但相比传统经济而言，数字经济这方面的问题确实比较突出，应作为数字经济参与二次分配的首要问题来处理。我国是数字经济大国，同时也是数字经济税收小国，除跨境电商之外，规模庞大的电商平台、社交平台、在线广告等尚未有专门的税收政策（冯俏彬和李承健，2021）。数字经济由于新业态新模式层出不穷，创造的价值在地域、人员、产品和服务的归属上存在模糊性，企业利润和人们获得收益的方式也有相应变化，准确把握课征对象和适用税率在实操环节具有一定的困难。有研究发现，数字经济的税基估值难以确定、纳税主体界定困难、常设机构认定不明以及税收治理方式相对滞后（马洪范等，2021）。这就需要平台、企业和个人提高纳税意识，遵守法律，讲究诚信，主动申报；税务部门则要加强对数字经济运行规律的研究，发掘数字经济领域不合理的高收入来源，设计专门的征税办法，加强对网红、直播带货人员等群体的新型个人收入所得税的征收管理。2021年12月，税务部门对黄薇（网名薇娅）追缴税款、加收滞纳金并处罚款共计

13.41 亿元，[①] 同时加大了对相关行业的整治力度。此外，还要特别关注二次分配税收调节的社会导向性，鼓励人们在数字经济领域依靠勤劳和智慧致富，而非靠包装、流量和运气一夜暴富。

数字经济领域还要研究针对数据征税的可行性。由于一方面往往被视为高技术企业享受税收优惠，另一方面利润的形成不那么依赖于物质资产，因此数字企业实际税率较低，且可以跨国转移到税率较低的国家或地区缴税。这已成为全球数字经济在二次分配中的重大议题。为此，英国、法国等国家征收数字服务税，不论大型互联网公司在这些国家的经营活动有没有利润，也不论注册地在不在这些国家，都按照当地实现营业额的 2%~3% 来征税。经合组织的国际税收规则改革方案也采纳了类似主张。还有一些学者提出了课征与收集数据量成比例的税收（Fainmesser et al.，2022）以及对机器人征税的理论设想（Guerreiro et al.，2022）。近年来，我国科技和软件行业的税率越来越细化，部分企业以及部分企业的部分业务不再被列入高科技企业或重点软件企业等税收优惠行列，互联网企业的总体退税水平在下降。例如，阿里巴巴的有效税率从 2020 年的 12% 上升至 2021 年的18%（曹彦君，2021）。我国税务部门和大型数字企业可以结合已经征收数字税国家或地区的经验做法，以及 OECD 的税改方案，做出前瞻性研究，条件成熟时可在部分地区和部分行业进行数字税试点，不断强化数字经济的二次分配作用。

二次分配还包括转移支付，主要是加大对社会保障的投入，妥善解决养老、医疗、教育等公共服务问题，让人们不论收入高低都能够安心地过上体面的生活。数字经济不直接参与转移支付，政府可以从

---

① 《薇娅偷逃税被罚 13.41 亿！网络直播税收秩序规范迎来新拐点》，澎湃新闻网，2021年 12 月 20 日，https://m.thepaper.cn/baijiahao_ 15928134。

数字经济活动中征税，进而使用这些税款进行转移支付。政府转移支付可以是地区间的，也可以是城乡间的，还可以是对部分人群和企业的政策倾斜。Zuo（2021）检验了美国的一项宽带补贴计划对低收入者就业的影响，研究发现，该计划可以提高受补贴者的劳动力参与率和求职成功率，进而提高个体的就业率和收入水平。

（三）数字经济参与三次分配

三次分配主要指的是慈善捐赠，但数字经济主要获益群体积极回馈社会的氛围仍未形成。由于我国税收减免制度不完善、慈善组织公信力不强等原因，相比欧美国家，我国数字经济领域先富起来的资本家、企业家、经理人、明星、网红等群体参与慈善捐赠的积极性不高、额度不大，未能对数字经济收入分配格局产生实质性改善作用。今后应完善税收减免制度，加强公益组织、团体和志愿者队伍建设，提升慈善组织公信力，拓展公益资金的投资模式和范围，让参与公益事业的个体和组织都能够在制度上更便利，在数字经济领域形成一个规范的慈善捐赠市场。

科技向善，数字产品本身的普惠性也是数字经济参与三次分配的一种方式。一些数字企业发布人工智能伦理原则、成立人工智能道德委员会、推进科技向善项目、积极探索人工智能伦理机制的各种落地形式，例如通过产品的适老化设计增强对老年人的护理和照料。须特别注意的是，数字企业可以从公益事业中适度获益，但不能假借公益的名义大肆敛财。例如，一些金融产品以普惠金融的名义收取高额利息；再比如，网盘下载速度故意放慢，成为会员后才可以提速，这种做法也违背了科技向善的原则。2021年11月，工信部发布《关于开展信息通信服务感知提升行动的通知》，提出网盘企业向免费用户提供的上传和下载的最低速率应确保满足基本的下载需求。

数字经济参与救灾、扶贫、基层医疗卫生等社会公益事业，也是三次分配的体现。实际上，在扶贫攻坚、抗击新冠疫情等社会活动中，数字经济在经济增长韧性、产业链稳定和保障人们日常生活等方面做出了积极贡献（刘诚和徐紫嫣，2020），例如健康码就是一种节省抗疫成本的较好技术手段。同时，数字企业也可以从这些社会公益事业中获利。数字企业把要承担的社会责任议题转化为具体可实现的商业目标，用创新的商业化方式来解决社会问题，而解决过程中大量商业化资源与手段的使用又会创造出显性与隐性的商业价值。邢小强等（2021）基于案例研究发现，平台可以把社会价值创造内置于平台商业生态体系，通过对社会、商业关系与资源的混合配置与转化利用来创造共享价值，其中社会价值创造是商业价值创造的前提，两种价值创造相互依赖且多有重叠。

四　数字经济收入分配存在的长期制度问题

数字经济在改善收入分配、推动共同富裕的同时，也存在一些潜在风险，并且由于对应的收入分配基础制度的缺失，很可能产生长期性问题，值得高度关注。

（一）平台独享数字红利

数字经济已经形成了一个相对独立的线上市场，比如"双十一"就是典型的线上市场的盛会。而且，线上市场不仅包括电商，也已成为搜索、即时通信、网游、金融支付等各种线上经济资源的配置场所。收入分配主要由初次分配决定，初次分配主要由市场决定。那么，随着线上市场配置资源数量增多、能力增强以及领域拓展，其对全国收入分配的整体影响越来越大。

与线下市场长期形成的按资本、劳动、技术等要素分配不同，线上市场的资源配置和收入分配偏向于资本。资本回报率高于劳动回报率和经济增长率，是全球收入差距持续扩大的根本原因（托马斯·皮凯蒂，2014）。数字经济可能在其中起到推波助澜的作用。一方面，资本本身较强势。资本方在数字经济的创业、投资和经营方面拥有绝对话语权，在客观上导致资本的力量过强。数字经济改变生产关系的同时，分配结构向资本倾斜，劳动在初次分配中的份额下降，资本在初次分配中的份额提高。另一方面，资本绑架了技术和数据等生产要素的产出，进一步推高了资本在分配中的份额。各要素理应按照自身贡献参与生产分配，但现实中数据和技术等要素的贡献被资本攫取，同时劳动者也没有获得足够的技能提升和谈判能力。

更严重的问题是，全社会数字化红利向平台集中。各行各业数字化红利被少数平台掌控，在事实上形成了"入驻企业为平台打工"的局面。平台通过数字技术和专业化服务确实可以给全社会带来收益，但这一收益很大程度上被平台通过佣金、广告费以及自营产品等方式索取了，导致尽管行业通过数字化提高了效率但由此带来的收益所剩无几。Dhanaraj 和 Parkhe（2006）、Rietveld 和 Schilling（2020）研究发现，一旦平台生态系统的参与者相对锁定，掌控平台的中心企业可能从为整个生态系统创造价值转变为（不成比例地）增加其捕获的价值份额，即从为生态系统及其成员创造价值转变成为自己捕获大部分价值，这种对中心企业有利的不公平的价值分配最终会破坏生态系统。这在现实生活中已经随处可见，例如，用户在网约车平台上同时呼叫几种车型时往往由高价车型接单，而不是距离最近用时最短的车接单,这对于平台是最优的(佣金最高),但对于车辆配置不是最优的,消费者福利也不是最大的。Rahman 和 Thelen(2019)认为,应对 21 世纪的不平等,除了调整再分配的税收和工资政策,更需要改变政治经济的动力机制,以扼制平台公司所代表的权力集中化趋势。唐要家和傅樟洋(2022)以美团为例发现,2015~2020 年美团的骑手成本占营业收入的比例从 158% 逐年下降到 74%,同期美团对商家征收佣金的水平却不断提高,并带动营业收入持续明显走高。对于部分企业而言,接入平台、被平台赋能的数字化进程,已成为必然为之的占优策略,即不论其他企业是否接入平台这都是最优策略,尤其是在数字化大背景下,不接入平台的损失很大。长期的结果可能是,企业即便在获利较小甚至受损的情况下也"心甘情愿"地接受平台的赋能服务,这将与共同富裕的导向背道而驰。

也就是说,数据要素的全民生产和平台垄断之间的矛盾亟待解决。一方面,广大人民前所未有地成为数据要素的重要生产者,为数字时代的全民共享创造了条件。数据成为新的生产要素参与经济生产活动,是全产业链和供应链增值的重要贡献力量。另一方面,数据高度集中在少数平台,抑制了数据红利的释放和普惠。平台通过掌控数据和算法向企业收取佣金、服务费以及价格歧视等方式,"榨取"了数字化红利,导致全社会各行业进行数字化转型的收益"输送"到少数平台。换言之,由数据要素产生的收益被平台和资方占有,没有普惠到全体人民。因此,如何在社会主义制度下使人们依靠数据致富,做到"人人贡献数据,人人享受数据",是一个亟须突破的难题。尤其是,在大量用户对数据归属和隐私保护关注度不高、对虚假信息和潜在风险识别能力较低的情形下,政府更应对平台做出规制，任由平台盘剥用户是与共同富裕的大方向不相符的。

此外，从市场竞争视角来看，平台加剧了双边市场之中势力较弱一边的"内卷"式竞争，进一步压低了低收入者的市场收益。以货运行业为例，平台设置参考价，货主和卡车司机以此为基础协商竞价，形式上具备市场竞争机制。但为吸引和扩大货源，平台设置了较低的参考价，且货主通过平台招徕大量潜在司机，故他们很少主动在参考价基础上加价，相反，司机之间却出现过度竞争导致进一步压低报价。其结果就是，市场竞争主要发生在买方（卡车司机）之间而不是买卖双方（货主与司机）之间。换言之，在平台和双边市场框架下，平台和一边获益，另一边市场往往利益受损。竞争没有发生在平台与双边之间，也没有发生在双边之间，而是在原本就处于弱势地位的某一边（买方或卖方）的内部，加剧了"内卷"。2021 年 5 月和 2022 年 1 月，交通运输部就平台抽成比例高、分配机制不公开透明、随意调整计价规则、恶意压低运价等问题，两度约谈以跨城运输为主的满帮及以同城运输为主的货拉拉、滴滴货运、快狗打车。

（二）基于数字技能、要素和文化的公平分配机制尚未形成

从生产技能看，互联网平等开放和地区群体间数字资源落差存在矛盾。数字技术是否会促使富人和穷人的收入分布变得分散，取决于他们是否可以凭借数字技术所带来的技术进步实现技能提升（Autor et al.，1998）。然而，现实是矛盾的。一方面，互联网为广大人民群众提供了平等的入口。截至 2021 年 6 月，我国网民规模达 10.11 亿人，形成全球最为庞大、生机勃勃的数字社会，数字生活成为人民群

众的重要生活方式。[①] 另一方面，数字经济的发展具有较强的规模效应，地区间的数据资源分布不平衡。大部分服务于全国市场的平台公司集中于北上广深杭等少数城市，各个地区因平台经济发展所获收益并不相同，这拉大了地区间差距。例如，网络直播等从业者中东北人较多，但顶流网红从业地点大都在北上广深以及杭州成都等地。据统计，2020 年大数据产业前十强城市中除了成都之外，都是东部发达城市。[②] 尹志超等（2021）研究发现，数字鸿沟通过削弱社会网络、抑制自雇佣创业和降低信贷可得性，对家庭收入产生显著的负向影响。与此同时，尽管数字经济促进了农村与城市的经济联系，但农业生产过程采用数字技术、农产品流通上行至城市这两个关键环节仍存在诸多障碍。Couture 等（2021）研究发现，我国农村电商带动了农村消费却没有提高农民收入和促进农业生产活动，无法找到数字化推动农村经济增长的有力证据。也就是说，农村农业数字化滞后于城市工业服务业的数字化进程，导致城乡收入差距有扩大趋势。因此，在互联网平等开放基础上适度缩小地区和城乡差距，将是未来数字经济推动共同富裕的重要着力点，值得高度重视。

从数据要素看，数据开放共享面临来自大企业的阻力。尽管平台间采用兼容系统并共享数据可以提高竞争效率，但 Anderson 和 Peitz（2020）研究发现相比小平台愿意互通而言，大平台则不愿意互通。Jones 和 Tonetti（2020）认为，因为数据是无限可利用的，所以多家企业共享数据会带来巨大的社会收益，但只有某一家企业拥有数据时，其可能因为担心创造性毁灭而不愿意出让数据。Lin（2021）则

---

① 中国互联网络信息中心：第 48 次《中国互联网络发展状况统计报告》，2021 年 8 月。
② 北京大数据研究院、大数据分析与应用技术国家工程实验室：《2021 年大数据产业发展指数白皮书》，2021 年 10 月。

发现，企业的反垄断担忧越多，越会减少披露与竞争相关的敏感信息，如企业的未来战略、销售、生产和产品市场的信息，以避免相关信息成为反垄断监管机构推断企业合谋或垄断行为的依据。可见，对于数据开放共享问题，小企业愿意共享但大企业不愿意。

从社会文化看，网络沉迷和暴富等冲击社会主义核心价值观的问题亟待解决。人们使用数字技术和数字场景致富的方式改变了收入分配格局，对就业结构和收入产生冲击。一些人认知能力和道德水平跟不上数字经济发展形势。经济社会地位越低的人越倾向于将互联网用于娱乐而非技能提升，且这些人更容易做一夜暴富美梦。同时，大量青少年沉迷于网络游戏、直播、粉丝经济等虚拟空间，不理性地把钱财打赏给网红明星，萎靡不振、不求上进、不务正业，侵蚀了共同富裕的精神家园。

（三）企业创新趋向于流量化形式化

理想的情形是，在经济高质量发展中推进共同富裕，但数字经济分配结构的失衡将影响创新和高质量发展，对共同富裕的内生动力产生负面冲击。

部分数字经济业态靠炒作流量来赚钱，消费人们的注意力。这种快速赚钱的现象，与21世纪依次出现的小煤矿、金融、房地产等行业的爆发相似，虹吸了大量从事工业制造业的科研资源、人才、资本，不利于整个国家的创新发展。正如诺贝尔经济学奖得主西蒙斯所言，信息之丰富导致注意力之贫乏。数字经济的一个不好的趋势是为争夺注意力和流量开展竞争，在一定程度上弱化了为产品质量竞争，挤压了传统企业发展空间。在一些领域已经观察到，当数字经济出现和进入市场后，吸引了大量消费者，引发了传统产业萎缩、传统经济与数字经济就业者之间形成显著的收入差距等社会隐患。例如，顶流网红一夜可以卖出上百亿元商品，相当于一家大型百货公司一年的销售额。

更深层次的风险是，企业的创新趋于形式化。线上产品或服务更重视包装和营销，以直播甚至虚假宣传等方式吸引消费者，导致线下产品质量反而不那么重要了，即"形式大于内容"。从事线下产品质量升级的收益还不如线上包装的收益高。王世强等（2020）研究表明，寡头垄断格局可能导致产品价格高、质量低的双重困境。而且，在"平台+入驻企业"的发展模式下，企业把研发、定价、支付等环节的部分权力让渡给平台，由平台统一负责，企业失去了自身研发动力，也就失去了核心竞争力。一项调查表明，尽管 89% 的中小企业针对数字化转型发展进行规划，但仅有 5% 的企业采用大数据分析技术为生产制造环节提供决策支持。[①] 长此以往，不利于"专精特新"企业的培育和成长，进而可能抑制整个宏观经济的可持续发展。

五　结论与政策启示

2021~2035 年我国人均 GDP 将从 1 万美元提高到 2.3 万美元，跻身中等发达国家行列。实现共同富裕，需要把人均 GDP 的提高转化为居民收入的提高，及时缩小收入差距，这很大程度上依赖数字经济的快速增长及其分配结构的优化。本章研究发现：（1）数字经济要坚持市场化运行规则，并处理好数据要素收益的分配问题以及不同利益主体之间形成的新分配关系，这是不同于传统经济的主要

---

① 中国电子技术标准化研究院：《中小企业数字化转型分析报告（2020）》，2020 年 7 月。

内容；（2）初次、二次、三次分配过程中，数字经济都可以改善收入分配关系，使不同人群、不同地区和城乡的分配更加均衡；（3）数字经济存在数字红利被少数平台垄断、公平分配机制尚未形成、创新越来越形式化等长期制度性问题。

面向未来，应积极发挥数字经济的优势，防范和化解可能的风险，扬长避短，推动共同富裕稳健前行。

第一，规范数字经济分配关系。在制度上促进数字经济与共同富裕的激励相容，实现"数字经济快速增长的同时分配结构更加优化"这个理想目标，使劳动、资本等要素所有者在数字经济领域初次分配环节产生的收入差距不是很大。要特别关注数字经济微观主体的利益分配，真正做到按要素贡献分配，而不是资本主导的按流量分配。实现从业者有较高收入和工作积极性，创业者有良好的创业商机和营商环境，消费者享受到物美价廉且精神价值较高的数字产品。规范发展数字经济，优化线上营商环境，增强线上市场资源配置的公平性。保护平台与平台之间、企业与平台之间的市场竞争，合理界定数字产权，对滥用市场权力获取垄断利润的行为进行打击。

第二，加强对数字经济领域高收入的规范和调节。优化线上市场的收入分配格局，从平台向入驻企业、从资本向劳动、从经理人明星网红等少数个体向广大从业者适度倾斜。充分尊重数字平台投资者利用市场机制和企业家精神先富起来的事实，并通过税收等机制引导"先富带后富"社会氛围，使数字平台利益相关者共同富裕。规范网红和明星通过带货直播等方式赚快钱的行为，加强相关产品质量、价格、税收等监管，严厉打击其中的偷税漏税和虚假宣传等行为。规范粉丝经济，加强对青少年、老年人网上打赏和购物等行为潜在风险的宣传教育。提高人们的数字素养和道德情操，严禁通过不健康产品和服务、造谣传谣、买热搜等方式搏出位、当名人、赚快钱，鼓励勤劳致富的良好风气。打击炒作商业模式的空壳和诈骗行为，积极引导向上的社会价值观。

第三，着力扩大线上中等收入群体规模。迎接数字时代，需要把提升国民数字素养放在更加突出的位置，通过加强全民数字素养与技能培训，不断提升人力资本水平和人的全面发展能力。鼓励企业向员工提供数字技能培训，并倡导民众自觉学习、积极利用数字技术提升自身人力资本和劳动技能。随着我国进入中高速增长阶段，劳动力的流动速度放慢，而数字经济导致的职业转换既是调整也是机遇，有助于扩大地区间和城乡间的横向流动、行业间的纵向流动。加强劳动力市场规范，完善工资指导线制度，鼓励平台与网红主播、网约车司机、外卖骑手等建立工资待遇和工作条件等方面的沟通机制。鼓励新型就业，跳出"剥削"范式的空泛讨论，推行一种自下而上的"平台合作主义模式"，即促成平台劳动者通过控制劳动条件来实现体面的劳动。调整现有社保制度，建立起适应数字经济发展的劳动者权益保护网。在数字经济发展程度较高、基础较好的地区，逐步探索平台经济就业群体的科学高效管理。

第四，促进城乡和区域数字公共服务均等化。为公共服务高质量发展和实现公共服务基本均等化探索出一条中国特色的公共服务数字化发展道路，增强人民生活的满意度、公平感和幸福感。借力数字技术把优质公共服务资源向相对落后地区延伸，让优质公共服务资源惠及全体人民。加快推进数字乡村、新型智慧城市建设，持续提升教育、医疗、卫生、环境保护等重点民生领域数字化水平，丰富数字化生活场景和体验，打造智慧共享、和睦共治的新型数字生活。更加精准地做好民生需求分析，在更高水平上实现供需对接，在更广范围实现优质共享，比如对互联网平台提供的服务产品强化适老化设计。坚持科技伦理，打击网络不法行为。

第五，促进平台与实体企业在创新研发方面的共同富裕。依托工业互联网平台，筑牢支撑中小企业数字化发展的基础设施，助力中小企业平等共享数据资源，进一步营造有利于中小企业公平竞争和平等发展的市场环境，实现包容性增长。强化平台公共数据和公共研发平台对实体企业基础创新的支撑作用。鼓励企业利用平台进行自主研发，并保护其知识产权。打造线上优质营商环境，提高创业数量和收益。将非软件企业从事软件开发纳入相应税收优惠目录，鼓励制造业企业进行数字技术研发。将中小企业数字化改造升级纳入"专精特新"中小企业培育体系。

第六，促进数据要素共同富裕。加强数据规范管理，针对数据的确权、维权和定价等进一步细化规则。加快推进数据要素的市场化改革，建立数据要素的定价理论与算法，从而驱动企业内部的部门独立核算、企业间的数据共享和交易，让人们更加公平地依靠数据获得报酬。有效保障每一个人的数字资产权利，使其有机会参与数字资本收益的分配。在短期还不能充分挖掘数据获益的现实渠道时，可在一些基础制度上做出规范，如数据归属权、企业使用数据的限制、人们的数字技能和素养等，这样至少可以限制资本的无序扩张，对劳动者和消费者起到一定的保护作用，并为今后相关业态成熟时清晰的收益分配做好基础制度准备。对涉及个人生物特征、医疗健康信息等的敏感数据，应加强有效管控，确保安全可靠。各地方、各行业要探索建立符合数据要素特点的制度体系和流通平台，同时加快构建政府监管和行业自律相结合的治理新模式。

参考文献

曹彦君：《巨头告别税收优惠时代》，《21 世纪商业评论》2021 年第 9 期。

冯俏彬、李承健：《数字税的国际实践及其对我国的影响》，《经济要参》2021 年第 47 期。

江小涓、罗立彬：《网络时代的服务全球化——新引擎、加速度和大国竞争力》，《中国社会科学》2019 年第 2 期。

李磊、王小霞、包群：《机器人的就业效应：机制与中国经验》，《管理世界》2021 年第 9 期。

刘诚：《数字经济监管的市场化取向分析》，《中国特色社会主义研究》2020 年第 5~6 期。

刘诚、徐紫嫣：《新冠肺炎疫情冲击下数字产业链的深化、分化及断裂》，《河北大学学报（哲学社会科学版）》2021 年第 2 期。

刘李华、孙早：《收入不平等与经济增长：移动的库兹涅茨曲线——新时期收入分配改革的思路与意义》，《经济理论与经济管理》2021 年第 9 期。

马洪范、胥玲、刘国平：《数字经济、税收冲击与税收治理变革》，《税务研究》2021 年第 4 期。

唐要家、傅樟洋：《平台佣金征收的影响因素及剥削性滥用分析》，《东北财经大学学报》2022 年第 3 期。

王世强、陈逸豪、叶光亮：《数字经济中企业歧视性定价与质量竞争》，《经济研究》2020 年第 12 期。

夏杰长、刘诚：《数字经济赋能共同富裕：作用路径与政策设计》，《经济与管理研究》2021 年第 9 期。

邢小强、汤新慧、王珏、张竹：《数字平台履责与共享价值创造——基于字节跳动扶贫的案例研究》，《管理世界》2021 年第 12 期。

严成樑：《社会资本、创新与长期经济增长》，《经济研究》2012 年第 11 期。

尹志超、蒋佳伶、严雨：《数字鸿沟影响家庭收入吗》，《财贸经济》2021 年第 9 期。

赵宸宇、王文春、李雪松：《数字化转型如何影响企业全要素生产率》，《财贸经济》2021 年第 7 期。

郑国楠、刘诚：《营商环境与资源配置效率》，《财经问题研究》2021 年第 2 期。

托马斯·皮凯蒂：《21 世纪资本论》，中信出版社，2014。

Acemoglu, D. , and P. Restrepo, "The Race between Machine and Man: Implications of Technology for Growth, Factor Shares and Employment", MIT Department of Economics Working Paper No. 16-05, 2017.

Acemoglu, D. , and P. Restrepo, "Tasks, Automation, and the Rise in US Wage Inequality", NBER Working Papers No. w28920, 2021.

Andersson, F. , M. Freedman, J. Haltiwanger, J. Lane, and K. Shaw, "Reaching for the Stars: Who Pays for Talent in Innovative Industries?", *Economic Journal*, 2009, 119 (538).

Anderson, S. P. , and M. Peitz , "Media See-saws: Winners and Losers in Platform Markets", *Journal of Economic Theory*, 2020, 186.

Autor, D. H. , L. F. Katz, and A. B. Krueger, "Computing Inequality: Have Computers Changed The Labor Market?", *Quarterly Journal of Economics*, 1998, 113 (4) .

Basu, S. , and J. Fernald, "Information and Communications Technology as a General-Purpose Technology: Evidence from US Industry Data", *German Economic Review*, 2007, 8 (2).

Bonfadelli, H. , "The Internet and Knowledge Gaps: A Theoretical and Empirical Investigation", *European Journal of Communication*, 2002, 17 (1).

Couture, V. , B. Faber, Y. Gu, and L. Liu, "Connecting the Countryside via E-Commerce: Evidence from China", *American Economic Review: Insights*, 2021, 3 (1).

Dhanaraj, C. , and A. Parkhe, "Orchestrating Innovation Networks", *Academy of Management Review*, 2006, 31.

Fainmesser, I. P. , A. Galeotti, and R. Momot, "Digital Privacy", *Management Science*, 2022, Forthcoming.

Guellec, D. , and C. Paunov, "Digital Innovation and the Distribution of Income", NBER Working Paper No. w23987, 2017.

Guerreiro, J. , S. Rebelo, and P. Teles, "Should Robots Be Taxed?", *Review of Economic Studies*, 2022, 89 (1).

Hjort, J. , and J. Poulsen, "The Arrival of Fast Internet and Employment in Africa", *American Economic Review*, 2019, 109 (3).

Jones, C. I. , and C. Tonetti, "Nonrivalry and the Economics of Data", *American Economic Review*, 2020, 110 (9).

Karabarbounis, L. , and B. Neiman, "The Global Decline of the Labor Share", *Quarterly Journal of Economics*, 2014, 129 (1).

Lin, J. , "Do Antitrust Laws Chill Corporate Disclosure?", Working Paper, 2021, http: //dx. doi. org/10. 2139/ssrn. 3951590.

Piketty, T. , E. Saez, and G. Zucman, "Distributional National Accounts: Methods and Estimates for the United States", NBER Working Paper No. w22945, 2016.

Rahman, K. S. , and K. Thelen, "The Rise of the Platform Business Model and the Transformation of Twenty-First-Century Capitalism", *Politics & Society*, 2019, 47 (2).

Rietveld, J. , and M. A. Schilling, "Platform Competition: A Systematic and Interdisciplinary Review of the Literature", *Journal of Management*, 2020, 47 (6).

Tranos, E. , T. Kitsos, and R. Ortega-Argiles, "Digital Economy in the UK: Regional Productivity Effects of Early Adoption", *Regional Studies*, 2020, 55 (12).

Watzinger, M. , T. A. Fackler, and M. Nagler, "How Antitrust Enforcement Can Spur Innovation: Bell Labs and the 1956 Consent Decree", *American Economic Journal: Economic Policy*, 2020, 12 (4).

Zuo, G. W. , "Wired and Hired: Employment Effects of Subsidized Broadband Internet for Low-Income Americans", *American Economic Journal: Economic Policy*, 2021, 13 (3).

图书在版编目（CIP）数据

数字经济规范发展与市场治理 / 刘诚著 . --北京：
社会科学文献出版社，2023.7
ISBN 978-7-5228-2085-9

Ⅰ.①数… Ⅱ.①刘… Ⅲ.①信息经济-经济发展-
研究-中国②市场管理-研究-中国 Ⅳ.①F492
②F723.6

中国国家版本馆 CIP 数据核字（2023）第 125435 号

数字经济规范发展与市场治理

著　　者 / 刘　诚

出 版 人 / 王利民
组稿编辑 / 恽　薇
责任编辑 / 胡　楠
责任印制 / 王京美

出　　版 / 社会科学文献出版社·经济与管理分社（010）59367226
　　　　　　地址：北京市北三环中路甲 29 号院华龙大厦　邮编：100029
　　　　　　网址：www.ssap.com.cn
发　　行 / 社会科学文献出版社（010）59367028
印　　装 / 三河市龙林印务有限公司

规　　格 / 开　本：787mm×1092mm　1/16
　　　　　　印　张：16.25　字　数：202 千字
版　　次 / 2023 年 7 月第 1 版　2023 年 7 月第 1 次印刷
书　　号 / ISBN 978-7-5228-2085-9
定　　价 / 89.00 元

读者服务电话：4008918866